ZHIXING FENGXIANGBIAO
102WEI DAXUESHENG DE QINGCHUN GUSHI

知行风向标
102位大学生的青春故事

刘 丽　张 振　蔡运记　编著

北京理工大学出版社
BEIJING INSTITUTE OF TECHNOLOGY PRESS

版权专有　侵权必究

图书在版编目（CIP）数据

知行风向标：102位大学生的青春故事 / 刘丽、张振、蔡运记编著. --北京：北京理工大学出版社，2021.6
　ISBN 978-7-5682-9973-2

　Ⅰ. ①知… Ⅱ. ①刘… ②张… ③蔡… Ⅲ. ①大学生－生平事迹－中国　Ⅳ. ①K828.4

中国版本图书馆CIP数据核字（2021）第130780号

出版发行 /	北京理工大学出版社有限责任公司
社　　址 /	北京市海淀区中关村南大街5号
邮　　编 /	100081
电　　话 /	（010）68914775（总编室）
	（010）82562903（教材售后服务热线）
	（010）68944723（其他图书服务热线）
网　　址 /	http://www.bitpress.com.cn
经　　销 /	全国各地新华书店
印　　刷 /	保定市中画美凯印刷有限公司
开　　本 /	710毫米×1000毫米　1/16
印　　张 /	22
字　　数 /	325千字
版　　次 /	2021年6月第1版　2021年6月第1次印刷
定　　价 /	108.00元

责任编辑 / 徐艳君
文案编辑 / 徐艳君
责任校对 / 周瑞红
责任印制 / 李志强

图书出现印装质量问题，请拨打售后服务热线，本社负责调换

前　言

作为一名高校辅导员，如何坚守初心，践行育人使命，在学生生涯规划教育中充分发挥作用？

《教育部关于加强高等学校辅导员班主任队伍建设的意见》指出："辅导员、班主任是高等学校教师队伍的重要组成部分，是高等学校从事德育工作，开展大学生思想政治教育的骨干力量，是大学生健康成长的指导者和引路人。"辅导员是开展大学生思想政治教育的骨干力量，是高校学生日常思想政治教育和管理工作的组织者、实施者和指导者。辅导员应当努力成为学生的人生导师和知心朋友。职业幸福感离不开职业的认同感和获得感，节日的祝福、天气转凉时的叮嘱、考试前期的鼓励和提醒……与学生一路同行，努力做到思想上关注，行动上关爱，精神上关怀。

2008级的晓红（化名）因恋爱问题，多日来情绪抑郁，心烦意乱，无心学业，对大学生活的所有期待与憧憬化为乌有，对爱情、友情充满了怀疑，失恋的痛苦、好友的背叛就像恶魔一样，无情地折磨着她。在她最脆弱无助的时候，辅导员成为她倾诉的对象，一名耐心的倾听者、引导者，一次次的深夜交谈，陪伴她度过生命中最灰暗的时光，晓红开始振作精神，增强了生活信心。2011级学生小磊（化名）自升入大三，因学业及家庭原因，晚上经常失眠，休息不好，导致身体乏力，上课不在状态。在这期间，小磊感到自己从宿舍楼出来碰到很多同学很不自然，有些怕到人多的地方。征得小磊的同意，辅导员联系了学校心理咨询老师，和其沟通了小磊的情况，配合心理咨询老师，关怀小磊情况，寻求解决办法，帮他树立信心。通过心理医生、家长共同关注，小磊顺利毕业，并且找到满意的工作。当收到小磊发来的"辅导员，我现在北京工作哦，谢谢当年您的悉心关怀和陪伴……"短信时，我们知道了做辅导员的幸福莫过于用爱去守护学生的生命与成长。

本书编著成员均从事专职辅导员工作十年以上，从事大学生的就业指导工作多年，承担学校就业创业课程，课堂上的指导受到大班课堂、课时等的影响，教学内容多为分析学生普遍遇到的问题和启发学生学习生涯意识。如何对学生的生涯规划教育产生既具有吸引力又具有可操作性的实效呢？我们发现，某些学生的成长历程可以影响和激励更多学生，引领新生迅速适应大学生活，因此要充分发挥朋辈教育在大学生成长成才中的作用。本书通过多种途径收集整理了部分学生在校的成长经历，并对每个案例进行点评，从而激发广大青年大学生更有针对性地进行生涯规划，"知行合一"，在奋斗中追逐青春理想。

通过访谈、笔谈、自述等方式，共收集了300多位学生的案例，通过整理，从中选取了102位学生的案例。他们中的大部分人是我们认识或者熟知的，其中还有不少人曾是我们优秀的学生干部。在他们的大学生涯过程中，曾经接受过相应指导，涉及专业选择、职业选择、简历制作、面试等方面。在每个案例后面，都附有一段"知行风向标之生涯导师说一说"，结合案例或是知识扩展或是案例总结，希望能让读到本书的学生收获更多，这也是大学生生涯规划教育的另一种方式，避免知识的枯燥。

辅导员，是教育工作中的螺丝钉，坚守在学生成长路上的指导者和引路人，立德树人，做好本职工作，培养好学生，发挥自己的专业知识和大学生的力量，服务社会，是最好的回答。

编著者

2020 年 12 月

目录 CONTENTS

001 黄鸿宇：剑已备妥，不惧江湖 …………………………………… 1
002 王悦蓉：你配得上更好的自己 …………………………………… 4
003 曾瑞芳：好运总会藏在你的努力里 ……………………………… 8
004 冯　璐：热爱会穿越时间，把明天兑换成期待 ………………… 11
005 黄静云：有足够的积累，又一直在路上，所以有无限的可能 … 14
006 黄奕华：初心启航，信仰引路 …………………………………… 17
007 黄　欣：让优秀成为习惯，做最好的我 ………………………… 20
008 黄源媛：仰望星空脚踏实地，走好我的长征路 ………………… 23
009 李　伊：大学四年 ………………………………………………… 26
010 林晓悦：倍其功，终必其成 ……………………………………… 29
011 刘永怡：九层之台，起于累土 …………………………………… 33
012 欧佩锶：坚持才有收获 …………………………………………… 36
013 彭乙晗：不负韶华 追梦前行 …………………………………… 39
014 丘　嫱：在忙碌中成长 …………………………………………… 42
015 王　衡：来路无可回顾，值得期待的只有前方 ………………… 45
016 谢淡萍：一分耕耘换来一分收获 ………………………………… 48
017 徐红梅：我的大学成长之路 ……………………………………… 51
018 杨欣宇：我曾走过的路 …………………………………………… 54
019 张佳玫：学无止境，勇敢向前 …………………………………… 57
020 张文铖：青春无悔，未来可期 …………………………………… 60

021	郑子莹：勤能补拙，笨鸟先飞	63
022	段世平：坚守初心，自强不息	66
023	蔡明开：已往不可谏，未来犹可追，理想其未远，振翼而腾飞	69
024	蔡梓枫：勇敢踏出每一步	72
025	陈锦彬：白驹过隙，会很焦虑	76
026	崔宇恩：四年的大学生活让我成长	79
027	冯嘉豪：不忘初心，筑梦机甲大师	82
028	何海鹏：八个字理解大学	85
029	黄廷蔚：写这首长诗，用四年时光	88
030	陈　垦：秉持人生信条，保持优良习惯	91
031	邓俊朗：大学的我，我的大学	94
032	冯盛杰：一切都是最好的安排	97
033	辜建锐：致我所热爱	100
034	郭荣栋：心存感恩，再接再厉，不负大学四年韶华	104
035	郭伟鸿：逐梦前行，不忘初心	107
036	江鑫彪：奋斗的青春	110
037	孔文轩：我的成长经历，没有最好，只有更好	113
038	李德新：学会思考，停止盲从	116
039	练　俊：生活，是一种态度	119
040	梁嘉诚：虚心涵泳，切记体察	122
041	梁英豪：天道酬勤，厚德载物	125
042	林泽辉：投身公益，传递爱心	128
043	刘　天：锲而不舍，金石可镂	131
044	罗家奎：学无止境	135
045	罗俊宁：最好的"贵人"，是努力的自己	138
046	莫智威：全面发展才是硬实力	141
047	瞿　婕：我的大学或许有遗憾，但绝无后悔	144
048	伍朝俊：回头看，不曾走远	147
049	伍锦铭：我的大学时光	150

050	谢家兴：熬过低谷，便是高山	153
051	谢宇燊：不忘初心 砥砺前行	156
052	杨志衍：磨砺以须，热爱你所热爱	159
053	姚　耿：提升自己能够使我更有底气，更加自信	162
054	余源荣：以梦为马，奋斗不止	165
055	袁振威：我与团学共进步	168
056	郑博介：成为经历风雨而现的彩虹	171
057	郑东东：敏而好学，热爱生活	174
058	郑　健：我的大学经历	177
059	郑　越：Just do it	180
060	郑泽楷：少年游	183
061	郑梓煜：从校园的"双十佳"走向岗位的"双十佳"	186
062	钟国立：不忘初心，努力成长	190
063	钟仕诚：持之以恒，不忘初心	193
064	周树良：积极主动	196
065	周振键：新起点	199
066	庄伟程：我的大学生活，从 0 到 1	202
067	李　旭：用行动来丈量，从北理珠到深圳大学的距离	205
068	梁嘉俊：那些年我们一起考过的研	209
069	陈柏儒：做一件事情最好的时间是过去，次之便是当下	217
070	焦　雪：宝剑锋从磨砺出，梅花香自苦寒来	220
071	康皓铭：挥洒汗水，浇灌成功之花	223
072	刘义锋：规划，从做好一颗螺丝钉开始	226
073	龙丽珍：成长，一步步来	231
074	罗胜达：我的大学和研究生生活	235
075	罗卓君：这里不是故事的结束，而是另一个开始	238
076	王　也：尔尽尔心终无悔	241
077	曹靖洋：拾光岁月，且行且珍惜	247
078	陈树锋：勿忘初心，方得始终	250

079	陈王充：我的影视之路	254
080	高　远：3次被捞，5次面试，我拿到了鹅厂（腾讯）Offer	258
081	赖远文：你相信努力可以改变一个人吗？我相信	264
082	李锻俊：思考人生，把握方向	267
083	李嘉铭：培养兴趣，磨炼意志，追逐目标，不忘本心	270
084	李霖锋：积极进取，做时代的奋斗者	272
085	林陆展：行动是成功的阶梯，行动越多，登得越高	275
086	刘家祥：目标确定，一次就行，我成了七牛人	278
087	庞仁和：成长，是一场冒险	281
088	邱文进：Do the right thing and do the thing right	284
089	翁灿彬：我与软件测试的爱恨情仇	287
090	徐秋冰：水滴能穿石，铁杵能磨成针	290
091	王伊捷：厚积薄发，砥砺前行	293
092	李洁慧：听从本心，卓尔独行	297
093	陈晓彤：一分耕耘，一分收获	301
094	莫艺红：认清自己比什么都重要	304
095	张豆豆：我已亭亭	308
096	姜春雨：随风入夜，润物无声；始于春分，延于谷雨	312
097	李永上：年轻人就要"折腾"	316
098	林智杰：青春驿站	322
099	黎锦权：立足脚下，放眼未来	325
100	廖浩琛：他山之石，可以攻玉	328
101	刘军成：追逐梦想的路上必定艰辛	331
102	许悦兴：珠海21度传媒有限公司	336
后　记		339

001 黄鸿宇：剑已备妥，不惧江湖

四年时光如白驹过隙，不经意间已走到尾声。时光是一个让人猝不及防的小偷，偷去了我们身上的稚气，用历练还了我们一个丰富多彩的人生。在北京理工大学珠海学院的四年，不曾虚度，不曾后悔，剑已备妥，不惧江湖。

忙碌、充实是这四年时光的真实写照。踏入校门的那一刻，我就曾在心里默默下定决心：大学四年，绝不虚度。作为一名计算机学院的学生，入学时，我竟是一个连计算机如何开机关机都不懂的电脑小白。在人才济济的计算机学院，我深知自己与其他同学的差距，我不敢轻易放松对自己的要求。

大学四年，我从不迟到、旷课、请假，甚至还给自己下了一条"命令"：没有预习就没有进教室的资格。

我一直都觉得宿舍是用来放松的地方，所以在别人还在悠闲地在宿舍享受着大学生活时，我更多的是往"外"跑。我呼吸过北理清晨最新鲜的空气；也曾用琅琅书声"唤醒"6点多的操场、读书岛；亦曾步履匆匆从图书馆赶回宿舍，偶遇北理最美星空。终归，星光不问赶路人，时光不负有心人。1次光大奖学金，2次国家励志奖学金，7次优秀学生奖学金以及多次的"优秀学生标兵"称号便是对我学业的肯定。

"纸上得来终觉浅，绝知此事要躬行。"大学四年，对这句话有了更深刻的认识,理论知识固然重要,实践也不可或缺。为了进一步学习自己的专业知识,我积极参加各类比赛。大二时,我作为团队中唯一一个计算机学院的学生,跟交通工程专业的学生团队一起参加了全国大学生创新创业大赛(小谷围)"互联网+交通运输"大赛,并获得了全国复赛三等奖的好成绩。大三时,作为一个国家级大创项目的负责人,我带领我的团队设计了一款便携式VR装置,顺利结项并以第一作者身份发表了论文《浅谈虚拟显示的实现与应用》。我认为大学接受的知识应该是多样化的,所以我参加的比赛从不拘泥于本专业,策划书、征文、微小说、演讲、摄影等比赛都为我的大学生活增添了不一样的色彩。

许是性格使然,我从来不是别人口中所谓的"书呆子"。学生干部工作让我变得更加有责任感,更加懂得去跟别人打交道。四年来,我先后担任了班级学委、辅导员助理、17计科1班班主任助理、计算机学院学生党支部副书记等9个职务。多重身份,多重责任,在繁忙的学业与学生干部工作中"周转",我能够很好地处理两者的关系,这不仅锻炼了我合理安排时间的能力,同时也让我明白了效率的重要性,所以我一直信奉"提高效率就是节省时间"。

我热衷于公益,牢记一名共产党员的初心和使命,一直相信"志愿于心,服务于行"。在担任自强社干事期间,我多次负责校内公益活动,同时也积极报名参加香洲义工。在担任学生党支部副书记期间,我创办了自己的社会实践队伍——暖心行动小组,并多次策划且带队进行社会实践活动,从珠海到甘肃,再到梅州潮州,我期待着"暖心"愈来愈强大,去帮助更多有需要的人,做基层建设的践行者。我很自豪暖心团队的存在,为我的大学生活留下了一抹"赠人玫瑰"的余香。

在我看来,大学应该是丰富多彩的,我们从不应该将自己局限于一个小天地,学习固然重要,但是也别轻易抛弃你的兴趣爱好。我热爱旅行,旅行于我来说是学习的动力,是开阔视野的"灵丹妙药"。我争取机会跟随学校"心映阳光"夏令营小组到甘肃陇西进行帮扶与支教活动,去感受山区孩子求学之路的艰难,从而珍惜现有的幸福生活;重走丝绸之路,去领略"一带一路"的魅力;去台湾高校交流学习,感受多元的文化,体验宝岛台湾的风土人情。我利用自己的课余时间兼职赚取旅费,从云南到漠河,我穷游看了许多风景,才明白原来这世界上还有这种活法。我喜欢看书写作，摄影吹笛，跑步运动，我很庆幸即使在无比忙碌的大学生活中，我依然坚持了自己的兴趣爱好，它们让我成为一个全面发展的人，在为我开阔眼界的同时也让我明白了努力的方向。

"跟别人的大学生活一样，又跟别人的大学生活大有不同。"这是我对自己大学生活的总结。我以自己喜欢的一种方式慢慢活成了自己喜欢的模样，这或许是我大学生活最值得骄傲的一件事情。

我知道，在追求更好的自我的道路上，我还不够优秀，还有很多需要改进的地方，这就是我要努力的方向，我从来不后悔自己的选择，也依然记得自己的初心，记得当时为何出发，记得路的前方在何处。人生路漫漫，我相信只要一步一步慢慢走，踏踏实实走，我们一定能走出自己的精彩。社会这个江湖即将来临，可是，剑已备妥，我又有何惧？

知行风向标之生涯导师说一说

从字里行间，我们能看到鸿宇积极乐观面对一切的态度。她有目标，严格要求自己，敢于尝试，忙而不盲，这是值得很多大学生学习的地方。她自信且坚毅，并非温室里的花朵，学委、实践团队负责人、班主任助理、辅导员助理等职务让她快速成长。她有温度，对老师的温度、对同学们的温度、对新生们的温度，收获大学四年最美好的友谊。

002　王悦蓉：你配得上更好的自己

王悦蓉，计算机学院 2015 级软件工程专业学生。在校期间，获得省市级奖项 3 项，校院级奖项 28 项。2018 年广东省"新时代 新作为——立志·修身·博学·报国"主题教育活动一等奖，2018 年珠海市禁毒宣讲擂台赛"优秀宣讲员"，2018 年香洲区大学生创业大赛优秀奖，2016 年度"精英明志"校园十榜人物"文艺新锐榜"十佳个人，2017 年度"精英明志"系列之"榜样在身边"优秀学生报告会成员，多次荣获"优秀学生标兵""优秀学生干部"等称号。曾任计算机学院团总支学生会副主席、校辩论队队员、布莱恩特学院招生大使，曾代表学校参加广东省"南粤长城杯"演讲比赛，受邀参加珠海市理工职业技术学院校 2018 年度成人礼分享大学生活，受邀担任第六届濠江杯华语辩论赛评委。

忙

如今已经大四，身边仍会有人问我，为什么你的大学这么忙？

团学、辩论、话剧，大大小小的比赛抑或活动，几乎占据了我大学生活中所有的课余时间。

很多人都觉得，参加这些社团啊，比赛啊，都是在浪费时间。

不如在宿舍敲代码，多读几本书，甚至是打一会儿游戏也好。

而我们口中的"浪费"，其实是你做了你觉得不值得的事。

若你觉得有意义，又何谈浪费呢？

社团、比赛、活动，它永远比不上学习知识填充自己。

但它，是你大学生活中，不可或缺的一部分。

做一个更好的自己，首先，你不能只和电脑说话。

沟通　责任　情怀

团学会占据了我大学四分之三的日子。

从一名小小的干事，到部门部长，再到主席团成员。

懂得沟通，懂得好好说话，是一门学问。

懂得和人相处得舒服，是一种本领。

当你身上的任务，更多了，

你应承担的责任，应有的担当，也随即而来。

学着不为自己的错误开脱，学着协调策划好一场活动，学着"管理"你的团队，

这可都是，书本上，无法教给你的。

而所谓学生会的黑暗，我很庆幸在这里没有感受到。

带来的，是三五好友，和情怀。

一场晚会的完美举行，一场活动的顺利完成，一场比赛的成功获奖，

离不开我的努力，也离不开你们的努力。

背后，是我们牺牲休息时间、吃饭时间不断排练的汗水，是我们一遍一遍确认流程的夜晚。

相拥在一起庆祝比赛胜利、活动晚会完美结束时，你会发现，

这或许真的比打赢一场游戏带来的快乐更真实，更充实。

让自己，朝着更好的自己，又更近了一步。

勇气　自信

大一开始，会有大大小小的舞台、比赛台出现在我们的身边。

或许你因为害怕，因为自卑，而退却。

我从大一，背稿需要好几天，上台还偶尔忘词，
到大三参加市赛，比赛前两小时推翻稿子重写，仍进入决赛。
这其中，不乏勇气和自信的帮助。
一次一次的练习，一次一次的锻炼，
你会更加相信自己。
大二时候，我参加了学校"榜样在身边"优秀学生报告会的选拔，
选拔到最后时，大二级学生就只有我一个人。
相比师兄师姐们优秀的成绩和作为，
在我身上体现的更多的反而是勇气和自信。
勇于表现自己，表现自己的自信，是一堂必修课。

理性

辩论，是我大学中最热爱的一件事情。
它教会我冷静理智地思考，全面地看待事物。
辩论对我的意义，大概就是让我更快成长吧。
更像一个成年人一样去想得足够清楚，
而不只是年龄上的成年。
找到自己热爱的事物，是一件很有幸福感的事情。
"辩论是疲惫生活里的英雄梦想，只是有些人疲惫，有些人梦想。"
生活也是如此，你可以疲惫，但是要记得，梦想。

幸运　不是从天而降的

担任澳门濠江杯辩论赛评委。
担任布莱恩特学院招生大使去往南昌招生。
受邀去珠职成人礼演讲，分享自己的大学生活。
代表学校参加市辩论赛，看到更大的世界。
代表学校参加市禁毒宣讲赛，走到最后一轮。
出演话剧团指导老师的微剧。
很多比赛顺利进入决赛，还是自己不熟悉的领域……

曾经我以为，这都是我的幸运，

而渐渐地，我发现，这些幸运，不是从天而降砸在自己身上的。

是每晚楼梯口的练习，是自己努力坚持的累积，

才成就了，更好的我。

也可以成就，更好的你。

你要坚信，只要用尽全力，就不会被辜负。

你配得上那个，更好的自己。

知行风向标之生涯导师说一说

"你配得上那个更好的自己！"这一句话，包含了开始前对自我的鼓励、结束后对自我的肯定。悦蓉同学用大学四年的时间回应了这一句话，在多个平台展示自己的风采，充分发挥自身的优势，借助各个平台让自己快速成长。同时，她影响着周边的人，"大一开始，会有大大小小的舞台、比赛台出现在我们的身边。或许你因为害怕，因为自卑，而退却。我从大一，背稿需要好几天，上台还偶尔忘词，到大三参加市赛，比赛前两小时推翻稿子重写，仍进入决赛。这其中，不乏勇气和自信的帮助。一次一次的练习，一次一次的锻炼，你会更加相信自己。"代表学校参加广东省"南粤长城杯"演讲比赛、珠海市禁毒宣讲擂台赛，受邀参加珠海市理工职业技术学院校 2018 年度成人礼分享大学生活，通过一次一次讲演，通过一次一次分享，去影响带动青年群体。

大学生和非大学生最主要的区别绝对不在于是否掌握了一门专业技能，而在于是否具有独立思考、自主学习、人际交往等能力。这也就是读大学究竟要读什么，应该做一名什么样的大学生。

003　曾瑞芳：好运总会藏在你的努力里

大学这四年的时间过得很快，我从一个刚进学校时青涩懵懂的大一新生，也终于成为要毕业的大四学姐了。在学校的这几年，无论是在专业学习上，还是在为人处世上，我都收获了很多。依然记得刚进学校的那个夏天，匆匆到明德楼找班助报名的我，在宿舍楼下帮我搬行李的志愿者们，以及刚见到室友那种陌生而亲切的感觉。在大学生活里，在班级和社团里，我收获了许多友谊，在学习上，我们总是互帮互助，在日常生活里，也有兴趣相投的地方，在彼此有困难的时候，我们便会及时向对方伸出援手。不得不说，与同学和睦相处的这四年，我学会了如何与人相处，同时也提高了自己的情商，在生活中尊重他人，同样也得到了他人的理解。

依然记得在第一次班会上的自我介绍，那是第一次上台发言，紧张到脸红甚至说话断断续续的自己；在高数课上听不懂，下了课在自习室认真翻阅笔记的自己；第一次去完成社团任务积极认真的自己……一切仿佛都还历历在目。在刚进大学时给自己定下了不少目标，很庆幸的是，大部分已实现了，比如说每学期都拿奖学金，或者一点点提升自己的绩点，又或者为了争取某个荣誉而去努力，等等。当然也有没有实现的目标，但是我相信，无论目标实现与否，这些为目标而努力的日子，都将成为我在大学里无法忘却的时光。

在专业学习上，对自己感兴趣的课程，上课也比其他课程多了一倍的精神，面对很枯燥的课程，也要一点点去找到它存在的乐趣。记得刚开始学 C 语言的时候，上课总是一头雾水，下了课就虚心请教同学和老师；当觉得学编程语言很难的时候，就在学好理论的前提下，动手去实践。我遇到的软件工程专业的老师，大部分很认真负责，对于同学提出的问题总是耐心地回答，虽然有些老师表面严厉，但是不可否认的是他们也只是希望我们能够多学知识，去实践和运用。我从来都不会抱着那种只求科目及格的心态去学习，这样只会降低我对学习的热情，只有给自己压力，才能学好想学的东西。对我来说，每个学期拿到每一个科目的高分，才可以不断提升自己的绩点，就算是提升 0.1 的绩点，也足够自己在奖学金排名中往前挪几名。

在生活中，我有和自己志趣相投的同学和室友，我们可以是一起去图书馆学习的搭档，也可以是一起寻找美食的伙伴，正是这群伙伴，让我觉得我的大学生活足够多彩丰富。相信很多同学有和我相同的经历，就是对于体测 800 米十分恐惧。第一次跑 800 米的时候，我并没有及格，于是在第二次体测之前，我每晚都在操场上练习。我的想法是，别人可以做到的事情，我同样可以做到。在第二次体测的时候，我还是感觉有点吃力，但是这次不同的是，我的室友不断地鼓励着我，最终陪我跑完了那 800 米。

我很感激自己在大三的时候选择应聘 18 级新生的班助，那段经历让我成长迅速。新生们肯定想不到，在我像他们一样刚进学校的时候，上台讲话并没有现在这么大方流利，在此之前，我也不懂得如何去更好地组织一次团建，去鼓励他们参加一次比赛，但是所有事情不去尝试就不会知道结果，也不会知道如何去做得更好。在此也感谢我所带领的 18 级计算机 10 班，其实在这一年我做得不够好的地方太多了，也可能在他们眼里我并不是一个合格的班助，谢谢这群小朋友的包容，与他们相处的这一年，我看着他们的成长也感觉十分欣慰，希望他们以后也要坚持自己的目标且实现它，不负自己的大学时光。

可能在大学的每个阶段里，都存在着迷茫的人，不管是正在为学习而烦恼的人，还是在宿舍打着游戏浑噩度日的人，在某个时刻他们会思考自己以后到底要做什么，现在应该从哪一步开始走。但是我觉得，优秀的人总是朝着自己的目标前进的，光是在脑袋里画蓝图是没有用的，你要在现实中去实现它，如果失败了也没有关系，你要相信，努力总是伴随着好运，好运气总有轮到你的时候。最后，感谢在大学里所有对我有帮助的老师和同学，让我在大学生涯中一步步完成了自己的目标，也可以继续努力成为更好的人。

知行风向标之生涯导师说一说

"好运总是藏在你的努力中"如同"爱笑的女孩运气总不会差"，大学不能少了"努力"两字。每年9月份的新生入学教育，必有一堂课和新生谈谈大学生活，大学不完全是高中老师口中所描述的自由放飞的"天堂"。大学四年后要经历一场从学生到社会人的"考试"，也是回答你想要成为什么样的人。

004　冯　璐：热爱会穿越时间，把明天兑换成期待

回首刚刚步入大学的时候，自己也是一张白纸，第一次独自离家求学，充满不安与兴奋。我不喜欢当初胆怯又害羞的自己，进入班级之后，开始尝试着去表现自己，从开始鼓起勇气去竞选班长，到努力去加入社团。一路走来，北理珠见证了我太多的第一次。

开学第一课，如何平衡好学习和生活，这正如毕业后如何平衡好工作和生活一样重要。记得第一次 C 语言课程测试之后，我获得了一个并不好的成绩，这对于高考成绩还不错的我来说是当头一棒。我意识到，高中老师说的进入大学之后就轻松了不是真的，不能再继续浑浑噩噩，因过度玩耍而摒弃学习。所以在大学四年里，我一直认真对待自己的成绩，将学习摆在首位，即使再忙再困再累，也不会翘课，努力为充实自己的简历做准备。大学四年里，我获得优秀学生奖学金 6 次，也获得过"优秀学生""优秀团员""优秀学生干部"等荣誉称号。

敢，你就有万丈光芒。人总是喜欢安逸，有自己的一个安全范围和舒适圈。进入大学之前，可能觉得选择省外学校的同学就很勇敢了。但自己呢？如何走出自己的舒适圈？我愿意为之去冒险，去尝试。大一的寒暑假，我参加了社会实践，去不

同的地方，进行不同的社会实践调研，比如"古村落的旅游新貌""潮汕的改革开放历史""鲁甸地震灾后安置区的支教""重走丝路体会古代'飞天'与现代航天"。从珠海斗门，到潮汕、云南、甘肃，足迹遍布了大半个中国，到达了我之前想要去看看的地方。我越走越远，生活阅历也越来越丰富，见证了不一样的人情风俗，也体会到了打破舒适圈的快乐与自豪。在这个过程中，更重要的是收获了珍贵的友谊，以及宝贵的生活经验。敢于走向自己不熟悉的领域，合理地同自己"较劲"，才能收获沸腾的人生。

能清楚、全面地去了解自己也很重要。曾经我也是一个走一步算一步的佛系闲人，但是在大一学习的后半段，我也清楚认识到规划自己未来的重要。受班助的影响，我想要积极参与到学生工作之中，所以我给自己定了个目标是，大二的时候留任传媒中心，大三的时候就竞选班主任助理。因为事先定下了一个中期计划，使得未来两年的生活里，都能够在一个清晰的定位之中，不断努力前进。从课余生活中学到书本里课堂中学不到的知识，都是一次次提升自己综合能力的过程。也很幸运能够在社团里、在班助工作中，遇上一些志同道合的伙伴，通过参加各种各样的比赛，熬过一个个 Deadline，策划一个又一个丰富有趣的活动，充实了我的大学生活。一个人强不是强，无论到哪里，团队协作，发挥集体的智慧总是能够提高工作效率。对于自己带的师弟师妹们，努力成为别人的榜样，也是一个促使自己不断进步的好方法。

只要你愿意走，路的尽头还是路。谁都是第一次当大学生，年轻人难免在生活中遭遇挫折，也会经历一些物是人非，但是保持健康的身体和心态同样重要。我也曾如大多数同学一样，对未来迷茫，也走过弯路。但是我想说，要想知道一个苹果甜不甜，最好的办法是自己去亲自尝一口。只有通过自己的努力，去尽量抓住面前每一个机会，才能看见更好的自己。在校期间，我曾获得过国家级、省市级奖项 11 项，院校级奖项 16 项。我算不上多优秀，但我觉得我的大学生活是精彩的，未来一定不会后悔这四年光阴。加入了 Laplace 团队之后，去接触更多比自己优秀的师兄师姐、同学，你也会发现，自己还有很多不同的可能，所以要更加努力去挑战它。

风一定会记得来时的痕迹，答案交给时间去寻觅。岁月匆匆，四载春秋即将结束，在今年这样特殊而艰难的毕业季，我也步入社会，开启我人生的另一个新篇章。但我不会停止学习的步伐，也不会对大学生活里获得过的小小成就而沾沾自喜。我知道，唯有不断地积累知识经历，不断去挑战未知的未来，才能练就世事洞明，人情练达。

知行风向标之生涯导师说一说

习近平总书记希望同学们不负青春、不负韶华、不负时代，珍惜时光好好学习，掌握知识本领，树立正确的世界观、人生观、价值观，系好人生第一粒扣子，走好人生道路，为实现中华民族伟大复兴贡献聪明才智。冯璐的大学生活，敢于走向自己不熟悉的领域，合理地同自己"较劲"，不负青春。

大学生社会实践是每一名大学生的必修课，以团队的形式开展，这也是大学生接触、了解、服务社会的重要渠道。大学生走出舒适的校园生活，走进"古村落的旅游新貌""潮汕的改革开放历史""鲁甸地震灾后安置区的支教""重走丝路体会古代'飞天'与现代航天"，去感受中国传统文化、服务支援重灾区、追寻改革开放的精神。

005 黄静云：有足够的积累，又一直在路上，所以有无限的可能

我叫黄静云，来自计算机学院2016级软件工程4班。四年前，考进北京理工大学珠海学院，度过我人生中美好的大学生活。回想起这四年，酸甜苦辣尽在其中。幸运的是，回望这四年，一路走来，我过得很充实，拥有了无限珍藏的回忆，无悔这四年的青春时光。

把握每件平凡的小事

相比高中，大学的学习氛围相对轻松自由，但我仍不松懈。我注重基础，只有把基础学会了，学其他内容才能更容易上手，所以我的成绩一向名列前茅，曾多次获得优秀学生奖学金。课外时间，我时常泡在图书馆借阅、查看相关书籍，不断增加自己的知识储量。并且在校期间，我报考了英语四级、六级，中级软件设计师资格证，教师资格证等考试，最终考取了英语四级、六级、六级口语，软件设计师等证书。考证期间，我经常去自习室自习。英语六级我是备考了好几次才考过的，每次失败后，知道自己哪方面薄弱，再加强训练。后来我终于成功拿到了六级证书，并且还拿到了口语证书。所以每当失败的时候，请不要轻言放弃，我们从不缺乏从头再来的勇气。

社团活动让大学生活更充实

大一,我有幸成为计算机团总支学生会文艺队的一员,曾参加过院运动会的开幕式表演以及担任多个活动的颁奖礼仪等。为了准备院运动会开幕式的舞蹈表演,我们舞蹈队常利用晚上空闲的时间抓紧进行排练,虽然很累,但看到最终的效果,就很有成就感,觉得一切的努力都很值得。这些使我的大学生活更充实了,也使我收获了许多,感谢这些经历。

奉献爱心,收获希望

大学四年里,我经常去做公益。例如,计算机学院迎新活动、毕业送公益活动、招聘会志愿者、体测协助、普陀寺综合活动、城轨唐家湾站"微笑引导"等。公益活动使我在奉献中提升了自身的价值,培养了自身的综合素质,并且在给予他人帮助的同时,自己也快乐着。迎新活动最让我印象深刻,初进校门时,师兄师姐们的协助让我无以忘怀,不胜感激,所以后来有机会,我也报名了迎新活动,自己也去帮助初进校园的师弟师妹们,让他们体会到校园里的温情。同时,我也会力所能及地坚持去做公益,去帮助更多需要帮助的人。

人生,不与任何人竞争,只要自己不断前进即可

大学期间,我与朋友参加了不少比赛,例如计算机学院第十二届新生辩论赛、第十届大学生校园心理剧大赛、第三届书库寻宝大赛、全国大学生环保知识竞赛、全国大学生网络安全知识竞赛、第六届 C 语言程序设计挑战杯等多个比赛。这些比赛有得奖的,也有没得奖的,但在这其中,我不断总结,自我复盘,使自己不断进步。并且,学校内的培训,例如关于 CLM 平台的培训等,我也会抽空积极参加,让自己不断去了解、积累更多的知识。

大一第二学期,勤工俭学的我有幸担任计算机学院行政教务办公室的助理,和其他同学一起协助老师完成各项事务。这期间,锻炼、增强了自身的协作能力,也使我更熟悉了 Office 等软件的操作,增强了文档分类和整理的能力,并且最终获得了计算机学院优秀办公室助理奖。

在书法课上,有幸结识蒋老师,并且为其维护个人公众号,每周发两至三

篇推文。在这期间，我学到了更多的书法知识，以及公众号的运营、排版技巧等。

向前开拓，永不停歇

课外时间，我会去做兼职，勤工俭学，给自己挣生活费，同时也提升自己的沟通能力、团队协作能力等。

大三开始，我渐渐明确了自己的职业规划，所以除了在学校里选修了相关课程，我还找了一份实习工作，以提前体验工作，不断积攒实战经验。在此期间，我学到了很多课内无法了解到的内容，也得到了前辈们的指点。并且这份实习经历，为我的求职之路加分不少，我也顺利找到了一份还不错的工作，实现了完美就业。

如今，美好的大学生活将画上完美的句号，人生的旅途也画上了漂亮的逗号。但人生的自传有无限可能，期待下一趟旅程的精彩万分。

知行风向标之生涯导师说一说

"在校期间，我报考了英语四级、六级，中级软件设计师资格证，教师资格证等考试，最终考取了英语四级、六级、六级口语，软件设计师等证书。"所有考证中最难的是六级的备考，考了很多次，最终以高分通过。每当失败的时候，请不要轻言放弃，从不缺乏从头再来的勇气。

在这里谈一谈大学考证现象，要不要考？ 考什么？ 答案是肯定的，学习的过程需要一些证书的支撑，作为自我技能的支撑材料。考，但不盲目，不跟风。大学生根据自身的专业需要和职业发展制订考证计划，专业需要什么样的认证？未来的职业目标需要什么样的认证资格？让考证助力自我成长，而非盲目、盲从地考证。

006　黄奕华：初心启航，信仰引路

我是黄奕华，来自 2015 级计算机学院数字媒体技术专业，是一名学生党员。在我看来，一名党员，从举起右拳，面向党徽庄严地喊出"我志愿加入中国共产党"时起，积极工作，争当楷模立标杆，对党忠诚，一直到真正实现"为共产主义奋斗终生"的誓言，就是对初心最好的践行，对信仰最好的坚持。

秉承"德以明理，学以精工"的校训，逐梦启航

在不忘初心中扬帆，在坚守信仰中前行。初来大学时，尽管对未知的未来满是迷茫，但怀着对计算机、对互联网的极度热爱，以及成为优秀大学生的强烈愿望，我不断尝试，勇敢探索。从高中时的倒数第二到大学的连续七次获得优秀学生一等奖学金，从不断寻找灯塔到成为师弟师妹的灯塔。

一直以来坚持"修德自新"，"德以明理，学以精工"是我在大学不断进取的源动力，达到以探索客观真理作为己任之境界，实现以掌握精神学术造福人类之理想。尽管我的水平还是很低，但我独立思想，拒绝依附，对自己负责。有感兴趣的事务一定认真分析再积极参与其中，也常常向师兄师姐以及老师取经，针对在高中时期不独立思考常常依赖答案的坏习惯，不断反省思维，改过自新。

坚持"修身自强",在拿稳接力棒、做好共产主义事业接班人的征程中,凭着满腔热血,带着一股"既然热爱,就要做到最好"的劲,我专注于专业学习,成绩始终保持名列前茅,专注于打比赛、做项目,多次登上领奖台。同时,在修养心灵的韵味中,我学会了怎样思考,通过不断的反省,丰富知识,拓宽视野,潜心挖掘"新"的能量。

坚持"修业自立",从墨韵书香里沉醉学习,到踌躇满志中逐梦远行。在知行合一的实践中,经过学校理论的淬火和锻造,又回到实践中去,创立暖心、麦心实践团队,服务于社会。这些知识和本领,让我如虎添翼,终身受益。

坚守"敢为人先,责任担当"的信仰,一路前行

拥有梦想就要勇于逐梦。入学以来,我在学校十几个学生组织中摸爬滚打,最为深刻的是,在学院团总支学生会技术部从做小干事开始学习计算机知识,每一个细小的任务都积极表现,出色完成,终于在专业技能、组织管理等方面突出,成功竞选成为部门创立以来的第一任女部长。其间,组织开展了十余场技术培训,带领小部员快速成长。在校内开展公益维修,两个学期维修了五百余台电脑,同时,为了想法中的"把专业特色引出去",创办"互联网+红领巾"活动,自主与周边小学商讨合作,向一群可爱的小学生普及计算机知识,揭开互联网神秘的面纱,从代码小游戏、表情包制作、玩转二维码等小知识,激发孩子们对未知的探索。每次有问题积极举起的小手、即将下课时的依依不舍、充满求知欲的眼神,都让我久久不能忘怀,为此,我甚至考取教师资格证书,掌握教师教育教学技能,希望在有余力之时,能以一个教育者的身份,为孩子们打开新世界的大门。

此外,我加入科协微开发团队学习,并且成为微开发团队副会长,开拓互联网思维,为设计优秀的计算机作品做好准备。在创新创业大赛中、在互联网+、在计算机设计作品中,我所参与的心心享印、心翼海报、路途小程序等都获得优秀的成绩。

后来,从团员到党员,从团学干部到党支部书记的身份转变,迫切地需要我提高政治素质、业务水平能力,担子也越来越沉重。然而我依旧踏踏实实,凭借着"长风破浪会有时,直挂云帆济沧海"的闯劲,在学习中完善,在实践

中锻炼。首创省级立项活动"暖心行动",领导大学生立足农村、投身实践、服务社会,传递爱心、贴心与暖心。尽管在与社区、与机构、与学校进行对接活动的过程中,吃过不少闭门羹,在社区洽谈中被拒,在调研中也被误会为传销而被赶走,但是也幸运地经过耐心的沟通,出色地完成了二十余场活动,并且部分事迹被收录到搜狐媒体、珠海新闻网、梅州日报以及潮州日报等媒体中,在广东省"中国梦"之"爱国情,青年志"比赛中也荣获嘉奖。

同时,我关注三农问题,在大三的时候参与公益创业,建立"麦心团队",在创业比赛中多次获得嘉奖,并且真真切切助力于灾后重建社区——云南省昭通市鲁甸县火德红镇的发展,通过"农户+合作社+公司"的模式,帮助农民提高农产品的售出量,提高收入以及种植积极性,希望待到麦熟时,心意传四野。

坚守初心与信仰,一步一个脚印地践行着"德以明理,学以精工"的校训,在学习与实践中沉淀出了精彩的大学生活。过去的七个学期,我连续获得七次优秀学生一等奖学金,同时打比赛做项目不间断,目前已获校级及校级以上四十余项奖励,以及国家奖学金、光大奖学金和校园"躬行实践榜""博学多才榜"十佳个人的荣誉。

我认为,完善、证明自己的过程,离不开自己的努力,更离不开培养以及支持的人,所以永远怀着感恩之心。尽管也会因为失败而疼痛、因为能力不足而沮丧、因为懈怠而悔恨,但始终记得要与优秀同行,所以疲惫也不会后悔,拼搏永不言退。

知行风向标之生涯导师说一说

大学生党员是学生群体中的排头兵。高校学工战"疫"的工作开展,少不了学生党员的先锋模范带头作用,少不了学生干部的工作投入。大学生要把自己的小我融入祖国的大我、人民的大我,让青春走出孤芳自赏的小我,才能够与时代同步伐,与人民共命运。

007 黄　欣：让优秀成为习惯，做最好的我

我是黄欣，计算机学院2015级软件工程专业学生。

四年里，我没有后悔，孜孜不倦，不断地挑战自我，充实自己，为实现人生的价值打下坚实的基础。我不但学到许多书本上的专业知识，也经历了无数次的考验、挑战和历练，锻炼了自己的社交、组织和表达等各方面的能力。时刻谨记着，让优秀成为习惯，做最好的自己。

在这难忘的四年里，首先思想上我不断提高自己的认识，提升自己的觉悟，经过几年的历练，逐渐成长为一名自信、坚强、踏实、认真、严谨的大学生。同时也真切地感觉到了自己所肩负的责任和历史使命。

学习方面，我从来不放松自己。在以后的学习生活中我会更加努力地要求自己，不断地提高自己，使自己的专业领域得到更广泛的发展。作为一名大学生，我知道只学好文化知识是远远不够的，想要成为一个优秀的毕业生，必须具备丰富的实践经验。在工作上，我认真负责，踏实肯干，不怕吃苦，有协作精神。在闲暇时间里，我经常到图书馆读书学习，阅读一些与专业有关的书籍及人生哲理方面的书籍，以此来努力提高自己的专业知识和综合素质。在学习过程中自己还带动身边的同学

共同学习，共同进步，能够主动帮助学习上有困难的同学，耐心地为他们讲解学习中遇到的难题。

工作方面，本人兢兢业业，任劳任怨。在老师的帮助下，不断地摸索学习，很快地掌握了如何处理学校、老师、同学之间的关系。在工作中能够上行下效，很好地完成院系需要传达的任务。在如何处理工作和学习的关系方面，我也有自己的心得，做到了在认真工作的同时，又不耽误自己的学业。在大三期间，担任新生班主任助理一职。在新生遇到困难的时候及时帮他们处理解答，让他们尽快在生活和学习上找到平衡。那段时间就算再忙再累我也时刻关注着他们的消息，而现在他们也找到了自己的方向，并朝着自己的目标努力着。

生活方面，本人严格要求自己、合理规划时间、关心同学。在同学遇到困难的时候，愿意尽其所能帮助他们；在同学心情不好时，自己愿意成为他们倾诉的对象；当同学开心时我也由衷地为他们高兴。因此，在陌生的城市，同学们互相关心、倍感贴心。

四年的大学生活，给了我许多锻炼的机会，在实践中我不断吸取成功的经验和失败的教训。与初为大学生相比，今天的自己更能沉着、冷静地面对问题，分析问题，解决问题。良好的人品与性格是一个优秀人才所必备的条件，在时代和环境的不断改变中，我逐步形成了自己的人生观、价值观。我一直严格要求自己，并以乐观、积极向上的生活态度影响着身边的人。

作为新时代的大学生，我具有崇高远大的理想，对于知识的追求孜孜不倦，时刻保持旺盛的拼搏精神。在这个竞争激烈残酷的社会，我用自己的信念与努力谱写着绚丽的青春乐章。青春的路上没有驿站，多和前辈交换自己的想法，尽最大可能做好自己的人生方案。把工作、学习、生活有机地结合为一体，不断地充实自己，完善自己，用优异的成绩来回报学校、老师的培育之恩。除此以外，我还参加了各种社会实践和公益活动。我积极乐观，诚实守信，乐于助人，讲道德，遵守校规校纪，遵守学生守则，以饱满的热情迎接生活中每一天的挑战。在生活中我让个人荣誉与集体荣誉同时存在。寝室就是我的家，为了使家更温暖、更有魅力，我努力做到团结同学，搞好宿舍成员间的关系，互相扶持。和室友一起寻找大学的定位，追求理想的高度，我们共同进步。在生活和学习上都会认真对待同学们提出的每一个问题，在自己进步的同时，帮助周围的同学一起进步。

丰富多彩的课外活动和社会实践，给我的生活平添几许亮丽的色彩；社会实践，锻炼了我的意志与坚持不懈的精神，给了我关于人生与生活的磨炼，让我学会了很强的自学能力和做人能力，而且可以在实践中检验知识并不断发现自身弱点，及时地改正。大学生活，给了我许多锻炼机会，让我从实践中不断吸取成功的经验和失败的教训，与初进学校相比，今天的我更能沉着、冷静地面对问题，分析问题，解决问题。

挥手告别美好大学生活、踏上社会征途的时候，我整装待发，将以饱满的热情、坚定的信心、高度的责任感投入社会，在单位努力工作，做出成绩，为母校争取荣誉。

我将时刻牢记校训："德以明理，学以精工"。

知行风向标之生涯导师说一说

大学学习生活是集体性的，不管是班集体、宿舍集体、团队集体等，大学生离不开集体生活。而对于宿舍这个大学另外一个"家"，更温暖、更有魅力。黄欣是一个性格温和的女生，在大学与同学互相帮扶，和室友一起寻找大学的定位，追求理想的高度，共同进步。

008　黄源媛：仰望星空脚踏实地，走好我的长征路

我叫黄源媛，2016级网络工程1班的学生，目前就职于某地区税务局。我来自风景优美的双遗之地福建武夷山，在生活节奏很慢的城市长大，养成了我遇事不慌的沉稳性格。从小我就是一个有自己想法和目标的女孩，习近平总书记曾经说过"一代人有一代人的长征，一代人有一代人的担当"，我知道，作为大学生，作为祖国未来的建设者，我更应该要遇事沉稳、要努力奋进、要顽强拼搏，朝着理想、朝着目标努力前进，只有脚踏实地才能仰望星空。在大学四年间，我给自己定下了目标，给自己找准了方向，用奋斗来灌溉梦想，用努力来收获成长，踏踏实实地走好我的大学之路。

2016年的夏天，我带着憧憬，带着梦想来到了离家一千多公里的海滨城市珠海。海对于从山里出来的我十分新奇，全新的大学生活让我非常激动。但是我也遇到了困难，计算机专业对我来说其实是一个完全陌生的领域，课堂上的知识不能完全吸收，就连安装软件都需要靠同学的帮助。那时的我很迷茫，很无助，不知道自己适不适合这个专业，同时也不知道自己适合什么专业。于是迷茫的我开始沉浸于社团，沉浸于玩乐，一时之间忘记了当初定下的好好学习的目标。好在这样的

状态并没有持续太久，一切都还来得及，我还有机会调整自己，重新出发。那是在大一第一个学期结束的寒假，考完试的我查了成绩，发现自己的成绩非常不理想，有科目在及格线边缘徘徊，那刺眼的六十几分给了我当头一棒，于是我决心要做出改变，重新走好我的大学路。

此后的我重新给自己制定了目标，要求自己不断进步，并且积极学习，以此来提高自己的思想觉悟，坚定自己不断向前的意志。我通过学习张富清老先生、袁隆平老先生等人的优秀事迹来不断地鼓励自己，使得自己可以更好地面对未来可能遇到的困难。

在学习上，经过了大一上学期的迷茫之后的我也积极调整了状态。上课认真听讲，并将那些晦涩难懂的知识用红线标出，课后通过询问老师、求助同学、上网查询的方式慢慢消化。慢慢地，专业知识我也能够较好地掌握，大一上学期落下的课程也慢慢地补了回来，成绩有所提高，最终我在大学期间获得了多次优秀学生奖学金，并且在大二的时候仅一次就通过了网络工程师的专业资格考试。除专业知识之外，我还学习了金融、教育等其他方面的知识。我知道学习是一个永无止境的过程，学如逆水行舟，不进则退，注重学习专业知识的同时，还要博览群书，拓宽自己的知识面，提升各种技能。

在校内工作上，重新出发的我退掉了多余的社团，安排好了学习和工作，将剩下的工作做到细致，其中有三项工作带给我很大的成长。

其一是计算机学院团总支学生组织部。在组织部工作期间，我认真负责，与各班的团支书积极沟通，细致地收好每一笔团费，做好每一项记录。

其二是金融协会。在社团期间，我充分发挥了青年人的创造力，与小组成员共同策划了金融知识大赛，并且积极与外界的商家沟通，争取比赛资助。最终我们找到了合适的赞助商，并且成功地举办了知识大赛。在大二时选择留任，当一名会长助理，解决部门间的问题，协调各部门之间的关系，帮助部门间加强沟通合作。

其三是在大三期间，我参加新生班主任助理的竞选。周围的同学都挺诧异，他们认为我是心血来潮，他们说工作会很累，但是我还是义无反顾地参加了。最终我成功成为2018级计算机类9班的班助姐姐，有了一大群特殊的学弟学妹。对于这个班级，我更是倾注了很多心血，组织班会、策划活动、组织聚餐……这一年中，虽说作为班助，我起到了一个引导和管理的作用，但其实他们也教会了我很多，在这个过程中我的沟通能力、统筹安排能力、抗压能力等都得到了很大的提高。我和这个班级都在不断地共同成长。

在社会实践上，我也积极参加实习。大三的下学期，我应聘了全志科技测试开发工程师这一实习岗。在实习期间有不习惯，有疲倦，但是我都坚持下来了，慢慢地适应社会生活，通过实习这一本无形的书去学习知识，不断提高自己，完善自己。在工作中，理论指导了我的实践，同时实践也丰富了我的理论。

如今，回首我的大学生活，有遗憾但我不后悔。大学这条长征路即将成功会师，很快我就要踏上工作这一新的长征之路。这是一个起点也是一个终点，未来的我会仰望星空，坚定理想信念，也会脚踏实地切实提高自己，走好脚下的路。

知行风向标之生涯导师说一说

"一代人有一代人的长征，一代人有一代人的担当"，这是习近平总书记对当代青年的寄语。大学生应该能看到自身肩上的担子，不仅仅是个人的生活琐碎，在历史的长河中，在时代的进程中，一个个小我的努力付出，最终形成一个个大写的"国家"。作为大学生，朝着理想、朝着目标努力前进，只有脚踏实地才能仰望星空，用奋斗来灌溉梦想，用努力来收获成长，踏踏实实地走好大学之路。

如何制定目标？可以采用 SMART 原则。制定的目标需要按照以下五个原则：Specific（具体的、明确的）；Measurable（可以度量的）；Achievable（可达到且有一定挑战）；Rewarding（有价值的、相关的）；Time-bounded（有时间限制的）。

009 李 伊：大学四年

自 2016 年入学以来，我始终严格要求自己，锐意进取，思想上积极进步，学习上勤奋刻苦，工作上认真负责，一直为使自己成为高素质的复合型人才而努力拼搏，从各方面去提升自己，锻炼自己，完善自己。

在思想上，我积极学习邓小平理论和"三个代表"重要思想，践行科学发展观，是共产主义远大理想和中国特色社会主义共同理想的坚定信仰者、科学发展观的忠实执行者、社会主义荣辱观的自觉实践者、社会和谐的积极促进者，我热爱社会主义祖国，拥护中国共产党，关心国家大事。为了提高自己的政治觉悟，给身边的同学起到模范带头作用，我在大二时申请入党。我生活的点点滴滴，感染并影响着周围的人。

在学习上，我自入学开始就保持谦虚和严谨的学习态度，坚定的理想信念加上满腔的热情，成为我实现人生目标的无穷动力。课堂上我总是认真听，争取把课堂效率提到最高；课下我及时地复习和预习，找出自己存在的问题，并带着问题去听课和学习。四年里，我一直本着刻苦、努力的态度来学习专业知识，学习态度认真，一丝不苟，求知若渴，专业成绩始终名列前茅。2016—2017/2019—2020 学年，获得三等奖学金；2017—2018 学年，获得二等奖学金。

在学院工作中，我认真负责，任劳任怨，成绩显著。在大一，我就担任计算机学院辅导员助理，协助老师对学生信息进行收集归纳、分析处理，整合学生资料，记录并整理院内各大会议内容。协助老师计划和安排学院各项工作的开展，并在学期末获得"优秀助理"称号。同时也加入计算机学院团总支学生会、校友工作协会，在学期末获得"优秀干事"的称号。大二，担任计算机学院团总支学生会文娱部副部长，在这期间，针对部门职责及特色，成功策划并举办"新生见面大会""才艺大赛"等活动。开创第一届"词音乐碰"比赛，全权负责活动的策划及落实，同时联系多家校园自媒体推广该活动和在校内组织地推，最终参与人数有500多，使其成为部门品牌活动。大三担任计算机学院团总支学生会副主席。作为社团负责人，根据学院情况，制定社团一整年的活动运营规划，针对重要活动和新兴活动，及时做出特定方案，并负责推动执行，管理人数超过500。组织协调学生会内部各部门的工作，协助学院领导举办各项官方活动，如新生规模达500多人的学院迎新活动，学院一年一度的元旦晚会，参赛人数1000多的院运会等。带领学生会与珠海市职业技术学院开展"逐梦一百"活动，带领学生会荣获校运会"团体总分第一名""精神文明奖"等荣誉，自身也获得了"双十佳""优秀团干"等荣誉。

在生活上，我不攀比，不讲排场，为人善良，经常热心地帮助同学解决生活和学习上的困难，为同学提供和谐的生活空间。与同学和一起工作的学生干部相处得十分融洽，使各项工作和生活都很有意义。我时常告诫自己要一直向前看，不要被眼前的困难所吓倒，并以乐观、积极向上的生活态度感染着周围的同学。在课余时间，我经常到图书馆读书学习，阅读一些与专业相关的书籍，努力提高自己的专业知识和综合素质。同时，上网阅读一些新闻和文学作品，提高自己的时代感和素养，时时关注国际时事。我性格活泼开朗，善于言谈，善于交际，待人诚恳大方，热心助人，师生关系十分融洽。

四年的大学生活，给了我许多锻炼的机会，从实践中不断汲取成功的经验，吸取失败的教训，与初进大学校园的我相比，今天的我更能沉着、冷静地面对问题，分析问题，解决问题，我很珍惜这充满锻炼机会的大学生活。在努力学习之外，我还从各方面去提高自己、完善自己，也一直在努力争取锻炼自己的机会，使自己能从德、智、体、美、劳等各方面进行全面发展。良好的人品与性格是一个优秀人才所必备的条件,在时代和环境的不断改变中,我逐渐形成了自己的人生观和价值观。信心在面对挑战时给予我希望,恒心使我即使在挫败时亦能坚持理想,决心则是我克服苦难不断前进的内在动力。在过去的四年中,我一步一个脚印地发展自我,提高自我,正是由于思想、学习、工作各方面的突出成绩使我成长为一个受到广大师生交口称赞的优秀学生。天行健,君子当自强不息,在顽强的信念和积极向上的精神驱使下,我取得了不错的成绩,这些成绩都会成为明天前进的动力。我坚信艰苦磨砺是造就人才的良好环境,荣誉赞美是促使我前进的马达,在今后的生活中,我定将继续努力,争取将当代莘莘学子的英姿和风采更加淋漓尽致地表现出来。

知行风向标之生涯导师说一说

大学应该培养什么样的学生? 什么样的大学生才是合格的? 北京理工大学珠海学院以培养"志向高远,基础扎实,体魄强健,心境恬美,具有创新精神和国际视野的复合型、应用型人才"为目标。作为北京理工大学的重要延伸和战略组成,珠海学院传承北京理工大学的延安精神和教育理念,秉承"德以明理,学以精工"的校训。德以明理,是指道德高尚,达到以探索客观真理作为己任之境界;学以精工,是指治学严谨,实现以掌握精深学术造福人类之理想。强调全体师生员工崇德尚行、学术报国,李伊作为一分子,一直在朝着目标努力。

010　林晓悦：倍其功，终必其成

我叫林晓悦，来自广东潮州，北京理工大学珠海学院2016级计算机科学与技术专业学生。我是一个性格开朗、认真负责、沉着稳重、自学能力强的人。大学的三年生活给了我很多启示，我所经历的事在改变着我，使我不断完善自我，逐渐走向成熟。

我的家庭是一个特殊的党员家庭，一家四口均为党员。父亲是一名村干部，母亲是一名镇政府工作人员，姐姐则是深圳地铁运营集团有限公司的职员，他们工作兢兢业业、勤勤恳恳。父母虽然没有接受过高等教育，但是他们都有着较高的思想觉悟，为我创造了良好的成长环境。从小他们就教导我要品学兼优，学习对于一个学生很重要，但是做人更重要，他们一直跟我说"踏踏实实做事，坦坦荡荡做人"的道理。

"紧跟步伐，奋力前行"，有一个优秀的亲姐姐作为榜样是我的幸运，所谓近朱者赤，姐姐丰富多彩的大学生活让我想要成为和她一样优秀的人。从担任招生办办公室助理到担任助班再到去国企单位上班，从拿一等奖学金到拿国家奖学金，从共青团员到预备党员再到正式党员，从学生到优秀学生再到优秀学生干部等等，她的成长经历无一不是我努力的目标。就这样，一直跟随着姐姐的步伐，我越来越努力，并暗自下定决心：

我一定要像她一样优秀，甚至比她更优秀！

造烛以求明，读书知求理

学生的天职就是学习。学习是我大学生活的主线，我一直坚持努力学习科学文化知识，用知识武装头脑。回顾大学三年，我的专业成绩在年级排名名列前茅，共获得四次优秀学生奖学金，其中特等奖学金两次，二等奖学金两次。除此之外，还荣获2017—2018学年光大奖学金。

奋发有为，时不我待

在大一，周围的同学包括我都还是一个懵懵懂懂的"小鲜肉"。但是，为了让自己更快地适应大学生活，我毅然决然地竞选班级女班长。任职期间积极组织班级各种比赛、班游、班聚活动，关心班级同学学习情况，曾借课室为班级学习成绩相对较差的同学辅导高数，降低了挂科率。担任辅导员助理，尽职尽责，认真做好"既是老师的信息员，又是学生的服务者"这个角色，为辅导员分忧。加入计算机学院团总支学生会办公室，其间组织策划过大大小小的活动。

大二，作为新世纪青年学社秘书部部长，组织开展党课培训、党课结业考试等；作为计算机学院暖心团队的成员，在2017—2018学年第二学期顺利带领团队成员到我的家乡进行以"暖心活动，青春飞扬，梅潮同行——立足农村，投身实践，传承文化"为主题的社会实践活动，此次活动在潮州日报、梅州日报等大型媒体上均有报道。

两年的学习生活，让我积累了大量的实践经验，提高了为人处世能力。在大三，担任党务办公室副主任、2018级计算机大类6班班助以及暖心团队负责人之一。作为学院党务办公室副主任，带领学生党支部同志走进下栅社区开展党员志愿服务活动，组织学生党支部同志观看改革开放40周年视频，组织学生党支部同志开展"清明忆先烈，党员我先行"的清明节扫墓活动，等等。作为"十佳团队"暖心团队的负责人之一，组织开展以"暖心团队助力新农村建设，开展精准扶贫实践服务"为主题的暑期社会实践活动。此次社会实践活动为省级立项活动，受到校党委的大力支持，实践活动成果多次荣获省级奖项。

作为2018级计算机大类6班的班助，我一直怀着一定要带好一个班的责任感，一直在为建设一个积极、认真、向上、有凝聚力的班级而努力。带班期间，我总会抽出时间陪同新生参加各项"新生杯"比赛，给他们一些建设性的意见和建议，并因此在各种比赛中取得了很好的成绩，在"新生杯"的辩论赛、心理剧大赛、篮球赛中分别荣获冠军、二等奖、第三名的佳绩。同时，我所带的班集体在2019—2019学年"五四评优"中被评为"优秀团支部"。

而在大四，为了更好地巩固和拓宽所学的专业知识，把从学校学到的理论知识与实际工作贯穿起来，积累实际工作经验，我在东莞理工学校的计算机科组进行了为期3个月的教育实习。

爱人者，人恒爱之

由于从小生长在良好的环境中，我一直都提醒自己学会帮助他人、学会感恩。大学三年来，我一直在用自己的实际行动践行"暖心"这个词，虽然在经济上，我没有多大的能力帮别人，但是，公益的道路上，我一直都在！ 在前年参加暑期社会实践时，我们去了琪琪聋哑院、前山敬老院，走进社区宣传预防艾滋病等；在去年参加暑期社会实践时，我们去梅州进行慰问贫困户活动，此次慰问活动的对象主要是单亲、孤儿家庭，通过慰问我了解到，在那里还有很多偏远地区的贫苦孩子在学业方面需要我尽一份绵薄之力，我希望通过我自身的努力帮助他们。

暖心，暖心，我希望就这样一直暖下去……

我深知："如果决定要比别人更出色，就要比别人付出多倍的努力。因为，成功不会降临在无准备的人手里，它只青睐于有目标并为之努力的人。"这些成绩只能说是我人生中的一部分，我必将继续努力，争取更多更大的荣誉！

知行风向标之生涯导师说一说

发挥实践育人功能，促进大学生全面发展。通过社会实践锻炼，增强大学生团队协作能力、动手能力、创新能力等，提升大学生素养。"从实践中来到实践中去"，在实践中对知识进行检讨、反思、创新和传承。大学生社会实践的方式与内容以及程度对高校人才培养目标和人才培养质量产生重要影响。

培养大学生责任感和使命感。大学生通过参加社会实践活动，培育责任感和使命感，培养先进意识、学习意识、模范意识，激发他们勇于实践，勇于创新，积极奋发向上。

011　刘永怡：九层之台，起于累土

我叫刘永怡，2016级计算机科学与技术3班学生，曾任计算机学院新时代青年学会会长、辅导员助理、班级团支书，现任班级学习委员。这几年的大学生活，使我发生了巨大的变化，在优秀的同学和师兄师姐的引领下我不断拼搏，努力提升，做更好的自己。

学习篇

自我踏入北理珠的第一天起，我就没有忘记自己的初衷——学好知识，学会做人。在学习方面我不断努力向上，取得了不错的成绩，共获优秀学生奖学金4次，其中三等奖3次，二等奖1次，多次获"优秀学生""优秀学生标兵"称号。

入党篇

在大一的时候，身边朋友都积极向党组织靠拢，在他们的影响下，我也向党组织递交了入党申请书。当时我的入党动机并不单纯，只是出于一种从众心理，想着大家都入党了我也要入党。但是经过院级党课和校级党课的培养熏陶，我端正了态度，不再是出于从众心理。我印象最深刻的是一次校级党课，主题是"榜样在身边"，是一些师兄师姐们分享他们的优秀事迹。我非常敬佩他们，所以在那时候我下定决心要向他们学习，以他们为目标。加入党组织后，我时刻以党员的标准严格要求自己，以优秀老党员的事迹鞭策自己，树立坚定的理想信念，脚踏实地，一步一个脚印，不断提高自身的专业素养和思想品德。经过三年的考核期，在学校党委的批准下，我成了一名光荣的中国共产党党员。在先进老党员的带领下，我的思想觉悟也有了很大的提高，也逐渐在同学中发挥出党员的先锋模范作用。

实践篇

加入党组织后我得到了更多锻炼自己的机会，这些机会把我培养成为一个充满干劲，永不言败，懂得感恩，乐于奉献的人。刚加入党组织，我就参加了"暖心"党员实践团队的第一期社会实践活动，那个时候我还是一个什么都不懂的"菜鸟"，只是单纯地参与活动，没有自己的一些看法和意见。在第二次的社会实践活动中，在队长的指导下，我和另一位队友完成了一份完整的社会实践策划案，那是我第一次完整地组织策划一次活动。后来作为负责人之一我带领其他党组织成员开展活动，从参与到组织，从被动到主动，这个过程我成长了许多，懂得了感恩和奉献，这次实践活动还获得了省党委和校团委的大力支持，给予我们极大的鼓励。大二下学期，经过竞选，充满干劲的我成为新时代青年学会的会长，主要负责积极分子的考察工作和组织策划党员实践活动、志愿服务活动。在担任会长期间，我组织策划了多次党员志愿服务和实践活动，如"奋进新时代"志愿服务系列活动、"学雷锋，共植树"主题活动、主题党日活动等。

生活篇

在生活中，我时刻保持积极向上的心态，与舍友和同学相处融洽，并且做到乐于助人，关心集体。同学有需要时，尽自己的能力帮助他们解决问题，加强和身边亲朋好友的沟通、交流，发挥党员的模范先锋作用。

总结

正因为身边有这么多优秀的朋友和老师一直推动我不断进步，我才从什么都不会到做到各方面均衡发展,成为一个积极向上、乐于奉献自己的人。这使我更加明白一个道理,天上不会掉馅饼,只有奋斗拼搏,才能梦想成真。

知行风向标之生涯导师说一说

入党动机,是指一个人要求入党的内在原因。心理学告诉我们,动机是人们从事某种有目标活动的内部动力,它包括行为目的和内部驱动力两个方面。人的动机指导着人的行为,有什么样的动机,就会有什么样的行为表现。入党动机是引起人们行为的直接原因,是激励人们入党的主观原因,直接关系到入党目标达到后的行为方式和价值取向,从根本上决定了每个党员的素质和行为,是共产党员世界观、人生观和价值观的集中体现。因此,树立正确的入党动机,无论是对党组织还是党员个人都具有同样重要的意义。

入党是我们有志青年的一种政治追求。这种追求的思想起点就是入党动机,只有起点的方向正确,我们的追求最后才能到达理想的彼岸。在追求入党的结果上,我们要实现两个目标,这就是我们不仅要实现在组织上入党,而且更重要的是要实现在思想上入党。追求入党本身就是一种进步、一种过程、一种境界,因此,青年大学生积极要求入党,必须端正入党动机,要严格按照党员标准要求自己,不断提高自己的综合素质和实践能力,不断接受组织的考验。

012　欧佩锶：坚持才有收获

大学就像一首当季热歌，你我都一起歌唱过；大学就像一条潺潺河流，你我都曾经赤脚走过。四年的青春挥洒，转眼间就要到告别的日子。想起刚入学时第一次社团面试，想起第一次站在讲台上面对映衬着自己身影的新同学们，想起逐渐减少的课程和作业，还有忙碌的实习工作……大学见证了我的蜕变，也记录着逝去的美好的青春记忆。

初入校园，既对校园的陌生感到迷茫，也对即将开始的新生活充满期待。刚入学的我战斗力十足，一开始便给自己定了个小目标，获得奖学金和加入社团。接下来的日子我就朝着我的小目标努力地奋斗，当时的我或许从未想过，自己的蜕变是如此之大，有遗憾，也有幸运。

在我的两个班助的引导带领下，在班级中我主动选择了学习委员的职位，并担任了四年。那时候不仅为了让自己更加清晰地去了解学院的奖学金规则，更想带领班级同学们获得更好的学习方式。因为我是做事追求完美的性格，所以每次评定奖学金的时候我都会很谨慎仔细地去检查，就怕顺序被打乱或哪里写错，也导致我刚接触时花了不少时间去做班级的奖学金表格。但有付出就有收获，为了不出错，我可以把评定规则翻看上好几次，所以最后跟同学们一起确认时，我的出错概率是很低的。在学习上，对于老师每次布置的作业，我都会在班级群中及时做好通知，在同学有其他困难时，也会伸出援手。在做学委的这四年，我觉得我做了最大的努力，但依然还是有很多不足，无法帮助到所有人。对于大学的第一个建议，就是先在班级中做好一个班级职务，这是很有必要的，不仅是对你自身的锻炼，更是培养你的责任感，对我来说，班集体是不可或缺的。

  大一这一年我除了在班里任职学习委员，和许多大一"小鲜肉"一样，也在茫茫社团中寻找着自己想加入的，也正是这些社团的人和活动在潜移默化中改变了我。可以说，刚入学的我很无知，高中时候除了学习就几乎没有参与其他的活动，所以我怀着努力学习的心情加入了三个社团，甚至还有一个篮球社团。那个时候第一次领悟到什么是忙碌，在兼顾学业的同时也需要积极参与活动，但是这充实的生活又让我感到很满足，充满干劲。不过还是建议大学加入自己喜欢的一两个社团就好，不要太贪心，活出最好的自己就行。虽然大一这一年很忙，但我也坚持了下来，没有退团，既然有了更多的付出，收获也是必然有的。我不仅结识了更多的朋友，更获得了实践与锻炼。在这里感谢我的部长们，在每个节日每个活动，因为有你们的身影，我的思想也更加积极上进。

  因为过了一年忙碌的生活，我大二更加努力地学习，同时也积极参与公益活动。让我印象最深的是参与"善行100"公益活动，站在人来人往的马路上，只希望有人能够驻足愿意听我简要地诉说一两分钟，为山区的孩子做出一份小小的贡献，送出一份温暖。那个时候我也感受到了很大的挑战，即使被拒绝千万次，也依然笑对下一个路人。即使生活虐你千万次，也要微笑去面对、去突破自我。

  大三的时候我选择了去竞选班助职位，我忘记了当时竞选的缘由，但我很确定的一点是，不忘初心。也许是因为我脚伤复发，在我最无助的时候是班助出现在我面前嘘寒问暖，陪我去医院治疗，让我感受到班助带给我的温暖。坚定当好班助的心让我竞选成功，然而接下来的路却比我想象中艰难。不同人有不同的性格，所以一个班级那么多人，并不是每个人都能合你的心意，轻易就能解决问题的。在不厌其烦地帮同学们解决问题的同时，还要考虑授之以渔而不是授之以鱼。第一次我感受到了手足无措，我走错了一步就会影响到一整个班，很后悔自己没有做好充足的准备。直至现在仍然觉得当时做这份工作的自己有很多不足之处，为没有给予同学们一个更好的引导而感到亏欠。但是作为班助的一年我感触良多，感谢同学们的热情和积极协助，让我不至于犯太大的错。当然，脱离了群体，需要自己独立去组织管理好一个班级实属不易，日常老师与辅导员对我们的管理也是实属不易，班助的工作让我成长了许多。而在后来参与的实习活动中，不仅仅让我深刻感受到即将成为社会人的工作日常，更提升了我的专业知识技能。所以说，学习最好的方式还是去实践，理论上的东西只能让你大致地理解，只有真正地去实践才会发现问题所在，甚至迅速地提升你解决问题的技能。

通过大学这四年的学习和社会实践，我相信我在未来的工作生涯中，也会秉承着现在的人生态度，努力奋斗，提高自身的修养，提高工作能力，克服自身的缺点和不足。我相信，坚持总会有所收获；我相信，我会是一名优秀的大学生。

知行风向标之生涯导师说一说

成长，不仅仅是年龄的增长，伴随着年龄和阅历的增长，思想的成长更为重要。从初入大学的被关爱、引导、帮助，到成为一名学生班主任助理去带领新生顺利度过大学适应期，这是成长；从大学生活的"温室"中逐步进入社会去实践，这是成长；从面对困难时手足无措，到能够沉着冷静、积极应对，这也是成长。大学生们，回想一下，你的成长时刻有哪些呢？

013　彭乙晗：不负韶华 追梦前行

彭乙晗，计算机学院 2016 级数字媒体技术 2 班学生，曾担任学院辅导员助理、国际合作社社长、校轮滑社外联部部长以及 2018 级数字媒体技术班主任助理。

人生就像一次奇妙的旅程，每次精彩的转折，看似突兀，但如果怀着自信和梦想坚定地走下去，精彩就在前方。四年前，志愿书上，在填写 13675 这串数字的时候，我意识到自己的梦想将从这里启程。5 月份，四年的大学生涯接近尾声，四年来点点滴滴的磨炼成为我生活中关键的一个个起点，有的辉煌，值得永铭于心，有的遗憾，只能深埋记忆，有的教训，必须批判改正，当我再次回忆起四年的生活时，我思考着一个问题：究竟是什么支持着我从一名青涩的新生成长为思想成熟的新时代青年？最后的答案其实就在我们的心中——德以明理，学以精工。在践行校训的过程中，在这四年里，我一直围绕着三个角色，不忘初心，努力前进。

首先，作为一名预备党员，我以社会主义核心价值观为引领，保持思想积极向上，做到以德为首，为人民服务。在政治思想上我以党章党规和廉洁自律准则为标准，以习总书记系列讲话精神为指引，及时发现、总结自己存在的问题，以自省促进内在道德修养的不断提升。社会实践方面，我不忘"为人民服务"的初衷，2018年10月到12月在几乎贯穿整个学期的"善行一百"活动中，我带领着我的团队开展公益宣传和筹款，通过善行传递善心，汇聚社会爱的力量。在我们的努力下，给贫困山区的孩子们送去了温暖，并因此我们获得了中国扶贫基金会颁发的国家级荣誉证书，而我自己也成为一名三星级的志愿者。

作为一名学生干部，我以踏实肯干、敢于担当为准则，践行青春使命，努力做到修德立信。在班里，我是副班长，协助班长管好班里的日常事务，积极配合学院抓班风学风，积极组织本班同学参加学校运动会、学院团日活动等，并在任职期间，协同班长带领班级获得2016年计算机学院第十二届新生杯辩论赛冠军、2017年校"五四红旗团支部"的称号；在社团，我是社长，负责社里的各项管理工作，协助组织学院与国外院校交流合作的各项事宜，并多次获得校"优秀学生干部"的荣誉称号。而在大三这一年，我有幸成为2018级数字媒体技术2班的班主任助理，尽职尽责，协助学院全面开展入学教育工作，帮助新生更快更好地适应学校的生活，并带领他们获得2018年"五四红旗团支部"称号、2018年校心理剧大赛三等奖、2019年团日合唱比赛一等奖。2018年9月，我提前筹划，以求将最绚烂、最无憾的大一生活带给他们，而现在，我反而应该感谢他们，是他们，把最美好、最无悔的大三呈献给了我，让我成为在团队中、在工作上可以独当一面的领先者，成就了如今自信地申请"优秀毕业生"称号的彭乙晗。

作为人生的追梦者，我努力提高专业技术知识，积极投身实践，力求做到学以精工。我以专业课的学习为重点，勤奋刻苦，稳扎稳打，多次获得奖学金。同时我积极将所学知识应用到实践中，接项目，打比赛，获得市级珠海大学生艺术节策划营销大赛三等奖、校园文化产品创意设计大赛迎新志愿服系列一等奖等，而且我们的设计还应用在2019级迎新的志愿服中。大三暑假开始，我开始尝试投身社会，如今已经是一名游戏特效师实习生，离我的梦想又近了一步。

现在回首大学的这四年，是成长的四年，是奋斗的四年，我怨恨过命运的不公，也感谢过命运的眷顾，我有过成功和喜悦，也有过失败和遗憾，唯一不变的是我一直在努力、一直在前进，我以每一天更加向上的姿态迎接下一次的挑战和磨砺，以每一天更加饱满的热情来书写好大学这一篇章。我知道，所有的成功与失败都已经在这四年中挥洒，所有的欢笑与泪水将深刻于心，但我更需要把握的是现在和未来。我希望自己能一直做一个勇敢的人，敢于奋斗、敢于拼搏，不怕苦难、不怕挫折，我也希望未来能遇到一个更加优秀的自己！

行者常至，为者常成，在以后的工作和生活中，我将继续以校训为指导，以探索客观真理作为己任之境界，实现以掌握精深学术造福人类之理想，不忘初心，怀揣着自己的梦想继续前进。

知行风向标之生涯导师说一说

何为校训？校训是广大师生共同遵守的基本行为准则与道德规范，它既是一所学校办学理念、治校精神的反映，也是校园文化建设的重要内容，是一所学校教风、学风、校风的集中表现，体现学校文化精神的核心内容。

北京理工大学珠海学院校训是"德以明理，学以精工"。德以明理，是指道德高尚，达到以探索客观真理作为己任之境界；学以精工，是指治学严谨，实现以掌握精深学术造福人类之理想。强调全体师生员工崇德尚行、学术报国，这也是烙印到每一位大学生心中的"基本行为准则与道德规范"。

014　丘　嫱：在忙碌中成长

丘嫱，2015级数字媒体技术专业学生，曾任计算机学院新世纪青年学社社长、校学生会女生部部长、数字媒体技术专业首席辅导员助理、2017级数字媒体技术1班班主任助理。自入校以来，严格遵守学院的各项规章制度，做好模范带头作用。平时能够妥善处理好学习与工作之间的关系。思想积极，要求上进，不断提高政治素养，认真学习党的十九大精神和习近平总书记系列重要讲话。协助辅导员处理数字媒体技术专业各种大小事务。尊敬师长，团结同学，努力学习，积极参加各项公益活动，例如青年志愿者协会的访老队和活动队举办的各种志愿行等。

高中老师对我们说过，上了大学之后，怎么玩都可以，以至于曾经的我以为，我的大学校园生活也会特别悠闲自在。然而现实并不一样。大一开学后，为了弥补在高中校园中未参加社团活动的遗憾，锻炼自己的社交能力和组织协调能力，以及在思想上与行动上积极向党组织靠拢，我加入了校学生会女生部和学院新世纪青年学社，忙碌的校园生活就这样开始了。

2015年12月，我和学院学生党员和入党积极分子组队，参加了自己大学校园的第一场比赛——北京理工大学珠海学院首届"青年与国家——党员先锋故事汇"。经过层层选拔，我们的作品《可爱的中国——红色短剧》最终获得三等奖。

2016年5月，经新世纪青年学社指导老师和社长推荐，我参加了北京理工大学珠海学院第五期学生干部骨干培训班学习，经考核成绩合格后获得结业证书。本次的培训学习中，加深了自己对学生干部的理解，提高了自己的综合能力，为自己日后的学生干部生活奠定了较为坚实的基础。

经过大一一年的锻炼后，在2016—2017学年担任校学生会女生部部长一职，主要负责统筹女生部日常工作，协助校学生会各项工作的进行；负责统筹女生节、感恩周等大型校园活动组织工作（包括活动策划、人员安排和宣传等）。工作过程中积极认真，曾负责策划组织了学校第八届"我的女王"女生节、第一届"感爱感说"感恩周等活动，并于2016年11月11日创立专属北京理工大学珠海学院女生的读物《女生报》周刊，平均阅读量超过一千。

2017—2018学年，担任新世纪青年学社社长一职，负责安排组织学院党课培训和结业考试，统筹入党积极分子的培养考察工作；负责统筹各类党建活动、社会实践等组织工作。曾负责建立并实施入党积极分子培养考察体系，组织学社参与活力团支部的评选，改编拍摄校园版《踏上新征程》；同时，与学生党支部的两位书记共同组织开展"暖心行动"大学生假期社会实践活动，暖心团队曾到珠海、梅州和潮州等地开展实践活动，并在参加广东省2017"我的中国梦"主题教育系列活动"爱国情，青年志"主题微视频大赛时获三等奖的好成绩。

在这一年里，我还担任了2017级数字媒体技术1班班主任助理，与其余15位班主任助理在开学季共同迎接了一群可爱的小朋友入校，带着他们一起适应大学校园生活，组织班级活动，增强班级的凝聚力，和他们共同成长。

此外，辅导员助理的这个身份，贯穿了我大学四年校园生活。因为辅导员助理这个身份，我更加严格要求自己，个人能力有了较大的提升，责任感在工作中也不断增强；获得了相关工作经验，培养了分析问题、解决问题能力，多任务协调处理能力和细节导向的职业态度；能够细心、耐心、负责地完成工作，得到学院辅导员的肯定，培养了良好的表达和思维逻辑能力，提升了对工作的责任感与耐心。

知行风向标 102位大学生的青春故事

除了丰富的校园实践经历，我在学习上也没有懈怠。学习过程中勤奋认真，刻苦钻研，通过系统的学习掌握了扎实的基础知识。由于有良好的学习作风和明确的学习目标，曾获得"优秀团员""优秀团干""优秀学生标兵""优秀学生干部"等荣誉，得到了老师及同学们的肯定，树立了良好的学习榜样。

大学四年，我收获了友情，收获了快乐，收获了很多很多。作为一名即将毕业的大学生，我所拥有的是年轻和知识，在未来的日子里，我将以饱满的热情、坚定的信念和高度的责任感去迎接新的挑战。

知行风向标之生涯导师说一说

大学是忙碌的，大学又是清闲的。大学的忙碌，有很强烈的主动性，需要大学生主动去寻找可以忙碌的平台和机会；大学是清闲的，相对于高中时期的高考压力，大学时期有更多的自由时间，可以去寻找和探索自我。大学的忙碌或者清闲，是大学生对自我的要求和选择，奋斗是青春最靓丽的底色。

015　王　衡：来路无可回顾，值得期待的只有前方

我叫王衡，2016级计算机学院软件工程6班的一名学生。虽然名字像是个男孩儿名，但我可是一名来自"羊城"的女孩子。我从小就是个性格比较执拗的孩子，很多事情决定要去做了，那就一定要不留余力地去做到，可能觉得已经发生过的事情，再回首也没办法改变什么，但前方却是永远值得期待的。

2016年9月，我第一次走进我的大学，周遭的一切都是新的，未来的一切都是未知的。我并不知道在未来的四年里，我会遇见什么样的人，会有怎样的邂逅，四年后的我又会成为怎样的人，所有的一切都是未知的。但正是因为未知，所以我对我的大学充满期待。

有人说"上了大学就轻松了"，其实我并不认同这句话，我觉得如果大学想要过得精彩，那一定是不轻松的。所以我的大学生活也一直都在折腾，所有想做的事情都去做了，也算是没留下什么遗憾。

都说热爱可抵岁月漫长，在过去很多日子里，写作陪我度过了很多时光，一直是我生命中不可分割的一部分。所以在大一的时候，我选择加入了校级社团"海贝TV"采编部，成为一名"海贝人"。在海贝，我遇到了很多有趣的人，度过了很温暖

的一段时光。自己撰写的文章第一次被发布在"海贝 TV"公众号,那一天我至今也忘不掉。

刚进大学的时候,对于未来我还是很迷茫的,但还好遇见了我的班助,一位影响了我整个大学的师姐。刚接触计算机课程的我,总有些力不从心,当时陷入了一种很焦虑的状态。我的班助知道以后,特别耐心地开导我。印象很深刻的一句话是:"你不要怕你做不好,在你怕之前,首先你要先去做,做得好不好要做了才知道。"是啊,怕之前首先得先要去做,不想被别人否定,自己就要努力。

我的大二也许对别人而言,有些枯燥,但那却是我最感谢自己的一年。我的大二是"宿舍—教学楼—自习室"三点一线的生活。每天早半小时到达教室,选一个靠前的位置,看着晨光透过玻璃打在桌子上的影子,觉得生活真美。早半小时可以让我预习一下课程,以便上课的时候可以更好地跟上老师的思路。下课后也不急着走,可以利用下课时间把刚刚课上没听明白的知识再向老师请教。正因为如此,我大二的成绩排到了年级前5%,也算是一边努力一边收获吧。

大二的时候,老师布置的课后作业基本上我会在当天就将它完成,不会拖,因为只有更有效率地完成学习任务,我才有更多的时间去做热爱的事情。前面我提到我喜欢写作,其实摄影也是我坚持了很久的爱好。平时学习也总有学不下去的时候,这种时候我会拿起相机,走走拍拍,去感受这个世界,去记录这个世界。我觉得摄影是个特别好的爱好,它给了我向大家展示我眼中的世界的方式。

我的大三挺充实的,也挺折腾的。我的班助对我的大学生活影响很大,所以在大三的时候,我义无反顾地选择了去当一名班助。我有幸成为2018级计算机类11班的班助,策划了很多活动,也费了不少心思,希望这个班的孩子可以在大学生活里有所得,不后悔。当班助这一年,虽说本意是想要去引导他们更好地融入大学生活,但其实他们也教会我很多,在我陪着他们成长的同时,他们也陪着我成长。班助的任期终有结束的一天,但是感情没有,感谢计11陪我长大。

大三下学期,有幸进入远光软件有限公司实习。实习算是我从学校到社会上的一个过渡吧。在实习期间，我既将自己所学的知识学以致用，也收获了不少在学校学习不到的知识，也学会了职场上应当如何沟通，同事之间的为人处世等等。

大四，我在秋招的时候，有幸收获了奇安信的秋招 Offer。接到 Offer 后激动的心情至今仍是难以用文字来描述。相信在未来的日子里，我一定会有所成长吧。

回首四年，有泪水，有欢笑，但更多的是成长。从一名什么事情都要依赖学兄学姐的小学妹成长到去帮学弟学妹解决事情的学姐，从懵懵懂懂到独当一面，听到过质疑，也接受过奖赏，一步一个脚印，每一段日子都值得铭记。其实想想，当初在软件工程这个专业里也是挣扎了挺久的，但是后来觉得，放弃虽然很容易，但是坚持下来一定很酷。我可是个很酷的人啊，怎么会选择放弃呢？咬咬牙坚持下去，前路未必光明坦荡，但一定充满希望。

知行风向标之生涯导师说一说

"你不要怕你做不好，在你怕之前，首先你要先去做，做得好不好要做了才知道。"这句话需要很多大学生记住，因为不少大学生是在"我以为"的情况下度过大学四年的，"我以为提交材料的时间是明天""我以为可以这样报名""我以为下学期还可以选这门课""我以为这个事情是面向低年级学生"……

很多机会就错失在这些"我以为"。如何避免出现这些现象？认真负责的态度、独立的思辨能力。态度认真，才会有行动，有了行动，需要更合理的处理方式。不断跳出"我以为"的思维圈，替换为"应该是"。

016 谢淡萍：一分耕耘换来一分收获

谢淡萍，2016级计算机学院软件工程学生，专业排名前2%，大三一年专业排名第一，总共参评6次校优秀学生奖学金，其中获得5次"一等奖"和1次"特等奖"，也被学校多次授予"优秀学生"和"优秀团员"等荣誉称号。现就职于东方海外货柜航运（中国）有限公司珠海分公司。

在思想方面，我以新时代有思想有文化的优秀大学生来严格要求自己，认真学习马克思列宁主义、毛泽东思想、邓小平理论、"三个代表"等重要思想，奋发向上，热爱祖国，关心集体，积极参加校运会、院运会，践行体育精神，尊敬师长，关心同学，不断成长为具有先进思想文化的大学生。

在学习方面，从一开始对计算机知识的一窍不通和实操的懒惰性，到被平时成绩洗礼，觉得不能继续浑噩下去，我转变自己的思想态度，不断探索属于自己的学习方法，每周不停更改自己的学习计划和努力跟上自己的学习进度，向领悟能力比较快的同学讨教，针对自己薄弱的地方加强巩固，从小白到自己也能教别人专业上的知识，我一直马不停蹄地学习和进步。后来有同学经常请教我计算机技术的相关问题，有时候有些问题没有碰过，会先到网上查阅资料，大多数情况下能够帮助他们解决问题，这不仅帮助了他人，也快速提高了我的能力。为了拓宽自己的专业知识面，我分别报考计算机应用能力和中级软件设计师考试，最后也顺利考取合格证书。专业以外的方面，我顺利通过大学英语四、六级考试，参加线上竞赛，如大学生网络安全知识竞赛和读书知识问答，也获取了合格证书。

在社会实践方面，校内多个社团的社员和办公室助理的身份的切换，不仅兼顾每一方的任务或活动，也没有耽误学习进度；校外利用寒暑假时间做力所能及的兼职，曾经有两个暑假都是在托管中心辅导小学生功课。会有辅导作业的想法是因为自己本身就喜欢小朋友，所以兼职的时候也没有那么费力。暑假两个月从早上 9 点到晚上 6 点，教小学生功课，辅导他们做作业，一起玩游戏，等家长接小朋友回家，从不熟练到和小朋友玩成一团，我坚持了下来，也让自己学会了耐心对待事情，学习之余充实自己。

大三上学期我荣幸地参加了学院组织的 IEET 交谈会，第一次了解到"东方海外"的名声和难拿 Offer 的消息，那时候暗暗下定决心，要加倍学习，认真敲代码，争取拿到公司实习生和正式员工的 Offer。

大三下学期顺利通过东方海外实习生的笔试和面试，在实习的 6 个月时间里，慢慢适应公司的快速反应、快速学习、快速检阅成果，每天汇报工作进度。不同于学校的个人项目，这是实实在在的团队项目，所以每天要及时下拉别人的进度和上传自己完成的工作部分到 Git-extension，以此确保项目的完成情况。从暑假到大四上学期的实习生活，让我亲身体验到软件开发过程在企业的理论与实践中的魅力，感受到从学生时代过渡到社会人员的成长过程，与同事之间建立了良好的团队合作关系，实习过程中也受到了同事和领导对我工作的肯定。我觉得实习不仅仅是打代码，更是一种历练，磨炼一个人的心智与毅力，毕竟 6 个月的锻炼，不是理论的知识，而是实操的发展。

实习期结束以后，经历东方海外秋招的失败，依然想要进这家公司的心没有变。疫情期间没有放弃学习，调整自己的学习方式，向前辈咨询技术问题，在题海战术和勤练实操中，顺利通过笔试、面试和性格测评，也迎来了东方海外 ITA 的 Offer。

一分耕耘换来一分收获，在挫折和失败中，我坚持自己，努力奋斗，取得了优秀的成绩。以毕业作为一个起点，我将对我以后的生活和工作投入更多的精力和毅力。

在大学四年里，我一直谨记学校的校训"学以明理，德以精工"，努力的同时也没有忘记交友，与不少同学结下了美好的友谊，一路上也获得了同学们对我的肯定，以后的工作道路上，我会以此要求自己，更上一层楼！

知行风向标之生涯导师说一说

求职面试也是一门考试。"实习期结束以后，经历东方海外秋招的失败，依然想要进这家公司的心没有变。疫情期间没有放弃学习，调整自己的学习方式，向前辈咨询技术问题，在题海战术和勤练实操中，顺利通过笔试、面试和性格测评，也迎来了东方海外 ITA 的 Offer。"对于公司的了解，对于岗位职责和能力的熟悉，对于面试过程的认真准备，大学生必须要有自己相应的策略，不能盲目和想当然，否则优秀的你也会和机会擦身而过。

017　徐红梅：我的大学成长之路

徐红梅，2015级软件工程国际合作班学生，校内"有你网"工作室主要成员之一。

刚进入校园的时候，我宛如一只冲出笼的小鸟，面对多姿多彩的大学校园充满了热情与未知。以各种途径关注各类校内公众号，非常积极地去面试社团，时刻关注着校内信息通知。参与校内的各大活动或比赛，或专业的，或娱乐的，也很喜欢与同学邀约报名校内外的公益活动。大学校园生活对于我来说，是一种完完全全不同的生活体验，身边的同学来自五湖四海，他们的生活方式、思维方式都在细微处影响着我，让我在不经意间发现生活的丰富之处。

以往的学习都是以一种不愿意的态度去面对的。高中及以往，每日早晨六点半上早读，到晚上十点下晚自习，日而复返，学习的内容也是重复且枯燥的。大一时仗着自己有点小聪明，对老师交代的作业都是应付式地完成，尤其是报告形式的作业，会的问题就填，不会的也不过多地去深究找寻答案，就这么空着，自以为"别人也会这么干"。但是最后课程的分数却狠狠地敲醒了我，让我醒悟到自己敷衍的态度并不会带来侥幸的结果。也是从那一刻起，知道学习要端正态度。学习中就能预估到结果，这个结果可能和你的付出旗鼓相当，甚至比付出获得的收获要小，别侥幸地认为你的付出会得到超出预期的结果。

大二的暑假期间，在几名好友的组织下，我们以个人组织的名义成功申请到了2017年暑期校内十大社会实践的名额，以家乡荔枝为例，进行了基于"互联网+"的农村特产经济探析的下乡实践。从寻找果园、采访当地村民村干部，到去当地电商培训基地采访先进的销售渠道和保鲜技术，再到拜访水果局局长了解相关优惠政策等等，一路上遇到了很多困难与不便，但都在同伴们的相互支持和不懈努力下一一化解了。也是这一次历练，让自己比以往更加的勇敢与不言弃。

在大二暑假剩余的假期里，我只身前往云南，进行了为期一个月的义工之旅。这一趟旅行对我来说是一次全新的体验，我结识了全国各地的好友，喜欢与他们围坐一起，细细倾听他们讲述的经历，感知他们的阅历。他们带给我很多思考问题的角度，他们让我了解到生活不难，可以选择的机会很多，也抚平了我将踏入社会的一丝丝不安。也是从那一次起，我爱上了旅行，在有空闲的时候喜欢约上好友一同前行。

大学期间，基于思乡之情，和几名熟识的老乡一起组织了同乡会。一开始只是校内的小型聚会，后来机缘巧合之下，与商会慢慢有了联系，我们的活动逐渐扩大到与商会接壤。尤其在传统的节日里，商会都会给予我们很大的支持，与我们一同庆祝。平日里商会组织的大型活动也会邀请我们以志愿者的形式参与，并给予相应的兼职报酬。商会里的成员大多是在当地各行业拼搏并小有成就的前辈，在与他们接触的过程中，我们学会了很多较为实用的社会经验。

曾经就业指导老师说过，大学是经验累积的阶段，可以多参与专业相关的实习工作。但是由于自身知识技能并不是特别完善，我没有勇气主动兼职专业相关的实习工作，在踌躇中不敢前进。在大三下学期里，学院给了我们一次魅族科技有限公司测试岗位的面试机会，我意外通过了此次面试。

在魅族科技有限公司的测试实习生岗位上进行了为期半年的实习工作。其间，也被质疑过"这是一份高中生也能从事的工作"。测试工作的繁杂、重复性要求更加细致，它不需要太深奥的技术，但是却要求更加全面的考虑。作为一个测试人员，需要知道的东西很多很杂，测试中也会出现很多相似或未知的问题，脑子不经用，所以也是从那时候起养成了做笔记的好习惯。做笔记是工作中必不可少的一个提高工作效率的步骤，同时也是对自己每个阶段的收获与学习的总结，这是公司教授于我很重要的一点。

大四第二个学期，学校的课程基本上结束了，这段时间同学们大都面临着两个选择，一个是复习考研，一个是找到合适的工作。我之前有了半年测试实习的工作经验，但是发现自己更加偏爱前端开发，所以打算从事前端开发相关工作。在找工作期间，因为前端开发门槛较高，大多数公司的要求是要有相关的工作经验，这让我无奈又不知所措。一个多月的时间里，同学们陆续都找到了工作，只有我面试了二十多家公司，投了五十多份简历，却未有任何回应。在面试前端岗位的时候，有 HR 动摇过我开启前端开发之路的念头，劝告我继续往测试方向发展。我在不愿就此放弃的执念下，在质疑中坚持着我的坚持。所幸坚持的最后找到了一家不错的游戏公司，愿意给予我这个机会，开启了我的前端开发之路。

大学四年的收获是巨大的，这段时间积累的经验、增长的见识能让我在踏入以后的旅途时更为从容。一路的经历，一路的成长，是从北京理工大学珠海学院开启的，感谢这一路上支持陪伴我的老师和亲朋好友。

知行风向标之生涯导师说一说

红梅的求职经历体现了部分学生的历程。专业学习不等同于企业岗位工作的具体内容，实习是一次深入探索工作世界的渠道。我们也接触过部分未在大学进行有效实习探索的大学生，毕业后不适应专业工作内容，而需要进入培训机构进行半年或者一年的培训学习后，再选择岗位的案例。每当此时，我深深感受到大学生职业生涯规划教育的不可忽视，希望大学生不仅仅是埋头苦学，同时需要抬头看路。

018　杨欣宇：我曾走过的路

我是杨欣宇，来自湖北省。初到校园时，我跟绝大多数的同龄人一样，想着在经历高考后要在大学享受一下无拘无束的生活。

大一上学期，我在认真学习课程的同时，结识了很多的好朋友，其中有我的舍友，也有我社团的朋友。大一时因为班里一名关系和我不错的朋友的推荐，我通过参加院级的新生辩论赛，加入了计算机学院的辩论队。初次接触辩论与演讲的我，并没有展现出过人的天赋，相反，我几乎不擅长在台上表达自己的想法。在校赛上失利后，我对辩论有了恐惧、抵触心理。放寒假的时候，我认真考虑过自己是否应该留在辩论队。比起自己在台上丢脸，我更害怕拖累队友，不能为自己、为辩论队带来荣誉。

大一下学期，我没有明确提出要退出辩论队，但也不再上场参加比赛，而是充当了队友们的"智囊团"。经历了辩论兴趣培训的失利后，我将这一学期的努力重心转移到了学业上。这一学期，有一门课点醒了我，就是心理健康，老师说出了影响我余下大学生涯，也可能是影响我未来人生的一句话——"认识你自己"。

那一刻的感觉，应该就是顿悟。我意识到自己不再是一个被规划好未来的孩子，我已经成为一个独立的成年人。我不缺少独立思考的能力，但我缺少实现心中所想、敢于面对失利现状的勇气。我想起了上学期在复赛场上没有听到自己的名字出现在社团录取名单里时的落寞与羞愧，想起了那首我半年都没敢再听的复试曲目，但我不甘心就此落选，尤其是经过了层层筛选之后。我想起这学期社团还在纳新，自己还可以再尝试一次。这学期我选修了声乐课，在声乐老师的帮助下，我的唱歌技巧有了大幅提升。在课余的反复练习后，我再一次参加了社团面试。这一次，我总算成功了。实现了自己加入社团的目标后，我和社团的朋友们开始在校园舞台上演出。我曾恐惧舞台，但现在我拥有了在台上发声的勇气，我不再畏惧。

大二到大三，我的课余时间除了完成学业，几乎全部用来参加社团活动。我加入了计算机学院职业发展中心，并先后任职礼仪部部长和副会长。如果说大一是在尝试播下种子，那么大二和大三就是收获前的成长期。我很庆幸那时自己遇到的是耐心且充满抱负和责任心的师友，他们无论是在工作，还是在学习的时候都为大家树立了榜样。坚定、理性、务实、善良，这是前辈们身上的闪光点，也是我最想学习的地方。印象最深刻的是我刚成为副会长的大三上学期，虽然师兄师姐和社团指导老师都耐心地引导我们去管理好社团，但我们几个社团负责人仍然有些力不从心。提出方案又被驳回，每个人的想法、意见不同，现实情况与理想存在较大的差距，没有办法兼顾各个活动开展前期工作，这些都是让人感觉到重重压力的地方。我认识到，自己并不具备良好的团队协作能力，同时也缺少对同伴的信任。在最艰难的时期，社团的指导老师和师兄师姐一点点带着我们去做，告诉我们开展活动时哪些方面要重点强调，哪些方案步骤实施前必须层层核查。尽管过程没有那么顺利，但结果是圆满的。在社团与大家一同前行的道路上，我慢慢懂得什么是协作，什么是理解。经历了长达两年的社团生活后，我也终于意识到，于我而言，个人的荣誉称赞虽好，但不如共赢时的喜悦。相互成就，彼此温暖，这是经历后才能拥有的财富。

大学生活虽然只是我漫漫人生路上的一小部分，但我从中获益良多，无论是为人处世，还是务实工作。人们常说大学校园是社会的影子，我很庆幸自己把握住了这四年来的不少机会，让自己接受磨砺，成为一名举止得体、富有责任心的本科毕业生。我知道自己还存在许多不足之处，也许是面对新事物时不够热情积极，也许是面对困难时缺乏拼搏的勇气。但我希望从今往后，面对失利，我能快速振作起来，能坚强地向自己的目标不断前行，不畏将来，不忘过去。

知行风向标之生涯导师说一说

"认识自己"是大学生必修的课程，对自我认知的程度体现了个人成熟度。同样，在职业生涯规划教育中，探索自己是生涯规划的开始，即你的兴趣、性格、能力、价值观四个部分的明确。我有什么样的能力？是每一个人在求职时都要面对的问题，不管这个问题是不是直截了当地表达出来的。能力是用人单位最关心的问题，也是我们最需要证明的。怎样发现、培养和表现自己的能力，从而在劳动力市场中拥有竞争力，是非常关键的。

如果把技能比喻成一棵树，专业知识技能如同树叶，可迁移技能如同树干，自我管理技能如同树根，它们是相辅相成的。通常人们比较容易想到自己所具有的知识技能，但实际上后两种技能也同样重要：它们使我们有可能不局限于自己所学的专业，可以在更广的范围内选择职业；它们对于我们在竞争中胜出具有关键性的作用，并且使我们能够在工作中得以更长久地发展。

019　张佳玫：学无止境，勇敢向前

2016年，我来到了北京理工大学珠海学院，很幸运地成为计算机学院数字媒体技术专业2班的一份子，正式开启了我的大学生涯。"学无止境，勇敢向前"这八个字是我对自己这四年的总结。

初来大学，受专业与爱好的影响，自己一直很想尝试去做动画，所以在刚入学不久，我便申请加入京涛海纳工作室的动画部，经历了漫长的将近三个月的考核，从一开始连基础软件操作都不懂，到最后在团队合作当中去完成一部完整的动画，在这个过程中不断地逼自己去学习，刷完一部又一部的教程，也在最后成功加入了京涛海纳工作室，成为影视中心的一分子。出于对动画漫画的喜爱，在大一期间也不断地去参与相关的漫画设计大赛，并且作品《手机依赖症》也分别获得了院级二等奖以及校级一等奖的奖项。爱好是促使我前进的动力，但是前进是我行动的目的。

大二的时候，为了提高自身的素养，我自愿申请加入了中国共产党，同时成为青年学社的一员。为了更好地展现自己，我主动地去报名参加各种比赛，例如"我心向党，伴我成长"演讲比赛、"暖心杯"大赛，等等。同时也在寒暑期间积极参与了计算机学院暖心团队的两次调研活动，负责纪录片、宣传片的

拍摄工作。第一次的拍摄全程由自己负责，而第二次在有了些经验后，由自己带领着拍摄组完成了《梅州行宣传片》《梅州行纪录片》的拍摄与剪辑工作，并且这两个作品在影视大赛当中分别获得了二等奖与优胜奖，我也在最后成为暖心团队的成员之一，并担任着计算机学院党务办公室副主任的职务。专业是我的强项，但是全能发展是我的目标，我在不断地尝试与自我展现的过程中学习，发现自身的不足与缺点，并且不断地去改正与提高自己。

大三算是我大学期间的一个转折点，在此之前，我一直未定下自身未来的发展方向，但是我一直很喜欢画画与设计的东西，所以我又积极地组织了队友，一起参与了计算机设计大赛，并且创作了二维动画作品《海洋保护》，也在最后获得了优胜奖，同时也因此确定了自己未来想从事与设计相关的行业。当时正值暑期招聘高峰期，满腔热血的我积极地参加了各大公司的暑期招聘，结果却是频频笔试败北。但是我并没有因此而失落或垂头丧气，反而在这个过程当中不断地去积累总结，发现自身问题，并积极改正。在一个多月的时间内，我不断地创作，因为想从事设计行业，作品集是最有说服力的东西，但是此前专业的学习更多地倾向于游戏与三维动画的学习，想从事设计基本可以说是从零开始。但是我相信只要自己坚持学习，不放弃自己的追求，梦想总能实现。而时间也给予了我满意结果，2019年8月，我有幸成为酷狗音乐公司的一分子，走上了视觉设计实习生的岗位。

在酷狗三个月的实习给了我很多不一样的成长经历，不单单是工作能力的提高，还有交际沟通的能力、突发情况的处理能力。一开始入门作为新人小白，进入一个全新的环境，不可否认有一定的紧张情绪，但是我积极主动地向前辈请教，不断地去学习，争取每一个自我提高的机会，在实习期结束的时候，更是受到了领导的大加赞赏。但是由于想要不断地去提高自己的设计能力，我就不能止步于此。考虑到大学专业接触了不少游戏的相关知识，而自己又对游戏与动漫感兴趣，我又开始计划着下一个提高自己的目标，所以我选择了离开，来到了现在的公司——360游戏艺术公司，担任UI设计。这是自己能力提高的一个台阶，却也是自己的一个新的起点。比起普通的UI设计，游戏的UI设计更讲究色彩与手绘的搭配能力。一切又回归原点，但是我并不为此担心，我不断地去请教学习，在别人下班之后我也依旧留在公司学习，向身边的老员工请教，听取他们的经验，不断地去尝试，开阔自己的思维，形成自己的设计思路，创造自己的设计风格。

从一开始连软件的使用都不懂，到现在从事着自己喜欢的职业，并且每天都有新的进步，有志者，事竟成。未来还有很长的路要走，还有很多个新的起点，但是我依旧愿意坚持学习，愿意前往，勇敢地大步向前。

知行风向标之生涯导师说一说

兴趣是最大的动力，不需要他人督促和要求，自己就会主动去关注和学习。职业生涯规划教育已经逐渐进入九年义务教育，培养学生的兴趣爱好，同时在高考选专业时考虑考生的兴趣爱好，所选的专业是考生感兴趣的，大学的学习更有主动性。佳玫的大学学习生活中，很好体现了这一点，不管是社团的选择、实践活动的参与，还是毕业实习的内容，都结合自身的兴趣，从而达到"从一开始连软件的使用都不懂，到现在从事着自己喜欢的职业"。

020　张文钺：青春无悔，未来可期

张文钺，2016级网络工程专业学生，现就职于珠海欧比特宇航科技股份有限公司。

光阴似箭，岁月如梭，不知不觉间，毕业的号角已经吹响，转眼间我们这群懵懵懂懂的孩子即将肩负使命，承载期许，步入社会。细数四年大学时光，感慨万千，我们在这里相遇，又在这里分别。值此毕业之际，心中不免感伤，同时也庆幸自己还能够享受在校园的美好时光，细细品味大学四年走过的路。一个阳光热烈的午后，懵懂的我拉着行李进入校园，学兄学姐们热情地帮我们办理迎新手续，至此拉开了我大学生活的帷幕。

初入学的新生们常常会参加各种各样的社团活动，我也不例外，大一开始加入了计算机学院科技协会。

我觉得加入社团是兴趣，大学里有各种各样的社团，里面有志同道合和你有同样爱好的人，社团活动不占用学习时间，反而是一种放松，能够做自己想做的事情。大三的时候，我担任了计算机学院科技协会主席，在工作中，由于空闲时间被工作占用，我确实感受到学习时间被压缩。

对于学习和工作之间的冲突，学会调节和平衡是关键。首

先，作为一名学生，学习是最重要的，所以我把它放在第一位；其次是遇到问题不要逃避，我觉得这是大学里担任干部同时也想要搞好学习的同学都会遇到的问题。这时你需要明白，学习要抓，工作任务也要完成。规划好每天要做什么事情，把比较紧急的工作按时完成，不紧急的工作可以在学习任务完成之后，用剩余时间来完成。期末两边任务都很紧急的时候，就死磕吧，学习要按着进度走，工作就挤出自己的休息时间来完成。任务熬一熬就过去了，撑一撑就好了。所以我觉得大家应该要协调好自己的大学时间，做到既有重点又多方兼顾，这样才能让自己过得充实快乐。

回顾四年大学时光，除了学习，留给我印象最深的就是自己在计算机学院科技协会工作中的成长了。我非常感谢计算机学院科技协会给予我的进步，从干事到主席团成员，我体会到了组织能力与责任的重要性，还有自己人际交往能力与协调组织能力的提升，我成为一个更加有责任、有担当的人，我学会了服务与奉献，我懂得了待人要热情真诚，做事要周到细致、勤恳踏实的道理，这将为我以后的工作学习打下良好的基础。现在的我已不是当初那个当众说话就会脸红的女孩了，我学会了大胆面对一切，学会了展示自我。

大学的时光也走到了尽头。四年中，曾经历许许多多的时刻，相比成功时的喜悦，让我印象更深的可能是拼尽全力最终也未能收获一个好结果的那些事，我视它们为珍宝，它们让我更加谦虚、平和，也激励我更加努力。每个人都会遇到很多不如意的事，希望大家在遇到挫折时，能够勇敢面对，化压力为动力，不能放弃，要努力成为更好的自己。毕业不是终结，青春未完待续，可是时光不听话，总是催着人长大。最后，青春无悔，未来可期。

知行风向标之生涯导师说一说

乐观开朗、积极向上，这是文钺身上的标签。她做每一件事都非常用心，组织活动送别社团师兄师姐，担任学院科协主席，肩上担子更重了，但是她能规划好每天要做什么事情，把比较紧急的工作按时完成，不紧急的工作在学习任务完成之后，用剩余时间来完成。特别是期末两边任务都很紧急的时候，"死磕"，学习按着进度走，工作就挤出自己的休息时间来完成。任务熬一熬就过去了，撑一撑就好了。她给师弟师妹们的建议是协调好自己的时间，做到既有重点又多方兼顾，这样才能让自己过得充实快乐。

021　郑子莹：勤能补拙，笨鸟先飞

我叫郑子莹，北京理工大学珠海学院计算机学院2016级数字媒体技术1班的学生。时光荏苒，大学生活在平静中接近尾声，回首过去，感慨万千。在这四年里，通过学院的精心栽培和老师们孜孜不倦的教导，我不断成长，也学会了坚持不懈与自信自强。

四年的时光让稚嫩的面庞成熟，让浮躁的心灵充实。从进入大学第一天的迷茫懵懂，到如今的硕果累累，一路走来，有成功的喜悦，更有挫折的泪珠。四年的时光，一纵即逝，也让我走向成熟与稳重。大学期间，我不但学习到扎实的专业知识，更学会做人做事，无论是失败还是成功，都激励着我不断前行。

我虽然不聪明，但我愿意坚持不懈努力，愿意刻苦钻研学业。在这四年的学习中，我保持着良好的学习成绩，多次荣获学校优秀奖学金，并多次荣获优秀学生、优秀团员等称号。

我一直认为，学习固然重要，但校园社团生活也十分重要。因此，大二时我成功加入计算机学院程序设计基础协会。作为协会的一名干事，我遵守协会规章制度，积极参与协会组织的各项活动，跟随会长的脚步，不断努力学习，不断提升自我能力。在这一年里，我结识了许多志同道合的小伙伴，他们的坚持与刻苦感染着我，在这样的氛围中，我也变得更加刻

苦，更加认真。

大三时，非常感谢协会指导老师和各会长的信任，选择我担任程序设计基础协会会长一职。在任职初期，我总会犯错，但指导老师不断鼓励我，信任我，教导我。在她的谆谆教导下，我渐渐改变许多，学会许多，也懂得许多。在这个过程中，我成功组织协会成员举办编程比赛、"小老师"义务课堂等活动。有时候，在前期策划安排工作上，总会出各种意想不到的小问题，刚开始的我会非常焦虑，非常无奈，但经过不断与其他成员协商沟通，我逐渐冷静下来，理性分析并寻找解决方法。每次举办活动，我主要统筹各项运维事务，统一协调、分配工作任务，久而久之，在一定程度上提升了我的管理效能。

在这四年里，我坚持学习，经常阅读，并不断拓宽自己的知识面，提高个人素养。同时，抓住一切机会开阔自己的视野，利用课余时间游历河山，走访名胜，为了丰富阅历，也为了增强自己的创新创意能力。我深知只有勤奋才能进步，只有掌握新知识才能更好地为大家服务。为实现自己的理想，我对自己负责，也对他人负责。

四年大学生活的积累让我的知识和思想得到了质的飞跃，对于许多事情的认识也由感性上升到理性阶段。如今的我，不再像从前那样鲁莽，遇事更加沉着冷静，对事情的分析处理也更加成熟，真正成为一个能独当一面的良好青年。

时光匆匆而过，四年磨一剑，在即将告别本科学业，走向人生下一站的特殊时刻，我也有自己的声音。四年的积累，让我学会许多，懂得如何面对生活、面对自己的人生，如何实现自我价值。我认为，无论是在生活、学习还是工作中，我们都无法逃避一些困难，而在困难面前只有两种结果：克服或妥协。正如拿破仑所说，"我们应当努力奋斗，有所作为。这样，我们就可以说，我们没有虚度年华，并有可能在时间的沙滩上留下我们的足迹。"所以，我们要努力奋斗，让自己有所作为。只有实现自我价值，人生才更具有意义，才更加精彩，才更加丰富。我相信，我在以后的人生中，会沿着自己的目标坚持不懈、自信自强地走下去。在未来的生活中，不管路途遥远还是道路崎岖，我将以百分的信心和万分的努力去迎接，用自己的汗水浇灌更美好的明天。

忽然之间，四年光阴就这样在平静中流逝而过；眨眼之间，我们都将离开温暖的母校；辗转之间，我们都将各奔东西。晃晃悠悠，寻寻觅觅，未来似乎变得茫然。谁曾说，大学是最张扬的青春；谁曾说，大学是最绚烂的舞台；谁曾说，大学是最难忘的回忆。

大学四年，回忆难舍，经历难舍，最难舍的是那个保持炽热的心，不断前行的自己。虽然我们无法准确预知未来的生活，但我坚信，勤能补拙，笨鸟先飞，只要坚持不懈地努力，最后必定硕果累累。

知行风向标之生涯导师说一说

聪明的人从不会去处处显示自己的聪明，"勤能补拙，笨鸟先飞"这是科技协会的暑期集训精神。子莹作为程序基础协会的主要负责人之一，说自己很庆幸入学时能够加入这个协会，这个集体的氛围，师兄师姐们的倾力指导，以及协会知识分享、传承的精神，让自己成长和找到归属。这也是大学必备的朋辈教育的作用，朋辈之间的影响是不可忽视的。

022　段世平：坚守初心，自强不息

"总书记语重心长地勉励大家：'青年一代是国家的希望，生逢其时，重任在肩。学生要好好干，好好学，好好干就是好好学！你们有学文科的、理科的，学蒙古语言文学的、人工智能的，还有毕业后保卫祖国的，你们要好好奋斗！'"这是我在《习近平与大学生朋友们》中读到的，习总书记寄语我们"志存高远、脚踏实地、行循自然"，更加坚定了我的信念。我来自江西省樟树市永泰镇一个偏远的农村，从小家庭条件就比较艰苦，父母在我很小的时候就外出打工，以至于我从小学一年级开始，一直到进入大学都是双亲留守儿童。13年的独立生活里夹杂着许许多多的辛酸，常年缺少父爱、母爱的我，常常会偷偷躲在角落流泪，但这些并没有让我堕落。2017年考入北京理工大学珠海学院，成为新时代大学生，家事国事天下事事事关心。中国梦是国家的、是民族的也是每个中华儿女共同的梦，凝聚中国力量，实现中国人民的梦想。我的梦想就是立志能在毕业5至10年内，可以成立自己的公司，让家人能过上幸福美满的生活，也为大湾区的建设、为伟大的中国梦，贡献自己的力量。空谈误国，实干兴邦。我们这一代年轻人是祖国的未来，我们一定要承前启后、继往开来，把祖国建设得更加富裕、强大，把民族发展得更加团结，继续朝着中华民族伟大复兴的目

标前行。

坚守初心，一分辛苦一分才

我担任计算机学院 2017 级软件工程 4 班班长，积极奉献，甘于吃苦，带领班级连续两年荣获校"优秀学风班"荣誉称号，连续三年荣获校"五四优秀团支部"荣誉称号。2019 年 9 月，我担任计算机计算机学院 2019 级数字媒体技术 2 班班助，带领全班同学前往珠海乐百年敬老院，参加志愿者服务活动，为老人送去慰问品、为老人表演节目、陪老人聊天等。突如其来的疫情，让所有人都不知所措，作为班长和班助的我，积极配合学校工作，每天督促两个班级的学生填写防控疫情调查问卷，确保不落下任何一个同学，为学校顺利开学奉献自己的一份绵薄之力。

坚守初心，坚守在公益路上

十几年来，我得到过无数人的帮助，也正因为此，才成就我顺利考上大学。所以进大学后我一直告诉自己，学会感恩是一种自强！上大学来，我积极参加校内外公益活动，三年来累计参加公益时数高达 170 小时。我曾组织策划中国百强公益"青春伴夕阳"活动，带领 57 名同学前往敬老院做志愿服务，目前我是珠海市红十字会志愿工作者的一员。2018 年 4 月，我参加全国心理咨询师岗位能力（中级）培训，经考试合格，8 月入选中国战略型人才库中级心理咨询师专业，获得证书；同时，还成为珠海市心理咨询师协会会员和珠海市愉泉心理咨询服务中心签约咨询师，主要负责初高中学生的青春期陪护和引领。我先后参加了市聚强少年班和"班级齐优秀"的志愿辅导员活动，得到了很大锻炼。在我的帮助下，共有 16 个学生家庭的子女教育问题得到有效缓解，而我自身也从中得到很多的收获。活动期间，珠海市的媒体还专门为我们的活动做宣传报道。一路走来，我一直带着感恩上路，用感恩回报他人，回报社会，奉献自己的一点绵薄之力，这就是一种自强。

坚守初心，自强不息

我牢记总书记的话，一路走来，严格要求自己，全面提升自己的综合素养，努力成为一名对社会有用的人。自立让我学会了承担，自强让我学会了感恩和分享，作为一名大学生和一名中国当代青年，我深知自己的使命和责任！未来的路还很长，我将更加努力，在自己的追梦路上勇往直前、砥砺前行！

知行风向标之生涯导师说一说

他荣获2019年度"中国大学生自强之星"奖学金。他大学四年都在努力践行自强不息精神，用心做公益，服务他人，这和他的成长经历相关，懂得感恩，希望能够为社会、为他人做更多力所能及的事情。他走进学校周边社区、走进企业、走进养老院，同时他考取了中级心理咨询证书，用专业的知识去帮助更多的人。他说："自立让我学会了承担，自强让我学会了感恩和分享，作为一名大学生和一名中国当代青年，我深知自己的使命和责任！未来的路还很长，我将更加努力，在自己的追梦路上勇往直前、砥砺前行！"

023　蔡明开：已往不可谏，未来犹可追，理想其未远，振翼而腾飞

大学生活是我人生的关键转折点，校园生涯和社会实践活动让我不断地挑战自我，充实自己，为实现人生的价值打下坚实的基础。而作为学生，学习是十分重要的，因此在学习上我毫不懈怠，使自己的成绩一直保持在年级的前 30%。大学期间我共获得优秀学生奖学金 5 次，其中一等奖学金 1 次、二等奖学金 2 次，三等奖学金 2 次，并且多次被评选为"优秀学生""优秀团干""优秀学生干部""优秀学习标兵"等。我现就职于远光软件股份有限公司。

虽然学习是我们的首要任务，但是学习并不能衡量一个人的全部，也不是衡量我们是否为当代合格大学生的标准。因此，我积极参加各种活动，旨在提升自我，做到全面发展。在班级中，我担任组织委员，积极组织班里同学开展各项活动，从大一刚开始的新生杯篮球赛和校园心理剧大赛再到学院组织的院运会等，都获得了很好的成绩。班级同学一起参加各类活动，班级的氛围也随之变得越来越好。

在学院里，我担任本专业的辅导员助理，协助辅导员开展学院内的各项工作，统筹专业学生的考勤、处分等。在社团中，我曾任计算机学院传媒中心摄影部部长，负责学院内各大活动

的新闻采编和现场摄影等工作。在这期间参加各种校内外比赛锻炼自己，在广东省首届高校防范非法集资海报设计大赛中荣获二等奖，在广东省大学生计算机设计大赛校内选拔赛中荣获二等奖。

除了参加校内的各种活动，我也积极参加校外的各种社会实践及公益活动。明代董其昌有句话"读万卷书，行万里路，心中脱去尘浊，自然丘壑内营"，这是古人认为的获取知识的重要途径。通过"读万卷书"，可以深入吸收前人归纳总结的知识，是间接获得知识的捷径；通过"行万里路"，遍游各地，了解当地风土人情，民族文化，增长见识，通过实践认证已学到的知识，实现从理论学习到实践应用的升华。因此我在大二、大三的暑假与团队成员一起前往广东省陆丰市和甘肃省酒泉市参加社会实践活动，开展以"青春心向党，建功新时代，文化共传承——民族复兴大任，航天丝路共筑，服务建设酒泉"为主题的社会实践。由于表现突出，我荣获"新时代新作为——立志——修身——博学——报国"主题教育系列活动广东省优秀奖。

此外，为了更好地把自己所学的理论知识运用到实际当中，我在大三暑假前往远光软件股份有限公司实习。在实习过程中，我充分把自己所学的理论知识应用到实际工作中。虽然刚开始遇到很多困难，但是遇到不懂的问题我会及时寻找导师帮助，虽然过程曲折，最终还是解决了问题，及时地完成了领导布置的任务。每天下班我还会对当天的工作进行总结，在不断总结中我也不断进步。这种兢兢业业的精神得到了实习单位领导的一致好评，在大三暑假结束，公司向我抛来橄榄枝，我成功转正。

我是一个十分热心公益的人，平时我会利用周末和假期时间参加大大小小的公益活动，大学四年累计下来，公益时数也达到了 135 小时，被广东省志愿者联合会评为一星志愿者。其中，在 2018 年 7 月到 8 月，我前往东莞阳光雨党群服务中心与专业社工、儿童心理教师共同筹备策划社区"关爱候鸟"暑期成长训练营，担任该训练营的老师，并且负责各项活动的主持、摄影、组织安排等工作。我认为助人为乐是高贵的品质，我们应该多做公益，让正能量的精神感染身边的每个人。我们做公益活动其实不仅仅是在物质方面给别人什么，最重要的是散播爱的气氛，将爱的气氛散布在我们的星球上，提升这个世界的正能量，这样我们的世界才能越来越美好，这就是公益行动的真正目的和意义。

有志者事竟成，在大学生活中，我用一颗真诚的心，换来了老师和同学的信任。"已往不可谏，未来犹可追，理想其未远，振翼而腾飞。"收拾好行囊，迈开坚定的步伐，虽然路途坎坷，但我已做好了迎接挑战的准备。"自强不息，奋斗不止"，我将以更大的努力不断实现更高、更远的目标，展示当代大学生的风采！

知行风向标之生涯导师说一说

"读万卷书，行万里路，心中脱去尘浊，自然丘壑内营"，通过"读万卷书"，可以深入吸收前人归纳总结的知识，是间接获得知识的捷径；通过"行万里路"，遍游各地，了解当地风土人情，民族文化，增长见识，通过实践认证已学到的知识，实现从理论学习到实践应用的升华。作为新时代大学生，立志当高远，青年时期是理想形成的重要时期，也是立志的关键阶段。志向高远，就是要放开眼量，不满足于现状，也不屈服于一时一地的困难与挫折，更不要斤斤计较于个人私利的多与少、得与失。树雄心、立壮志，是关系大学生一生前途命运的重大课题。立志做大事，在今天，做大事就是献身于中国特色社会主义伟大事业。新时代的大学生应该把个人命运与国家和人民的命运联系在一起，立为国奉献之志，立为民服务之志，为祖国和人民的利益而奋斗，在为实现社会理想而奋斗的过程中实现个人理想。立志须躬行，漫长的征途需要一步一步地走，崇高理想的实现需要一点一滴地奋斗。通往理想的路是遥远的，但起点就在脚下，在一切平凡的岗位上，在扎扎实实的学习和工作中。实现崇高的理想，要从我做起，从现在做起，从平凡的工作做起。

024　蔡梓枫：勇敢踏出每一步

我叫蔡梓枫，来自计算机学院2016级网络工程1班，现就职于奇安信科技集团有限公司。我是一位标准的乡镇男孩，为人老实，热情是我的标配。刚进校那段期间，我很幸运可以遇到一位优秀的同乡师兄，他为我的生活、学习提供了很多宝贵的意见。同时我也感谢我的班助，让我有机会参加当年的新生中秋茶话会。台上优秀师兄师姐在讲述他们大学生活中的各种精彩，讲述着他们从新生到现在的蜕变，让坐在台下的我认识到：大学是一个新起点，你想成为一个怎样的人，完全看你自己的努力，大学四年的时间很短，你要勇敢踏出每一步，没有你做不到的事，只有你想不想做。

校园实践篇

大一时，我克服害羞，勇敢踏出了第一步——竞选上班长，开始为班集体负责，热心为班上的同学答疑，组织班上同学参加学校大大小小的活动，受到老师同学们不少好评。当然，为了让自己的大学生活更充实，我加入了两个社团——大学生素质拓展中心和院团总支学生会。在院学生会获得"优秀干事"的荣誉，其间担任过新生见面会、元旦晚会等部门活动的节目编排以及后台工作人员。在大学生素质拓展中心期间，担任社团换届大会、品牌活动"定向越野""彩虹跑"的工作人员,得到不少认可和好评。在此过程我学到了不少东西,例如场控、策划等等,也了解到了合作的必要性和重要性,这会使我一生受益。

大二,我当上了大学生素质拓展中心培训部的副部长,接触到社团部门的运营,一边组织部门干事的培训,一边为社团的品牌活动做准备。忙于社团的我始终没有忘记自己的第一职责,身份一直在社团和班级之间来回切换。其间也遇到不少问题,但我并没有选择逃避,而是选择跟大家一起,勇敢积极面对。

大三,作为2018级计算机大类的一名学生班主任助理,我开始担任一个全新的职位。我以积极阳光的心态去引导新生在大学的生活和学习,为新生解忧答疑,培养他们树立正确的价值观。其间,我还带领他们进行团建、班聚,培养他们的班级集体感。新生也不负众望,在学院各种新生杯中多多少少拿下一些奖项。不仅如此,我还担任了布莱恩特项目IT行政助理,负责项目老师的教学设备,如计算机、网络、打印机、多媒体投影等的维护和技术支持,同时也协助项目老师在行政方面的工作。我认真积极的工作态度,广受项目老师的好评。这个职务让我感触最深的是,育人不易,接触怎样的圈子将会让你成为一个怎样的人。所以,我一直严格要求自己,以身作则,尽力做好每一件事。

大四,我放下了其他职务,开始去校外找实习工作了。

临近毕业,回望过去,虽然有觉得累的时候,但是,我觉得比起我的收获,那些辛苦都是微不足道的。因为,在这期间,不仅我的个人能力得到了锻炼,也收获了不少友谊。

社会篇

作为一名大学生,学好所学专业的同时,也要注重社会实践。在大学三年多的实践中,我做过多种兼职,这不仅减轻了家庭的经济负担,也让我体验到了独立自主的快乐。在2018年暑假,我通过朋友介绍,参加了"2018年大学生低保户特困户调研"工作,到广东省陆丰市甲西镇各个村落,走访低保户,调研低保户的生活状况。这份工作让我印象深刻,体验到贫困家庭的不易以及当地政府对精准扶贫政策的执行力度,也感叹现在美好生活的得来不易,更能够激励自己。2019年暑假，我在珠海远光软件公司实习了两个月，这段经历为我之后步入社会打下一定的基础，对人与人之间的交际有了一个初步的认识，了解了社会的人际关系处理。2019年12月，我来到了我现在的公司——奇安信科技集团有限公司实习。

公益篇

从入校以来，我一直热心于校内外的公益，从美化校园到校外爱心辅导小朋友功课，无一不是尽心尽责，一点一滴地回馈这个美好的世界。

学习篇

作为一名在校大学生，首要任务还是学习。刚进大学的时候，作为计算机小白的我注定要比别人更加努力学习。多敲代码是我们作为计算机学院学生必须要做的，我提倡自主学习，培养自学能力以及分析、解决问题的能力。我努力学好专业课知识，脚踏实地地学习，成绩保持前列。通过自己的努力，入校至今，我一共参评6次优秀学生奖学金，其中一等奖4次，二等奖2次；获得国家励志奖学金2次；获得"C语言程序设计挑战杯"优秀奖、"2019年广东省大学生计算机程序设计大赛校内赛"优秀奖、工业自动化学院"第二届迷宫避障赛"三等奖。

自我评价

我最大的缺点也是我最大的优点，就是心思细腻。我是典型的双鱼座男生，想象力十分丰富，无论面对着什么，脑袋里都会迅速做出一个判断，并联想到很多。这让我的精神世界变得五彩缤纷，但这也让我有时候做决定的时候犹豫不决、难以定夺，从而错过最佳时机。人一生最大的敌人就是自己，如何突破自己，这是人生中最大的课题。我相信，没有什么是做不到的，只有我想不到的。只要我勇敢踏出第一步，敢于下决定，我将会迎来另一个全新的自我。

知行风向标之生涯导师说一说

大学是一个新起点，你想成为一个怎样的人，完全看你自己的努力，大学四年的时间很短,你要勇敢踏出每一步,没有你做不到的事,只有你想不想做。这里推荐TED视频《被拒绝100次》,主讲人蒋甲从个人的经历出发,讲述克服恐惧的经历,这也是当我们遇到困难时,如何去应对的方式。

025　陈锦彬：白驹过隙，会很焦虑

我叫陈锦彬，计算机学院的孩子。都说时间会红了樱桃，绿了芭蕉，但是我想不出时间能这么快地把仿佛昨天才刚刚踏入校园的我蜕变成了如今初入社会的我。这让我很是焦虑，毕竟白驹过隙，我已不再年轻。夜深人静时，偶然会"三省吾身"，思考这三年我到底做了什么事，交过多少知心朋友，当初的目标是否已经完成。

很开心今天有这么一个机会，和各位师弟师妹们回味三年，分享过往，把握如今，共创未来。

初入校园的萌新我想对你说

大一，充满好奇的学年，刚刚来到这一片热土，对一切的一切都充满了好奇。北理珠"德以明理，学以精工"的校训也第一次映入我的眼帘。大一，和很多新生一样，我也对一切事情小心翼翼，不敢逃课，不敢挂科，拼了命地学习，玩了命地参加社团活动。很庆幸，大一选择努力的方向是对的，它为我大学之后拿的 1 次特等奖和 4 次一等奖打下了基础；也很庆幸，大一参加海贝 TV 是对的，它让我收获了一群志同道合的朋友。大一让我明白了，选择什么路，你怎么走，和什么人一起走真的很重要！

初入校园的萌新，不要去听信那些"大学你就轻松了""大学你就可以逃课，撩妹，挂科"的话了，我想对你说，人的一生，不要着眼于某个阶段的自我放松，我们应该时刻努力，路在你自己脚下，你是躺在原地不动，或是匍匐前进，抑或是大步向前，这都取决于你自己，请你明确自己想要的生活！

生活会动摇你的目标吗？

大二，也许你会动摇。对身边的人和事渐渐熟悉之后，我发现这么一个事实，同一宿舍的有人半夜三更打游戏，同一班级的有人通宵达旦去蹦迪，但是他们似乎懂的比我多，比如游戏人物皮肤，比如珠海有什么地方好玩，我会突然觉得自己是井底之蛙。有那么一段时间我也动摇过，和室友一起玩游戏，和同学一起蹦迪，拼了命想挤进他们的圈子，结果发现我和他们不是一路人。感谢志同道合的朋友、辅导员的开导，我学会慢慢接受自己的设定，接受了原本属于我的圈子，不断向成为更优秀的人的目标前进。大二，让我明白生活可以动摇，但是目标不可以。

大二的你，我相信会和我有同样的经历、同样的感受、同样的动摇，不过这很正常，因为这是大学必经之阶段。可是，我希望你不要因此而萎靡不振，堕落消沉，希望你通过这段经历学到更多。你要明白你的生活可以动摇，而你的目标不可以。你可以喝酒，可以去蹦迪，可以撩妹，但是我建议你不要，最好的生活是学会享受孤独，因为高质量的独处往往会比低质量的社交更加有意义。

思考大学的本质

大三，思考大学本质。身边的朋友准备考研的考研，准备考公的考公，准备工作的工作，而我也在思考自己的路该怎么走，最后果断地选择了工作。因为大三上学年自主创业的经历，我很快就从金山WPS的面试中脱颖而出，有幸和北大硕士、武汉大学硕士等名校生成为同事，并在和他们的日常交流中，找到了工作的真谛，很快就提高了自己的业务能力。

说到大四找工作这事，最让我印象深刻的是我一个北理的朋友，他和我说了一个对我影响很大的事情。他说，他有次给阿里巴巴投了简历（阿里巴巴就是那个做了淘宝天猫的公司），和那个面试官聊了几句之后，阿里的面试官说，他也是在珠海读过书的，知道我们这两所学校，确实能出一些强人，但是少之又少。听了他说的话之后，其实我知道是对的，但是我却心有不甘，我心想：北理珠怎么了？只要我们肯努力，一样能够创造属于我们自己的精彩人生，起码我以后无论在哪个公司上班或者自主创业或者在哪个单位工作，我都会通过自己的努力给北理珠争光。

请努力，拥抱未来

我已大四，不再年轻，也不再彷徨，不再拥有大一的稚嫩、大二的冲动、大三的迷茫，反而渐渐"迷信"努力这个东西，我明白三年前的高考已经成为过去式，明白现在的脚踏实地才是最重要的。但是我更加希望还在学校学习的师弟师妹能"志存高远，脚踏实地"。"心中有火，可以燎原"，记住"北理珠的，一定行"，起点虽然是差了点，但是我们的动力不差，动力不差那就跑得比别人快。

写在最后：这一路走来，要感谢的人太多太多。感谢北理珠，感谢海贝TV，感谢研发部每一个成员，感谢我的老部长，感谢一起创业过的小伙伴，最后我要感谢我的现在，因为有了现在的我，才能让我更加有自信地拥抱未来。

未来的你，一定会感谢现在努力奋斗的自己。请你努力，拥抱未来。

知行风向标之生涯导师说一说

生活会动摇你的目标吗？进入新的环境，很多同学为了能够融入周围的环境，总是做着自己不喜欢的事情。你是不是有过这样的经历，或者正在经历这样的事情？比如：宿舍三个人都喜欢打游戏，尽管认为打游戏浪费时间和精力，为了和他们有共同话题，你也加入打游戏的行列，最终也没有收获真正的友谊。"有那么一段时间也动摇过，和室友一起玩游戏，和同学一起蹦迪，拼了命想挤进他们的圈子，结果发现我和他们不是一路人。感谢志同道合的朋友、辅导员的开导，我学会慢慢接受自己的设定，接受了原本属于我的圈子，不断向成为更优秀的人的目标前进。"大学让他明白生活可以动摇，但是目标不可以。同样作为大学生的你也会经历这样的自我成长历程，你要认识到自己最终想要的是什么。

026　崔宇恩：四年的大学生活让我成长

崔宇恩，2015级计算机科学与技术专业学生，现为佛山市南海区信息技术教师。在校期间，我获得优秀学生奖学金5次，多次获得"优秀学生""优秀学生干部""优秀团员"称号，获得北京理工大学珠海学院男子篮球比赛亚军，校运会4×400米接力第三名。

对于我来说，大学就像是一场电影，在不经意间就已经到了结束的时候。回首大学四年，每一年的经历都改变了我，让我成长，每一份记忆都值得我去回味。

回想起刚进大学时候，那时懵懂的自己，期待着大学生活的多姿多彩，能够享受自由的时光，再也不用面对堆积如山的试卷和老师的喋喋不休，能够像草原的马群一样，随风奔跑，终于有了自己的一片自由。但是，上了一周的课之后，我发现，大学生活并不像自己想象的那么轻松。虽然，大学生活没有像高中时那样紧张的学习节奏，没有每天都为高考而奋斗着，但是大学生活也有着自己的节奏，必不可少的依然是每天的按时上课，按时完成作业，以及保证期末考试不挂科。在我看来，大一的学习生活是注重学科的基础，应当给予足够的重视，每一门课的知识缺陷都可能导致今后需要利用更多的时间来弥补，所以大一的学习应该是重视的过程。另外，大一的课外生活是丰富多彩的，十分有趣，各种各样的社团令你眼花缭乱，除社团以外，还有篮球队、田径队、羽毛球队等也等待着你的参与。我觉得大一时可以利用课余时间，多参加这样的活动，因为无论你参加什么，你肯定会有所收获。在社团中，你可以锻炼与人交际的能力，团队合作、团队策划的能力；在院队中，你可以提升自己的竞技水平，锻炼自己的身体。尽管有时候会在学习和训练或社团活动中，忙得不可兼顾，但是我依旧会这样选择，因为大学生活就应该锻炼自己，提升自己的各种能力，我们的目标不再只是考试，更多的是对于未来生活的追求与锻炼。

到了大二，逐渐地适应了大学的生活。大二的生活比较平淡，我每天都过着教室、图书馆、篮球场三点一线的生活，在学习专业知识的同时兼顾着篮球比赛，每天都会抽出时间去训练，每天都重复着这样的生活节奏。对于我来说，大二的生活是十分静谧的，没有大一时的彷徨与兴奋，也没有临近毕业时的紧张，有的是对大学时光的享受。所以，大二的时光就像一段过渡期，从陌生与兴奋开始走向了稳定与充实。

大三对于每一位大学生来说都是关键期，因为到了大三，就要开始为未来做打算了，大三的每一个决定都可能影响你的以后。大三，将会面临考研和就业两种选择，选择考研的同学就要开始为之进行长达一年的准备，甚至更早地可能从寒假就要开始复习；而选择就业的同学则开始为工作提前做准备，包括考取软件设计师证、教师资格证等等，甚至开始准备公务员国考。大三的日子十分忙碌，也开始感觉到未来的就业压力。所以，我觉得到了大三，就要做出选择，并且把握好这段时间，充实自己，需要拿出像高中时候的状态去复习，拒绝游戏与玩乐的诱惑，开始为自己的未来做准备。过程可能会很狼狈，看到身边的同学还依旧享受大学生活的时候，你可能会问自己值不值得，但是当你比他们提前拿到 Offer，找到合适的工作的时候，你会感谢自己这段时间的付出的。

大四，意味着毕业，意味着将要走进社会。我觉得大四最重要的就只有三件事：就业、考研以及毕业准备。在大三的时候，我选择了就业，回想起来，我觉得最重要的就是 9 月到 11 月这个阶段，因为这个时间段既要上课，也要参加各种招聘。那段时间对于我来说十分煎熬，每天都要担心自己能否找到工作，准备着各种面试、招聘，也要抽出时间来完成学习任务；每天都在学习面试的技巧，模拟面试时的情况，为每一道问题想出多种应对方法。这个时间段，只能说就只有四个字——"贵在坚持"，撑过去了，就业对你来说并不是问题，放弃了，你可能就会在剩下的大学生活里为找工作而彷徨。所以，大四是一个坚持的阶段，为自己做出的选择而坚持，为招聘而到处奔波坚持着。

大学的生活其实很简单，并不复杂，每一年都有不同的任务；大学四年并不像高中三年一样，只有高考一个转折点，大学学习的不仅是知识，更有能力的培养，只要规划好自己的大学生活，好好提升自己，四年后在与重点大学的学生同场竞技时，你会发现自己并不会输于他们，甚至已经将他们超越。

知行风向标之生涯导师说一说

"十年树木，百年树人"，对于教师最好的传承应该是学生成为一名好教师，传承师德师风。崔宇恩从大学毕业后进入一所学校成为一名教师，离不开他在学校的不断坚持和付出。大学四年的规划清晰明确：大一从高中生转变为大学生适应尝试；大二从陌生与兴奋开始走向了稳定与充实；大三晋升为专业达人，把握职业选择的关键期；大四冲刺期，为自己做出的选择而坚持，为招聘而到处奔波坚持着。

027　冯嘉豪：不忘初心，筑梦机甲大师

冯嘉豪，北京理工大学珠海学院2017级计算机学院软件工程专业的学生，现任桐芯团队负责人。在校期间，他多次获得"优秀学生""优秀团员"等称号。他学习名列前茅，共参评5次优秀学生奖学金，每次都以综合排名第一的成绩获得特等奖学金。

他曾说"时间不在于你拥有多少，而在于你怎样使用"，他把自己的日程安排得非常有条理。学习只是他大学生活的一部分，从大一开始，他就时刻关注着身边的各类竞赛和学术活动。他希望通过实践去巩固自己的理论知识，也能够通过参加比赛去见识到外面更广阔的世界，开阔自己的视野。从大一至今，他共获奖37项，其中国际级奖项1项、国家级奖项5项、省级奖项1项。

不忘初心，青春奉献

作为一名大学生和预备党员，除了学习、比赛和实践，他也不忘抽空回馈社会。他多次参加校内举办的公益活动，每当遇到一些需要帮助的人，他总会主动伸出援助之手。在疫情期间，广州的一些图书馆也陆续限流开放，他也多次参加图书馆

的志愿活动，为进出图书馆的人员进行登记、预约等工作。他曾说过"如果每个人在需要帮助的时候都得到了别人的帮助，那么他也会更愿意去帮助别人，这样我们的社会就会变得更加和谐温暖"。

坚守初心，筑梦机甲大师

相信很多人心里都会有一个属于自己的机甲梦，而他就是其中一个。一次机缘巧合看到一场激动人心的机器人 Robomaster 比赛，让他走上了这一条机甲之路。在多方了解下，原来那是学校的一支非常出名的团队——高巨毅恒，那里聚集了一帮有着机甲梦的人，他们来自不同的学院不同的专业，却都为了同一个目标在奋斗。在大二的时候，经过多次的争取，他加入了这支团队，也为他的机甲梦而奋斗。

Robomaster 比赛是以电竞的形式去进行对抗，每一台机器人都是由每个队伍经过一年的努力研究制造出来的，有着团队里每一个人的心血，需要很高的技术水平。作为操作手的他，需要在比赛场上让团队所研发的机器人发挥出它的能力，与队友进行配合从而赢得比赛。南部分区赛是他第一次上场比赛，操作手手握着整个团队一年的努力，掌握着团队的命运。压力虽然很大，但他心里一直告诉自己要尽全力，不能辜负那些相信他的人。队友之间互相鼓励，不断磨合，即便输了他们也不会埋怨，让他真正地融入了这个团体。他们一路过关斩将，最终获得了亚军，晋级到了全国总决赛。为了拿到更好的成绩，在暑假期间，团队里的人每天在实验室调车到凌晨才去睡，每个人都付出自己的努力去为这个团队做贡献，最终他们也获得了全国总决赛的一等奖。

这一路走来，哭过，笑过，他很庆幸认识了一帮怀着成为机甲大师梦的朋友，学到了很多技术上的东西，也让他深刻地懂得什么是团结一致。这些收获，无疑是他最好的礼物。

数学建模，筑梦基础

因为学校的数学建模协会，让他与数学建模结下了缘，他在数学建模的比赛中斩获了大大小小的奖项。从校内的选拔赛，一步一步不断地进步，通过努力和半个多月的培训，获得了全国大学生数学建模竞赛全国二等奖和广东省一等奖。优秀的数学基础，为后来的机甲之路奠定了扎实基础，最后他加入了学校的高巨毅恒团队，与一群志同道合的同学去追求那个属于他们的机甲梦。

表白祖国，文化传承

除参加各类竞赛之外，在暑假期间，为了让我国的一些传统文化不被现代人忘记，为了让更多的人知道传统文化的历史，他和他的团队到了佛山这个地方，去挖掘当地的传统文化，进行了一系列的调研。通过访谈手工艺传承人，以拍摄的方式记录下来，并以自媒体的方式去宣传当地的传统文化，为的是让更多人去了解这样的文化，更希望可以有有心人去继承这样的手艺，不要让这种文化失传。通过团队的努力，最终他们的宣传也收到了一定的效果。

未来，他会继续参加公益活动，帮助更多有需要的人。同时继续学好自己的专业课程，通过知识的力量去服务社会，报效祖国。

知行风向标之生涯导师说一说

他曾说"时间不在于你拥有多少，而在于你怎样使用"，他把自己的日程安排得非常有条理，这也是形成别样精彩大学生活的核心。大一的他不是在实验室，就是在实验室的路上；大二的他不是在比赛现场，就是在去比赛的路上；大三的他不是在实践活动，就是在去实践活动的路上；大四的他沉淀积累，收获多个企业录用函，并荣获"第十五届广东大学生年度入围奖"奖项。如他最初的期望，通过实践去巩固自己的理论知识，也能够通过参加比赛去见识到外面更广阔的世界，开阔自己的视野。

028　何海鹏：八个字理解大学

大学的样子，每个人有自己的说法，怎么说都不及四年的怎么做。无论怎么做，我想大学生们心底有个共同的追问：如何不虚度、不后悔、不迷茫地过好大学四年？毕竟四年对一些人来说是千篇一律的大学生活，对一些人来说是精彩纷呈的追梦起点，对一些人来说是有血有肉的生命篇章。回忆我的大学四年，努力过、蹉跎过、迷茫过、欢笑过、遗憾过，最后发现都被囊括在大学之"大"，大到海阔天空，任你遨游。正如钱理群先生对大学之大的理解，"沉潜、创造、酣畅、自由"，我对这八个字也有自己的一番理解，用作梳理大学生活的脉络。

沉潜：寂寞与繁华同在

时间是朋友也好，是对手也好，至少它见证一切。自入学起，我有机会接触一些优秀的朋友，他们在各自领域成果颇丰，常出现在一些备受关注的场合中，仿佛自带聚光灯。日常交流中，我发现这些人都有个共同的特征，就是愿意花大力气做想做的事，对于想实现的目标，不管前方险阻，咬牙也要冲上去。深夜是他们的工作狂欢，自律是他们的天然属性。路过这些人的风景，我也在思考，我要成为什么样的人？一边思考，一边不停在专业、社团、比赛、公益等方面投入时间精力，直至不知何时，忙碌成为我对大学生活的主要印象，渐渐明悟，不同的结果背后，在于同样的时间，别人在你不知道的时候持续努力。登上山峰之前会遇到挫折、失落、灰心丧气等痛苦，登上后会迎来鲜花和掌声，那里值得你为此付出。

创造：主动地选择终点

离你想要的生活只差一步，那就是主动迈过去。在大学里我经历了很多的第一次，这得益于结识良友与团队。我不知道大学生活是什么样子，可我愿意想象做当下事之后的样子。第一次打码、第一次写策划书、第一次写新闻稿、第一次辩论、第一次拿奖、第一次带团队、第一次入党……或许你有想到达的远方和想见的人，不管你现在是怎么样的一个人，自信和勇气可以送你到任何地方。

记得提交入党志愿书时肩上感觉多了一份责任，到后来我成为学院党务工作办公室的成员，做事的过程中体会到学生党员的初心不为别的，只为奉献自己与服务学生。知道从哪里来，便想要到哪里去。于是我开始思考如何有意义、有成效地帮助别人，参与学生党支部组织的一些专题活动，加入暖心行动小组，去乡村调研，将自己的所学用到更重要的地方。

请主动地开始，主动地行动，主动地迎接挑战，大学的生活应有你的创造，理想生活的开始也因有你。

酣畅：体验试错的青春

我对大学的定义是做一个体验派。不知道喜欢什么，不知道擅长什么，我就去试，试遍我的所有选择，试着接触不同色彩的人，试过做以前不会做的事。我从大一参加学院团学会并学会文案策划，再到加入学院辩论队，参与十余场辩论赛，一起斩获校赛季军，从中学习到沟通表达技巧；其间还加入京涛海纳新闻中心，从助理到主任，撰稿超百篇，门户网站转载上百次；经过社团的磨炼，再到我自己创办社团，面对新的挑战和机遇，我带领团队在3个月内运营官微，涨粉破万；为了验证自己的所思所学，实习进入南方都市报，作品获得了不少人的认可。一路走来，当初很难想象新闻和辩论会成为我坚持几年的爱好，体验过程中也没想过开花结果，想要的自然而然就来了。30 余项比赛奖项，虽然奖项数量一般，但对提升我的专业能力有特别大的帮助。

自由：学会自主学习

疫情期间不少网络平台开放教学资源，各种渠道的讲座视频、课程直播、电子书籍等信息往外扩散。得益于互联网时代，我们能随时随地查阅信息，搜集有用的学习资源。得知这些资源对外开放，我决定做一个知识的"游牧民族"，哪里有丰富的"草原"就"迁徙"到哪里去，享受知识的乐趣。不管是从前还是将来，求知欲都是我们进步的动力，哪怕岁月加给我们一层厚实的冰霜，我们也能拿着求学的利器破冰而出。这里不是鼓吹学习能解决一切，而是我们需要一片心安处，读书可以是，音乐可以是，旅游也可以是，至少要有一个地方，不因外界的阴霾，丧失内心的温度。

相比其他同学，我实在谈不上优秀，只是希望有更多同学摆脱社会上的一些冷气，尽情地追求阳光，不悔于过往，试着拥抱未来。

知行风向标之生涯导师说一说

大学和高中的不同是什么？很多人的答案是：积极主动地参与，这是大学与高中最主要的不同。不管是选择忙碌在社团，还是选择忙碌在实验室，还是选择停留在宿舍里，都体现了每个大学生的主动性。何海鹏同学以八个字总结和理解大学，"沉潜、创造、酣畅、自由"，积极主动体验大学生活，学会自主学习。

029　黄廷蔚：写这首长诗，用四年时光

黄廷蔚，2016 级软件工程 3 班学生，现就职于东方海外货柜航运（中国）有限公司珠海分公司。

转眼四年过去，大学生活在无声无息中走到最终章。回首这一趟四年的旅途，有走路也有迷路，但是回顾这一路的风景时，却和刚刚走来时完全不同。仍记得初入校园时，曾经的我立下过这样的目标：把大学这一篇章的故事写好。

进入校园时，我是一名材料与环境学院的学生，因为对软件更感兴趣，我通过考试转入了计算机学院的软件工程专业。上第一节专业课时，由于转专业落下了很多课程，我完全没有听懂，而周围的同学也都是陌生面孔，我意识到这是一个艰难的开始。但是方法总比困难多。为了赶上进度，到了周末，我就会到图书馆自习。为了融入新的班级，我主动去认识同学，并且参加班级篮球赛。经过努力，我慢慢从上课的一头雾水到期末考试时应付自如，慢慢从一个人都不认识到有了几个好朋友。万事开头难，如果当初遇到挫折的我就此一蹶不振，也许就无法成为现在的我，起点是那平凡的成长。

经过努力，我的绩点开始提高，专业排名名列前茅，我也

顺利地拿到了奖学金。在补完落下的课程之后，我有了更多时间去做自己想做的事情。我开始报名参加学校组织的公益活动，如垃圾清理、明德楼机房清扫等。在台风"山竹"肆虐后，志愿者们组织进行校园清理，我和其他人齐心协力把倒下的大树扶起来的那个瞬间，我开始明白公益活动的意义：在帮助他人的同时，自己也收获了快乐，自己的人生价值也得以实现。

同时，我也希望在其他方面更进一步。于是在一位朋友的邀约下，我在假期参加了英国保诚公司的短期实习体验。我到了陌生的城市，适应职场的生活节奏，独立面对未知的挑战。在此期间，我认识了许多来自其他学校的朋友，并与他们组成一个小团队进行工作。在熙熙攘攘的上下班人潮、小组讨论的激荡声、深夜电脑前的昏黄灯光中，我对这一座城市更加熟悉，对未知的职场生活更加适应，同时也更深刻体会到人外有人，天外有天的道理。我与他们在各方面还有一定的差距，而在与他们的相处中我也希望能成为如他们一样优秀的人。在实习结束之后，我觉得收获良多。

我意识到，利用好假期的时间来提升自己尤为重要。于是在下一个假期，我先是参加了深圳大学的暑期课程夏令营，在全英教学的课程中学到专业知识的同时提升了英语听说能力；之后，我和另外两名同学组成团队，参加全国大学生数学建模竞赛，经过一个月的培训和三次模拟赛的准备，最后我们在三天内解题，拿到了广东省三等奖。要成为更好的人，是把热血、汗与泪熬成汤，过程也许漫长而辛苦，但是结果会对得起努力。

到了大三，为了积累实践经验，在老师的指导下，我与另外两名同学一同协作开发国际交流合作管理系统。在将近五个月的时间里，我们经历了需求的探讨阶段，也经历了漫长的开发阶段，还有完善与测试阶段。我们克服了重重困难，最后成功交付系统。巧克力在手里不会融化但入口即化，而实践则相反，不是口中发声而是在手上发生。

有一位老师曾经在课上说过："你们可以尝试考研，不管结果怎么样，都会对你的人生有很大帮助。"在考研失败后，我对这句话有很深的感触。每天早起到图书馆，到披星戴月才回来，舍弃了一些很好的机会，却不知道会有怎样的未来。那黑的终点可有光？那夜的尽头可会亮？在一次次的迷茫中拼回破碎的自己，从头再来。以失败告终后，一切是否还值得？值得。我在这一段难熬的时光，自我沉淀和成长了许多，我学会如何去一个人独处，如何去更有效率地学习，如何调整自己的心态等等。虽然看不见远方的样子，但是努力过后却感到特别踏实。结果也许不尽如人意，但过程和积累却是我一直会拥有的，就像辅导员在临考前的鼓励："人生，孤独是常态。一个人的日子，是最好的自我积淀和成长的机会。"

如今，即将步入社会，我已身在当时自己所幻想的未来里。回顾这些故事，我觉得大学这一篇章，没有后悔与遗憾。现在，我可以设立新的目标，把下一个篇章的故事写好。

知行风向标之生涯导师说一说

伴随着互联网行业的发展，计算机相关的专业一直是报考的热门专业。每年开展招生咨询工作时，都会有来自各地的考生咨询转入计算机学院的问题，也不乏千里迢迢来到学校现场咨询了解的家长和考生。他们表达着对这个专业的喜欢，对目前学习的专业的不感兴趣，以及如何能够更顺利转入计算机学院。同样，也存在着一些这样的同学，他们经过努力转了专业，进入了自己所谓感兴趣的专业，却出现旷课、迟到、屡屡挂科的现象。

这里想要谈一谈兴趣与专业、兴趣与学习能力的关系。我们都知道，如果做自己感兴趣的事情，能够更投入，效率会更高。但是，我们也知道兴趣与学习能力并不完全相关：不感兴趣，不代表学习能力不行；感兴趣，也不代表学习能力就强。因此，第一，大学生应该能够客观看待兴趣与专业的关系，以及不为自己不好好学习找任何借口；第二，大学生需要认真分析自我的兴趣，而非随波逐流，看到这个行业热，看到别人转专业，自己也动摇、怀疑，要能够明确自己的兴趣，坚定自己的内心。

030 陈 垦：秉持人生信条，保持优良习惯

陈垦，2016级计算机科学与技术1班学生，现就职于深圳素问智能信息技术有限公司。

我从小学开始，到高中，一直都是班长。而我的母亲是教师，一直鞭策着我，从小教导我要做一个正直的人，将来要为社会做贡献。母亲为我取的名字——"陈垦"，寓意也是希望我能诚恳待人、诚实做人。我本人亦是秉持着这一信条成长起来的，任何在我生命旅途中出现的人，我都真诚对待。

在高三时，我的成绩并不是很好，但是想到了人生前半段的努力以及父母的期待，我不想辜负了自己以及父母，于是更加努力地学习，最终考上了我的第一志愿学校——北京理工大学珠海学院，并且所选中的专业也是我最感兴趣的一个，之后便开启了丰富多彩的大学生活。

大学生涯开始了，我怀抱着梦想，心中充满希望，踏入了校园。一进宿舍，便结识了现在是挚友的宿友，想起当时我们四个人骑小绿逛校园，仿佛还是昨天。很快，大一第一学期就结束了，而在此学期我获得了二等奖学金。从此，我就励志每年都要拿奖学金，并且尽全力拿到好一点的名次，后面的两次也都拿

到了一等奖，并且还获得了这一学年的"优秀学生"称号。

转眼间，到了大三。这个学年有一门选修课比较难，最后的期末作业也比较难，很多同学表示很头疼，不知如何下手。于是本人萌生了为同学们录制讲解视频的想法并付诸行动。我先是照着老师的提示运用自己掌握的知识进行解答，之后不断优化、完善解决方案，最终得到了我所能做出的最优解法。并且，经过一天的精心录制、剪辑，完成了讲解视频的制作，帮助同学们更好地理解这门课，也使同学们能够更加方便地上手完成期末作业。之后我开始为职业生涯考虑。正好，我大二时对网页设计十分感兴趣，于是我就想着照这个方向拓展自己的知识领域，从此，我走上了学习前端的道路。在大三第一学期时，学校创业工厂的青年派发布了招聘启事，我抱着试一试的心态去应聘了，之后通过了两轮的面试，最终加入了青年派，我们之后还改名并注册为"珠海市竹笋创意科技有限公司"。在这里，我开启了创业生涯。一开始我们是通过师兄的推荐，制作了一款属于我们的产品——Cashub，它可以用于完成设备硬件的绑定以及流水的查询和其他相应的操作，现在也被广州某些企业所使用，为他们的管理带来了便利。之后，我们开发了第二款产品——点餐系统。这款产品不是传统的点餐系统，因为我们针对的是东南亚的市场，他们的现状是移动支付不发达，而且目前没有比较成熟的点餐系统，所以我们为他们定制开发了一套系统。我们从雏形、交易流程、处理逻辑以及用户体验都进行了细致的考量，最终经过三个月的时间开发出来第一版系统，其间也与马来西亚的合作伙伴进行了深入的交流，学习了其他国家的文化。之后，该系统也得到了推广，并一直在进行完善，希望有朝一日能够在国外市场上发光发热。

在创业期间，我结交了许多志同道合的朋友，也学到了许许多多的知识，技术得到了飞快的提升。但是我觉得自己的阅历还是不够，所以我离开了学校的创业工厂，走向外面，进行了面试以及实习。由于创业期间的工作经验和所学知识，我面试了几家企业都通过了，我选择了我认为较好的一家，并开始了正式的工作生涯，每天朝九晚五，搭乘公交车上下班。在实习的公司里，我又结交到了许多有才能的朋友，技术总监也对我要求严格，并且对我细心栽培，我了解到了许多企业思维以及规范，认识到了自己技术上还有很多不足之处，在公司里的前辈身上学到了许多的知识，这不仅拓宽了我的视野，也使得我的技术水平更上一层楼。

而在忙碌的工作生活中，我也没有忘记自己每年都拿奖学金的目标，在工作与学习间我找到了平衡点。我追求的不只是工作与学习，还有德智体美劳全面发展，所以我还养成了健身的好习惯。

回顾整个发展历程，要是没有父母的鞭策、老师们的教导、朋友们的帮助，我就无法成长为现在的样子。而我的未来，需要我自己为之继续奋斗。希望在接下来的人生旅途中，我仍然可以秉持着我的人生信条，保持我现有的优良习惯，摈弃缺点，成为一个更好的我！

知行风向标之生涯导师说一说

大学生创业不是一个新的话题，"大众创业、万众创新"出自2014年9月夏季达沃斯论坛上李克强总理的讲话。李克强总理提出，要在960万平方千米土地上掀起"大众创业""草根创业"的新浪潮，形成"万众创新""人人创新"的新势态。从珠海市第一个大学生创业孵化园设立开始，北理珠大学生创业如雨后春笋般，"互联网+"创业大赛、挑战杯、攀登计划、大学生创新创业项目等，从政府、社会、高校、家庭多个维度助力大学生创新创业，形成了良好的创新创业氛围。大学生创业可以结合自己的专业背景，同时需要平衡兼顾好学业，如果出现创业和学业的时间冲突，需要及时有效调整，找导师咨询沟通。

031 邓俊朗：大学的我，我的大学

我叫邓俊朗，计算机学院 2015 级软件工程 4 班学生。我是一个来自粤西的大男孩，对大学的向往小时候就有了，一直幻想着能够走在大学校园里。2015 年，懵懵懂懂的我终于有了走进大学的机会，跟大多数人一样，感觉周围的一切都是新的。怎么开始大学生活成了我纠结的难题，为此我也做了不少尝试。

星爷说：人没有梦想，跟咸鱼有什么区别？是的，就这样，我偷偷地给自己安排了一些小目标，例如，先让自己的成绩在班级上试着排个第一。我又觉得大学不只是教室那么大，更需要拥有属于自己的活动舞台，于是在忙碌的学习之余继续寻找理想中的大学生活。

幸运的是我加入了院学生会这个神秘的组织，在这里遇到了后来给予我特别大鼓励的一位师姐。她自然成了我要与之看齐的对象，她教会我很多东西，我更是把她当作大学的导师。在做学生会干事期间，我参与了学院多项活动的组织，院运会、IT 文化节等，算是边忙碌边成长。后来到了换届，我纠结了很久，还是决定去竞选一下部长。勇气可嘉的我虽然落选了，但还是要给自己一点点掌声，毕竟那是我大学第一次站在竞选舞台上展示自己，紧张是整个过程的情绪，至少不后悔站

上去，那是另一种体验。

经过一年历练，我对自己的能力也有了进一步的认识，就有了更多的小目标。比如：为了凝聚来自同一所中学的校友，我在许多朋友的帮助下创办了校友会，也荣幸当上了第一任会长，萌芽中的校友会成了大伙拉家常的地方；当然，为了更好地提高自己处理事情的能力，我另外加入了计算机学院的事务中心（又是一个萌芽组织），成为一名助理，为辅导员和同学们处理工作提供帮助；并且还在中学老师推荐下，以大学生代表的身份加入了茂名大学生促进成长会，参与茂名大学生回流的座谈会之类的活动；也参加了不少的比赛，例如创业大赛，写作摄影等。这一年我扮演了许许多多的角色，参与的事务也越来越多，"充实"这个词是我大二最确切的写照，即使累也不觉得累，磨炼得多了，人才会成长。

我的大三到了，我毫不犹豫地选择了一个分量很重的任务——当上了2017级软件工程4班的班主任助理。想想我也刚20出头，面对37个才走出高中的孩子，为了更好地去引导，制订了 N 多计划，学习上、生活上、为人上的，等等。篮球赛、辩论赛、聚餐聚会、主题活动一遍下来，也着实费了不少脑筋，就为了能让他们都出席，更好地融入班级和更好地进入大学生活。让我满意的是，他们通过自己的努力创造了高数全班不挂科的奇迹，还被公认为最团结班级，这个班级也成为计算机学院的优秀班级代表，这是我当班主任助理最大的收获，也是大三这一年最好的见证。当他们成长为我设想的那样时，我也放心地正式卸任职务，但感情方面是永远不会卸任的。

三年里，我还参加了不少公益活动，因为我始终相信，公益能感染人，更多的人参与进来，就不会有那么多社会问题出现。有空的时候我也接了不少兼职，算为了养活自己吧！当中最辛苦的是一份两天一夜的场所布置的工作，也彻底体会了钱的来之不易。喜欢运动的我，经常出现在不同的球场上，开心之余，还收获了不少友谊。男孩子之间，其实篮球是最好的结缘工具。另外身体是最好的资本，多运动是我大学的计划之一。在大二的暑假，我还带队参加了校团委的暑期社会实践，实地调研了"互联网+"与特产经济的新农村建设，实地调研也让我学习到了不少课外知识，体会最深刻的是人与人之间信任的建立。

大四的主要工夫花在公司实习上，幸运地加入了两家很不错的企业，也相信这段实习经历会很好地开启我的毕业之旅。

如今，我的大学生活接近了尾声。在过去的四年中，我学会了怎么独自去处理自己的困难，如何正确地给别人提供帮助，如何去判断优与劣。失败过，苦恼过，但我还是咬着牙坚持了下来，至此得到了一些奖项和评优，这些也是我努力的结果。学习无疑是重要的，大学才拥有一台电脑的我，在软件工程这个专业里挣扎许久，但我克服了不适应，拿了多次奖学金，我也获得了实习的岗位。一直追求全面发展的我，怎么能放弃尝试新鲜事物的机会呢？无论是班主任还是其他的职位标签，我都尽自己最大的努力去完成，去实现自己当初给自己安排的目标，也正在努力地成为我自己或者更多人的榜样。相信自己，无悔无愧，不留遗憾，这也是我的信念。虽然一路上荆棘不少，但人生贵在坚持，只有坚持，才能顺利通过。大学的我就像正在蜕变的蛹，我的大学生活是我到目前为止最棒的经历。

知行风向标之生涯导师说一说

他是学院事务中心主任、2017级软件工程4班班主任助理，他不张扬、踏实认真，所带班级创造了高数全班不挂科的纪录，荣获"优秀团支部""优良学风班""先进班集体"称号。他所带的班集体有两名同学成为2019级学生班主任助理，在面试环节，两名同学谈到"因为自己班助对自身的影响，想要成为像他一样的大学生，去影响帮助新入学的同学们"。这也是职业生涯规划教育中，每位出入大学的学生对自我的要求：想要成为一名什么样的大学生？生涯导师告诉大家，可以从以下九个方面进行评价：学习进修、职业发展、人际交往、个人情感、身心健康、休闲娱乐、财务管理、家庭生活、服务社会。

032　冯盛杰：一切都是最好的安排

冯盛杰，2015级网络工程2班学生。转眼间四年就过去了，好像都还没做好准备，就马上要走进社会了，面对一个可能以前十多年读书生涯中都未曾接触过的环境。未来的路将是什么样，可能很迷茫。每每回忆起几年前，那些美好的回忆像是前几天才刚刚发生一般。

四年前，因为各种各样的原因，我被北理珠这所学校录取了。同时我也与很多同学不一样，当时可能很多同学知道录取结果后都会加一些QQ群、微信群，或者在贴吧上不停地向师兄师姐们了解这所学校的方方面面，但是我在踏进校门之前还未曾对这所学校有什么了解，那时候我带着迷茫来到学校。不过从那时候我就有这么一个想法，希望在大学的几年间多去接触不同方面的东西，因为在小学和中学生活里其实除了学习也就剩下学习了，课外的活动不多，而到了大学就想在学习以外多点去接触其他的事物。所以我的大学生活就这么展开了。

从大一开始加入了学生会，跟着一群小伙伴和师兄师姐一起完成一些工作，一起亲手策划一场活动并成功地举办这是让人很有成就感的。虽然当时还是很多东西都不懂，活动也只是协助师兄师姐们进行，但也让我有一种完全不同的感觉。初中

知行风向标 102位大学生的青春故事

高中可能也会有运动会、艺术节等活动，但是这些活动其实都是老师准备好的，学生也只是参与或者是协助的一个角色，可能我们都习惯了这样的一种角色，突然来到了大学后，这些活动、比赛统统都能依着我们的想法来构建，当时的感觉真的是难忘。紧接着班级的各种各样的比赛、活动就来了。这些比赛都有个特点，大一的班级都要参加，其他年级就自愿。那么其实到这里，很多人都已经能想到是为什么了，这些比赛因为是强制要参加的，所以很多的班级都是比较随便地对待。但又是那么的凑巧，当时我们班里就有那么几个同学的想法跟我开始的想法挺像，我们就开始去接触这些比赛。 就像什么微电影、心理剧、辩论赛等，这些活动就算对于很多已经参加过的同学而言也没什么印象了，但是对于我们班而言，那就是一段美好的回忆。 现在或者在未来很久以后再次回想起当初那些可能有点羞涩的曾经，应该都会发自内心地笑。也就是因为我们当初的认真与执着，让我们获得了校级心理剧的名次，同时也受邀在元旦晚会上演出，全组都被大艺团话剧团招入；也让我达成了首次剪辑电影的成就——一部英语"恐怖"微电影，其实虽然并不恐怖还有点好笑，不过却是汇聚了我们很多人的心血与努力，虽然最后因为这样的题材和个人剪辑水平有限的缘故并没有获得名次，但我相信这段经历大家是一定不会忘的。

很快就到了大二，也是抱着什么都试试的心态竞选当上了学生会的部长，随即而来的就是大二一年都没怎么停下来过，招新、迎新、办活动、评奖学金等事情一件接着一件。但是也正是如此，我认识到了第一批师弟师妹。那段时间跟他们一起工作，一起策划比赛也是一件很开心的事情。当然我觉得大二做部长这年令我印象最深的，应该还是重新修改了知识竞赛的流程，从原本只是做题答题的形式改成了游戏的形式。第一次这么改虽说只是吸引到了20多队60多人参与，但在整个比赛圆满结束大家都很满意的时候，那种巨大的成就感把之前的艰辛一扫而空。随着时间过去，很快我也要经历换届了。还记得换届时确定了下一届新部长后，我就有一种把整个部门托付给了新部长的感觉。 而大二准备到大三的我又一次没有闲下来，去竞选了新生班主任助理。

当看到我的名字在2017级新生班主任助理名单上的时候，我十分兴奋。就这样我很荣幸地成为2017级网络工程1班的新生班主任助理。我觉得很多人小时候都说过自己长大后想当老师，而那一刻我好像就做到了，以至于我在暑假的时候就已经无数次想过跟新生见面时候的场景，也在构想未来的一年我应该怎么去带好他们。迎新的那天，6点不到我就已经起床到教室里等候新生的到来。41人，随着最后一位同学来报道，17网1从此刻就建立起来了。那天晚上开了第一次班会，那次不仅是17网1的同学们大学第一次班会，也是我作为班助主持的第一次班会。也正是因为第一次，我对时间的把控不到位，虽然准备了很多想讲想做的，但是很多都没讲到没做到，更为遗憾的是，没有拍下第一张合照。这一年我带着他们慢慢适应大一的生活，小师弟小师妹们又开始经历大一的各种各样的班级团体比赛，这时我虽然可能不会参与其中，但是比赛我都会鼓励他们参加并到现场给他们加油。

从入学到现在，我一直都在体验，同时也接受这些事物给我带来的改变。我总是相信其实无论到来的是什么，一切都是最好的安排。我觉得我的大学生活是多姿多彩的，大一的比赛、活动、社团，大二部长，大三新生班助，通过这样不同的尝试，我从中学到和体会到很多。而我相信这些是我现在实习工作中，以及在未来踏入社会后的生活里的巨大财富。

知行风向标之生涯导师说一说

新生班主任助理（简称班助）的设置是通过选拔高年级优秀的学生担任新生班集体的班主任助理，充分发挥朋辈教育在大学生思想政治工作中的重要作用，引领大学生健康成长成才，增强大学生自我教育、自我管理和自我服务意识。班助是新生班集体的组织者、管理者和引导者，负责对班级学生进行思想、学习、生活、身心健康、安全等方面的指导和教育，同时通过开展工作进一步促进高年级学生的自我成长，树立模范典范，引导广大学生在生涯规划、思想品德、专业学习及未来实习就业等方面相互帮助，共同成长。

033　辜建锐：致我所热爱

我叫辜建锐，这不同的三个字连接起来变成了一个连我的家人都觉得拗口的名字，它是属于我的唯一标签。有趣的是，长大后我才得知我名字的含义，还记得我的父亲对我说："锐，表口才，希望你能成为一个遇人做事都能侃侃而谈的人……"我的性格、行为习惯都受到了我父亲的影响，他爱"小家"为"大家"，我小时候希望自己能成为他那样的人，做家里的顶梁柱、家人的避风港。后来，我发现自己如果不做出改变，将无法实现自己"成为他"的那个目标。不仅仅为了不辜负家人的期望，也为了离自己的目标更近一步，更为了超越父亲成为他的"避风港"，所以我来了，作为 2016 级学生，满怀希望地来到了北理珠，这里是我一切的起点。

始于学终于学

在开始正式地接触大学生活之后，我才发现它真的多姿多彩，各类精彩的活动让我感觉很新颖，欢呼雀跃地想去尝试。出于新奇，出于磨炼自身的目的，在社交、兼职、社团活动方面我花了很多的心思。很快我便发现，新的环境下老旧的学习方法很难让我很快适应大学的教学方式，特别是在分心他顾的情况下。知道原因的我开始寻找适合自己的方法，提高自学的效率与质量,这时候我才知道能选到一个喜欢的专业并为之努力是一件多么幸福的事。

慢慢地我跟上了同学们的脚步,但是相对于一直专注于学习的同学依然有不小差距,没有意外地第一学年的第一学期我没有评上奖学金。有点失望,但我没有气馁,我已经找到适合自己的学习方法,继续摸索,我相信自己依然可以做好。

第二学期开始以来,徒然增加的学业任务、无法舍弃的社团生活、日复一日的兼职任务……我没有选择放弃其中任何一环。吃一堑、长一智,我学会控制好它们占据的比重,平衡它们之间的关系:以学习为主,社团、兼职为辅。每个人都要相信自己的付出总会有回报,我从一开始拿不到奖学金,到评上优秀学生,到第一次得三等奖、二等奖,再到拿一等奖学金,其间我还获得了一次国家励志奖学金,我的努力付出以有形的上升趋势呈现在我的面前。不仅仅学习成绩得到有效的提高,社团等其他方面我也得到了许多的认可,心态逐渐的改变让我对未来充满希望,但这不是终点,我依旧会努力前行。

生活的颜色是绚烂多彩

社团生活几乎贯穿了我整个大学生活,印象最深的是事务中心——刚入学不久便因为积极被班助推荐加入的学生组织,这是我大学以来得到的第一份认可,我倍感珍惜。后来的两年,我根据自己的目标和实际情况,选择留在了事务中心,担任了一年的事务中心主任以及一年的事务中心顾问。我看着它在自己的手上慢慢变好,社员一起慢慢成长,心里有一股莫名的成就感。我又陆续加入了学院的学生会和跑酷社团,对一切都感到新奇的我不肯"善罢甘休",我想让我的大学也变得多姿多彩。

大学是一座宝藏,善于挖掘的人总能得到不少的收获。在社团的这个"山头",我跌跌撞撞地前进,通过社团活动去感受生活的乐趣,第一次得到认可、第一次竞演、第一次面试、第一次上台……用心学习优秀前辈、老师的丰富经验,提升自己的能力,途中收获志同道合的三两好友,岂不美哉?

自己一直以来都有的那股不自信,在尝试了一次次的"第一次"之后,被我慢慢淡化,我认为这是我在社团方面得到的最大的收获。相信在未来的每一天我都能自信地向前踏步，每个人所感受到的都不同，我已经得到了很多，知足常乐。

一心坚持，如约而至

我是一名"90后"，正经历着国家飞速发展的时期，我享受着国家的惠民政策和他人一系列有形的、无形的帮助，我希望自己也能尽一份心去帮助他人。

从高中时期开始，我便养成经常做公益的习惯，不管在校内、在校外，我都想尽我最大的能力去帮助他人。入学至今，我参加了许许多多的公益活动，譬如成为海洋保护宣讲会志愿者、报名校园环境清洁活动、响应兼职单位号召参与沙滩清洁活动、参加普陀寺义工活动、参与敬老院义工活动、成为善行100志愿者和关爱自闭症患者活动，等等。

我不愿意为了"公益"而做公益，不做"一次性"公益，世界上仍有不少的人需要帮助。公益源自生活，我坚持把公益生活化、常态化。我希望所做的事情真实有意义，能真正帮助到他人，也希望自己能够继续坚持下去。

不言弃，砺自身

在选择高校的时候，我曾对我的父亲说："我想上大学，我可以贷款，上学后我可以半工半读。"我父亲选择支持我，就这样，勤工俭学成为我大学的剪影。当时复杂的情况其实无法支持我上大学，我只能通过申请贷款缓解一部分家庭压力才得以来到大学，我很珍惜这个机会，也很心疼一手撑起一个家的我的父亲。我知道自己来到大学的机会来之不易，所以想靠自己的双手尽快去成为独立、有担当的人。繁忙的课业之余，我利用闲余的时间，做着一份又一份的兼职，在同学大都享受着校园生活的时候，我可能在送外卖、可能在派传单、广场角落的布偶也可能是我……愿意吃苦、能够吃苦大概是我最后能够依靠能力到远光实习的原因。尽管流泪流汗，可我依旧觉得很开心、很值得。我并未因自己没有参与诸多的比赛为自己争取荣耀而感到后悔，因为背后的努力也没有人会去否定。

我依稀记得大学伊始，我给自己写了一句话——脚尖所至，遍地生花。既是愿景，也是对自己的警醒。每一个新的境遇下我都要努力去做到最好，我所热爱的终将实现。

知行风向标之生涯导师说一说

在这里，以建锐的大学经历为例，谈一谈大学生公益。"我不愿意为了'公益'而做公益，不做'一次性'公益，世界上仍有不少的人需要帮助。公益源自生活，我坚持把公益生活化、常态化。我希望所做的事情真实有意义，能真正帮助到他人，也希望自己能够继续坚持下去。"他谈到了当前大学生做公益的一些"功利性"现象。高校设置公益学分、公益相关竞赛等的目的，是提高大学生参与公益的积极性，让大学生通过公益认知公益，认知社会，树立正确的世界观、人生观、价值观；而有一些学生"功利性"做公益，当公益时间到了，公益内容没有完成也"下班"走人，已经严重扭曲了公益的目的和意义。

034 郭荣栋：心存感恩，再接再厉，不负大学四年韶华

我是计算机学院 2015 级软件工程 3 班的学生郭荣栋，现就职于东方海外珠海信息技术开发中心。2015 年的夏天，我通过高考进入北京理工大学珠海学院，当初我也是带着对大学热切的憧憬，在大一新生开学的时候踏入学校。然而我似乎又和大部分的新生不同，在初入大学的时候，我就开始对未来的道路感到迷茫了，而这种迷茫感大部分学生是在大一下学期才会产生的。而恰恰是这种提前出现的迷茫感，带我走上了一条适合自己的发展道路。

为什么说这种提前出现的迷茫感令我找到了一条适合我自己的发展道路呢？因为这种迷茫感同时带给我的是危机感，这让我早早地就迫使自己去找到适合自己的学习方法。其中我归纳出了比较重要的四个方面：第一，学习的时候要建立一种知识的熟悉感；第二，学习的时候要对自己掌握的知识建立一种自信感；第三，找到一种或一种以上的兴趣爱好，无论是否与专业相关，要让自己在参与这种兴趣爱好的时候能全程投入；第四，老师设的答疑课一定要去听。到了大一下学期的课程，只要老师提到的问题，我依赖于之前积累下来的知识，基本上能回答下来。记得在计算机组成原理和操作系统这两门课上，

我都多次自信地站上讲台替老师给同学们讲解知识，这就是我在大一下学期建立的自信。而这种自信也让我在之后的各种实践性课程中主动担当领导者的角色，指导组员完成相应的工作，并且大胆地将自己学到的知识应用到实践中，让自己的项目作品更加优秀，在答辩的时候，向老师展示自己的专业知识也更加自信，而这些自信感同样是我学习动力的重要部分。恰恰是做到了以上的四点，使我在学习过程中如鱼得水，并取得了优异的成绩，从大一到大四，共获得优秀学生特等奖学金3次，一等奖学金4次。

除学习之外，我还担任班级的学习委员。班级里的工作我都积极组织参加，同学们遇到生活上或者是学习上的问题，我都乐意帮忙解决，这一过程很大地锻炼了我处理问题的能力以及责任心。

大学四年中，社团对我的影响也是尤为深远。加入校学生会的权益部，帮同学们开展维权工作，其间我帮助同学们解决过食堂食品安全卫生问题、宿舍热水供应问题等，这能够让我接触到不同的学生、不同的商家甚至是学校的部门领导，在这个过程中，我努力地去提高自己的交流水平，同时也极大提升了自己的自信。除了加入校学生会，我还加入了我们计算机学院的自强社，并且在大二的时候成功地竞选上自强社办公室的副主任。加入自强社的这段时间，我参与过许多的公益活动，同时也策划过很多的公益活动，这既锻炼了我的策划活动能力、领导能力，同时也培养了我的社会责任心。在大一上学期，我们自强社的部长对我学习习惯的形成也有很大的影响，他在空余的时候，基本在自学专业技能，然后把这些技术应用到实践中，如今他的创业办公室里堆放着他的各种成果。当时受他的影响我开始在论坛上看各方面的理论知识，不限开发语言，只要感兴趣的就点进去看，无论看不看得懂。我也有意识地让这些知识在自己的大脑里产生印象，其中的一些思想对我在之后的实践课程中解决各种Bug或者是优化，有着极大的帮助。于是我在大一上学期的中后部分，对大部分课程知识产生了熟悉感，并以此形成良好的学习习惯。

在我的大学生活中，兴趣爱好同样是很重要的一部分。在大一思修课上，金涛老师在开课的时候就讲过，大学一定要建立一个或一个以上的真正能让你投入的兴趣爱好，无论是否与专业相关。而我在大一刚进学校的时候就迷上了街舞。在学习以外空余的时间，我对街舞的学习十分投入，我喜欢跳舞的时候那种叛逆的无压力的感觉，这也让我在学习之余身心都得到了很好的放松。而我的街舞水平也不断地提高，先后代表学校参加 2016 年中山青年大会中的街舞比赛和珠海第十届大学生艺术节街舞比赛，并分别荣获冠军和亚军。只要全心投入，无论做什么，都是不成问题的。所以，在大学建立自己的兴趣，总比在宿舍玩手机要来得实在，能够放松身心的同时还能在学习的过程中更加地投入。

在大三下学期，我有幸参加了东方海外珠海信息技术开发中心的实习生笔试及面试，凭借着自己的知识技术积累通过了公司的考核，成为一名 Java 实习开发工程师。在团队实习的 6 个月时间里，我为团队大大小小的项目都做出了贡献，同时也为其他的开发团队提供过技术支持，成功地融入了开发团队。在实习的期间，我的开发技术有了很明显的提升，团队合作开发的能力以及应急处理问题的能力也得到了很大的提升，最后在 6 个月的实习期满后，我获得了公司优秀实习生的鉴定，同时在秋招批次的转正面试时，我成功地拿到了公司的校招 Offer，能继续在团队里面开发并做出贡献。

大学四年匆匆过去，这其中有遗憾也有收获，所幸我能够自己探索出一条适合自己的发展道路，这使我无论在学习中还是在工作中都能够迅速适应、高效执行，同时也能让我保持动力。当然，自己成长的道路肯定离不开身边的人的帮助，无论是老师、同学还是同事，都给了我很大的帮助，在未来的日子里，我定会心存感恩，再接再厉，不负大学四年韶华！

知行风向标之生涯导师说一说

如何度过大学的迷茫期？大学新生们满怀期待步入大学校园，一旦大学生活与他们印象中的不一样的时候，他们就不会再维持原有的期待，现实与期待的落差往往会产生迷茫。当出现迷茫的状态时，首先是接纳这个时候的自己，认识到产生迷茫的原因，进而进一步应对迷茫。在本篇分享中，郭荣栋给出了他的方法："第一，学习的时候要建立一种知识的熟悉感；第二，学习的时候要对自己掌握的知识建立一种自信感；第三，找到一种或一种以上的兴趣爱好，无论是否与专业相关，要让自己在参与这种兴趣爱好的时候能全程投入；第四，老师设的答疑课一定要去听。"

035　郭伟鸿：逐梦前行，不忘初心

我是来自 2016 级计算机学院软件工程专业 7 班的郭伟鸿，现就职于远光软件股份有限公司。大学期间，我始终严格要求自己，锐意进取，思想上积极进步，学习上勤奋刻苦，工作上认真负责，生活上朴素节俭，建立了比较好的人际关系，始终保持着积极向上的生活态度，时时以高标准要求自己，锻炼自己，完善自己，努力做到全面发展。

在我还是萌萌的大一新生时，就加入了当时的校媒京涛海纳社团网络中心部。在那里，我了解到了很多关于微信公众号的开发和运营知识，其中最重要的是我学习到了如何高效地学习新技术方法和接触到一群志同道合的校友。京涛海纳网络中心部让我在课堂外的生活充满了 IT 氛围。在我刚踏入大二时，我就因学院的便利，提前了解到计算机学院程序基础设计协会可能会比较有助于我学习程序算法并提高思维能力，为此我积极努力学习算法并最终通过面试，如愿进入程序基础协会的 ACM 分部。大二期间的经历使我更容易地用 IT 思维去看日常生活中所遇到的事和物。

大三是我四年大学生涯的转折点，也可以说是突破点。在大三第一学期，我就通过好友的推荐去校外的一家 IT 公司面试实习，岗位是 Android 开发工程师。在此之后的一个学期里，我

知行风向标 102位大学生的青春故事

只要是没课的时间段就到公司学习并运用知识开发项目 Android 端的前端界面，这使我能在课堂外快速获取并积累开发项目实战经验，更加了解目前中国的 IT 环境。在大三升大四的那个暑假，我在远光软件股份有限公司担任 Java 开发工程师，接受远光大学的培训，培训考核通过后，我被分配到具体的项目组，在导师的指导下学习关于项目移动 H5 版本和 IOS 端的开发知识和开发规范，通过项目组的考核成功拿到 Offer 并签署三方协议。大四延续至今，我都在远光实习，目前我已有能力去独自承担项目移动 H5 版本和 IOS 端的较易开发任务。

在学习方面，我谦虚严谨，满腔热情，多次获得优秀学生奖学金，"优秀学生""优秀团员"等称号，还有计算机技术与软件专业技术资格中级软件设计师等。在生活上我艰苦朴素，积极乐观，我为人随和，与同学相处得十分融洽，热心地帮助同学解决生活和学习上的困难。每次受到挫折时，我都告诫自己要一直向前看，不要被眼前的困难所吓倒，并以乐观、积极向上的生活态度感染着周围的同学。在课余时间，我经常到图书馆读书学习，阅读一些与专业相关的书籍和自己感兴趣的书籍，努力提高自己的专业知识和综合素质。在课外，我还积极参加院系组织的各项有意义的课外活动，任组委期间组织班级活动。

在思想上努力积极，时刻要求进步。虽然我不是一名党员，但我深知思想对一个人发展的重要性。作为一名当代的大学生，不仅要有傲人的成绩，同时为了报效祖国，我们更要有强烈的历史责任感和使命感。我自觉认真学习党理论，不断提高自己的思想政治素质。坚持用先进的理论武装和提高自己，热爱祖国，拥护中国共产党的领导，坚持四项基本原则。遵纪守法，维护社会稳定，自觉遵守《学生行为准则》和学校规则制度，尊敬师长，团结同学，关心集体；坚持真理，修正错误，自觉抵御封建迷信等错误倾向；树立集体主义为核心的人生价值观。在工作上勤勤恳恳，按时完成公司分配的各类任务，发挥自我能动性，把学到的知识用于实践。

四年大学的生活给了我许多锻炼的机会，在不断的失败和成功的经历中，我从高中的懵懂变得知性，变得更适应社会。通过这四年的学习和实践，我相信在我以后的人生中，也会秉承如今的人生态度，努力奋斗，努力地提高自身的素质和修养，提高工作的能力，克服缺点和不足。

我十分感谢四年大学生涯遇到的所有老师，他们在课堂上不仅教授专业知识，传授技巧，更把自己的职业经历经验融入讲授中，这让知识不再枯燥乏味，很具体地传授给我们这些学生。

我相信，我会是一名优秀的毕业生。

知行风向标之生涯导师说一说

在这里要和大家谈一谈大学生求职的途径。大学生求职的途径包含：学校就业指导服务部门、各种类型的毕业生就业市场及人才市场、互联网络、实习和社会实践等活动、各种人际关系（社会支持系统：亲朋好友、老师、同学、老乡、邻居、校友、嘉宾等）。郭伟鸿通过同学内推的方式进入不错的企业，因此大学生在求职择业时不能只是漫无目的地投递简历投递，需要有针对性有策略地选择求职途径。

PS：中国高校毕业生就业信息网（www.gradnet.edu.cn）、中国人才网（www.chinatalent.com.cn）、中华英才网（www.ChinaHR.com）、中国招聘求职网（www.528.com.cn）、21世纪人才网（www.21cnhr.com）、智联招聘网（www.zhaopin.com）、人才职业网（www.rencaijob.com）、前程无忧网（www.51job.com）、各省人事网。

036　江鑫彪：奋斗的青春

我叫江鑫彪，来自计算机学院 2016 级软件工程 3 班。还记得高考分数出来后，妈妈跟我说的一句话："不管怎么样，大学我也让你和别人一样上，一个人出门在外，要做好你自己。"很庆幸我有那么一个疼我、支持我的妈妈。

心怀目标、默默努力

在大学遇到了许多优秀的师兄师姐，近朱者赤，师兄师姐们的励志人生一直都鼓舞着我，让我想要成为一个和他们一样优秀的人。看着学校光荣墙上获得国家奖学金和光大奖学金的榜样们，很钦佩他们的能力及背后所付出的努力，我便暗暗地给自己定了个目标，有一天，我也要成为光荣墙上的一位，后来，我做到了。

什么阶段做好什么事一直是我坚信的准则，大一时，我加入了两个社团——院团学会和体育场馆管理委员会，获得"优秀干事"的荣誉。并且积极参加各种有益的比赛，在比赛中积累经验，也增长了见识，我获得了"大学生环保知识竞赛"优秀奖、"第三届软件测试大赛"三等奖、"LED 灯艺创新大赛"二等奖、"迷宫壁障大赛"二等奖、"第四届原创英语微电影大赛"优秀奖及最佳创意奖。我觉得有没有拿奖是一回事，重要的是我有没有为之而努力。因为我一直坚信着一个信念：事情只要认真去做了，就会有所收获。

初入大学、摸爬滚打

我作为学校羽乒球馆的管理员，管理着学校羽乒球馆大大小小的事务，这是我在刚来大学一个月后应聘上的勤工俭学岗位。我在球馆也两年了，这两年里，我有很多生活方面的感受。在球馆我的身份是一名管理员，而不是一名学生，我有责任做好我的本职。虽然大学我也有觉得累的时候，但我相信，现在所经历的磨炼都是为了将来能更好地适应社会，有些事，你自己没有亲身经历过，你就没有所谓的宝贵收获，宝剑锋从磨砺出，梅花香自苦寒来。

我经常留意热心公益，从大一到现在累计公益时长约100.5个小时，曾经参加过一场公益健步走活动，通过这次活动给自闭儿童带去关爱。不带任何目的来，只为能贡献自己的一份力，而且又可以让自己多一个接触社会的机会，何乐而不为？当然，在个人全面发展的同时，我也没有落下学习。不过之前在专业选择上我觉得自己也是够乱闯的，在大学之前家里没电脑，接触电脑的机会根本就少之又少，然而我却选择了软件工程这个专业，一个天天要与计算机打交道的专业，那时的我对编程领域根本还一无所知。

脚踏实地、拥抱机会

虽然我没有什么电脑基础，但我从没放弃过，既然选了这专业，就要认真地坚持下去。勤能补拙，我经常在课余时间泡图书馆，查找一些专业方面的资料，弥补我和别人的起步差距。随着时间的积累，现在我对专业领域有了大致的了解，在编程方面和电脑知识方面我也进步了许多。在我的努力和坚持下，共参评优秀学生奖学金5次，其中一等奖学金5次，"优秀学生"一次，"优秀学习标兵"一次；并在大二获得了"国家励志奖学金"，在大三获得了"光大奖学金"。

在大二的暑假，好多同学选择了回家，而我却在放假前投了几家和专业相关的互联网企业，经过笔试和面试，我成功地在大二找到了我的第一份实习，作为一名Java后台开发实习生。虽然那时我只是一个大二的学生，但我全靠自己的努力拥抱了这次实习机会。在公司里我从同事们的身上也学到了很多经验，也认识到自己的差距，体会到了未来毕业后自己该拥有的能力水平，我也很庆幸我做到了和大三大四的师兄师姐一样，有机会在企业实战中锻炼自己。

回望大学、不忘初心

回望大学，在这段日子里，我经常问自己，我尽力了吗？路总是在人脚下，如果我们脚不动，那么我们永远不知道前方有什么在等着你，机会也从来不会来找你，只有你主动了，你才能抓住机会。

在大学，我开启了人生的好多个第一次收获，这些都是我这一路走来的宝贵经历。现在，学习一样照旧努力，公益及课外活动仍然积极参与，大学四年，说长也不长的，现在已过半，我仍在为青春而奋斗奔跑着，朝着一名软件开发工程师的目标而前进着。一路走来虽然有所收获，但这绝不是我止步的理由，我想朝着成为更优秀的自己的目标继续努力奋斗，感谢一路陪伴我走来的各位良师益友，我会继续加油的。越努力越幸运！

知行风向标之生涯导师说一说

你努力的样子最美，用尽全力追逐梦想的样子最美。习总书记寄语全国各族青年，"青春由磨砺而出彩，人生因奋斗而升华。"江鑫彪同学从初入大学的摸爬滚打，到脚踏实地、拥抱机会，到回望大学、不忘初心，展现了当代青年大学生奋斗不止的青春靓丽风采。

037　孔文轩：我的成长经历，没有最好，只有更好

孔文轩，2015级软件工程2班学生，现就职于格力电器计算机中心。

我是一个性格内向的男孩，就读于计算机学院软件工程专业。光阴似箭，回顾我的成长历程，回首我幼年、童年时期走过的时光——有快乐有悲伤，有委屈有挫折，有天真幼稚的幻想，有远大的抱负和志向，有自我选取和向往的目标——生命中的每一个点点滴滴，就像跳动在琴键上的音符，编织着我的美丽梦想和绚烂生活。在此我要感谢我的父母，感谢我的导师，感谢那些关心过我和帮忙过我的人，因为是他们给了我机会和力量。

我出生在一个普通的家庭，爸爸妈妈在家里经营机械修理店，他们热情、善良，为人正直、豁达，做事认真负责、踏实肯干。在他们的教育影响和细心呵护下，我也成长为一个正直善良、健康快乐的男孩子。爸爸妈妈的收入不高，但他们省吃俭用，保证我的生活费用，同时让我在生活和其他方面也比同龄孩子都好，这期间他们不知为我付出了多少精力、泪水和汗水。

我理解他们的艰辛不易，所以，我爱我的家人，当然他们

也十分爱我，他们是我前进的动力和力量的源泉，我为有这样的家人而感到骄傲和自豪！

　　刚入大学，一切都是陌生的，陌生的校园、陌生的同学、陌生的老师，不变的是，天仍是那样的蓝、树仍是那样的绿、花儿仍是那样的鲜艳。随着时光的流逝，渐渐地一切都变得熟悉了，校园不再陌生，同学和老师也都成为朋友，于是，走过了陌生，一切都变得快乐起来了！大学的生活主要是学习。大学阶段的学习就应是紧张而充实的，但我曾在这段时光里陷入低谷。由于和同学不熟，我自卑、孤僻的性格很少能融入同学的圈子中。之后，我和两个同学慢慢熟悉起来，成为最好的朋友。是他们让我学会了怎样融入陌生的环境，我开始显现我的乐群性，和班里的很多人成了朋友，培养了很好的环境适应能力。进入大学学习，我逐渐意识到了以前的学习基础薄弱，学习方法也是行不通的，而且使我的成绩与其他同学的成绩之间拉开了很大的距离。没有人认为我是一个学习好的学生，我在父母和亲戚朋友面前也觉得没有面子，我的心理陷入了很深的低谷。我也很想努力赶上去，但就是找不到动力，那时我很失落，觉得自己很没用。这时我找到了我的导师，她向我伸出了援助之手，给了我努力学习的勇气和力量，她鼓励我从头开始做起。于是在她的指引下，我开始改善自己的学习方法，把自己落下的知识补上，加快自己前进的脚步。我很感激我的导师，是她改变了我的人生方向，教会了我如何战胜困难，走出困境。也正是因为如此，我的学习成绩也慢慢提升起来，一次又一次地获得学院的奖学金，我对自己越来越有信心，知道学习其实是一件很快乐的事情。

　　除了学习，我还加入我喜欢的社团——书法协会。在书法协会两年了，我从一个干事做到了副部长，在其中收获很多的东西。我学会了如何写好字，学会了负责任，更学会了如何与人打交道。

　　我觉得自己需要在以下方面努力：第一，继续坚持天天阅读，读好书，多读书，把终身学习定为个人学习进步目标，在书中与最伟大的心灵对话，从而使个人修养、精神境界不断提高；第二，生活中更多地做好自己，关心家人，帮忙他人，从而快乐自己；第三，更多地学会取与舍，得与失，真正做到心静如水，心态平和，宽待他人，善待自己；第四，把握此刻，打理好这天，并快乐每一天；第五，完善人格，保持用心向上的人生观。

逐渐成熟的我，此刻更能正确看待自己和他人，在不断打磨自己的过程中，看待他人有了更加明确的认识和态度！与他人相处中，总是告诫自己人无完人、和平相处。首先，看别人优点，哪怕只有一点点，就足以值得我学习和相处，如有志同道合、心有灵犀者，那就是不约而同的知己！如果个性不相投，但真诚善良，也可成为真正的朋友！

"没有最好，只有更好"是我的人生目标，用心进取、善于思考是我的本色。按照计划定期、逐步实现目标，真正的成功来源于前进道路上的每一小步，不要幻想凭借好运就能一步登天。所以我会把精力放在若干个短期目标上，相信必能实现更长远的目标。坚持不懈，每一天都要为实现目标而努力，不管自己取得的成就多么微小，也要给自己进行庆祝。我憧憬幸福完美的生活，期望并努力去好好学习，期望自己有所成就，我将会不断学习、不断探索，最终达到目标。在实践中逐步提高与完善自我，是我今后所努力的人生方向。

知行风向标之生涯导师说一说

在这里想要介绍生涯彩虹图的绘制。生涯彩虹图是舒伯（Donald E. Super）为了综合阐述生涯发展阶段与角色彼此间的相互影响，创造性地描绘出一个多重角色生涯发展的综合图形。通过生涯彩虹图的绘制，启蒙大学生的生涯规划意识，能够连续地看到一生。大学只是人生的一个阶段，我们除了学生的角色，同时还有其他角色，能够去平衡各个角色的关系，比如子女的角色、在家庭中的参与、与父母的关系等等。孔文轩同学与父母的关系充满了爱与感恩，他深知父母的不易，满怀爱与感恩去开启大学生活，这也是支撑着他不断努力和要求自己自立自强的精神支柱。

038　李德新：学会思考，停止盲从

我叫李德新，来自计算机学院数字媒体技术专业的一名大四学生。"学会思考，停止盲从"，这简单的一句话，一直在大学期间不断地鞭策着我，督促着我不断学习。

在大一入学之际，一直憧憬的大学生活呈现在我眼前。同学们在操场上挥洒着青春的汗水、在图书馆里博览群书、在课堂上勤学苦练、在社团里百花齐放。大家在各自的领域里熠熠生辉，散发着青春的光彩。清楚记得，来到大学后的第一堂课是和导师的交流会，导师和我们分享大学期间将要学习与接触的课程和技术，同时告诫我们，通常大二和大三都会是我们大学生活的"迷茫期"。我陷入了沉思，究竟这段"迷茫期"会是怎样的时光。

和我想象中的一样，大一的生活非常的轻松，除了学习，我还参加了两个社团。社团极大地丰富了我的课余生活，也帮助我更加清晰地认识大学生活。在社团里面，通过学长们的帮助，我的摄影技术得以不断提升。后来，我参加了社团的几次大型活动摄制工作，这很大程度上为我后来选择专业方向进行了铺垫。时光飞逝，通过了大一简单的课程考验后，我也顺理成章地进入了大二的阶段，也即将步入我们的"迷茫期"。大二的生活在一定程度上与大一很相似，课业不算繁忙，也还有很

多时间给我们去发展自己的兴趣爱好。但俗话说"生于忧患死于安乐",正是在这种快乐的时光里,我也陷入了"迷茫",对于自己的未来和目标浑然不知,每天上完课后回到宿舍就只有享乐。

也正是在这时,我读到了这句话:"学会思考,停止盲从。"我开始思考,思考自己要前进的道路。我开始意识到,我对摄影的兴趣。在社团换届之际,我选择了竞选部长,第一次穿上正装,第一次上台进行演讲,尝试了很多的第一次。

我仍清楚记得,在台上竞选的时候,我的部长问我:"你要怎样带领你的团队前进?"我回答道:"一马当先,身先士卒。"我知道,要带领别人前进,首先自己得要前进,自己应该更好地去学习,去做更多的尝试,要用自己的实际行动去带领团队。成功竞选部长后,我经常带着我的部员们进行外拍,传授自己的拍摄经验和技巧,无形中在他们之间培养着部长接班人。

除了学习和参加社团活动,我还参加了各类比赛,都获得了不错的名次,其中令我印象最深的一个比赛是"中国大学生计算机设计大赛"。得知参赛信息后,我和我的室友们立刻组成了一支队伍,从选题到制作,我们各司其职,完成了自己的任务。途中,我们一次又一次地推翻之前的成果,只为磨炼出更好的参赛作品。最终,我们一路斩荆披棘,从校内选拔赛,来到广东省选拔赛。就在这时,导师让我负责团队展示演讲。也正是因为有了之前的演讲经验,我在演讲时可以从容不迫地向大家展现团队作品的理念以及创作历程,并最终顺利通过省赛,获得了省二等奖。之后,我们远赴杭州,代表学校参加最后的全国大赛,在群英荟萃的赛场上夺得了全国一等奖。这是我大学期间最璀璨的时光。

参加大赛的经验,让我做任何事情都可以更加从容,更加冷静地思考如何将事情做得尽善尽美。后来,我带领四人团队参加了广东省科学中心举办的科学影像大赛。当时的我亲力亲为,拼尽全力去尝试,成功地拿到了比赛的三等奖。一年之后,我和几个同专业的学弟学妹再次参加了这个比赛,这一次我选择成为一名旁观者,看看别人会以怎样的角度去思考同一个问题,但我仍会适时地去帮助他们解决一些问题,这其实也是一种很不错的体验。虽然这一次拿到的同样是三等奖,但这个三等奖在我心目中更加有分量,感觉比上一次更成功，更自豪。

后来，我还参加了许多活动，比如去内蒙古给当地的孩子们上了一节PhotoShop的兴趣课程，比如受邀给自己的计算机学院拍摄宣传片。这一切的一切，都源于一个小小的开始。只要敢于迈出第一步，相信自己，总会有所收获。

"学会思考，停止盲从"，这句话一直在鞭策着我前进，直到现在。我相信，你们也一定可以。

知行风向标之生涯导师说一说

"到大学后的第一堂课是和导师的交流会，导师和我们分享大学期间将要学习与接触的课程和技术，同时告诫我们，通常大二和大三都会是我们大学生活的'迷茫期'。"其中的导师即是学院全程导学。全程导学是计算机学院从2012年开始启动的育人制度，就是计算机学院为每名大学新生配置导学老师。导学老师由专业任课老师担任，帮助新生更快更好地度过大学适应期，陪伴学生四年。导学老师不同于辅导员和班主任，更多地在专业学习、专业方向、职业发展方面等进行指导和帮助。全程导学，树立全人教育理念，关注学生成长，重视培养学生的计算机基础理论和软件工程素质的培养，重视提高学生的计算思维能力，使学生掌握主流计算机应用架构（或技术平台）应用技能，并获得专业相关的职业岗位指导和培训。

039　练　俊：生活，是一种态度

我叫练俊，来自广东惠州，现就职于远光软件股份有限公司。

2016年9月，怀着激动的心情，带着心中的梦想，不知不觉地开始了我的大学生活。我非常有幸地成为一名入党积极分子，这更坚定了我努力的决心。身为班级团支书的我，始终严格地要求着自己，在学习上，勤奋刻苦；在工作上，认真负责，秉着把自身利益放在最后的原则，得到同学和老师的一致认可和好评。我认为大学是一个充分锻炼自己的舞台，所以我今后会在谦虚中进步、在努力中提高，使得自己各方面都得以完善和发展。

我是一个充满阳光朝气的男孩，性格开朗、大方，善于交际，能很好地处理各方面的人际关系。我勇敢大度，对工作认真，有一种无所畏惧的精神，而且还有较强的荣誉感，正因为如此，才有幸当选为班级团支书。

在思想上，我觉得一个人的思想和自身的人生经历是密不可分的。我认为思想道德、政治修养水平和思想认识深度，也是衡量一个人能否成才的重要因素，所以我在2017年10月成为一名入党积极分子，在党校学习期间，我对党的方针、政策、基本路线等都有了进一步的了解。我知道要想成为一名合格的党员，就意味着在以后的日常生活中要更严格地要求自己。因此，在思想上我积极要求进步，树立了良好的人生观和价值观，与时代同步，认真地学习党的工作路线，时刻关心党和国家的发展趋势，以及国外的局势变化。

在日常生活中，我有良好的生活习惯，关于学习，我也是努力认真对待、勤奋刻苦，以高标准来要求自己，也获得过几次二等和三等奖学金。我平时也会热心帮助有困难的同学，还不断鼓励、帮助身边的一些有入党愿望的同学，积极组织、参加有意义的活动，态度积极向上，在班级起到了模范带头的作用。

从工作方面来说，首先，我对自己的要求要比对其他人严格，时刻为同学树立一个好榜样。其次，秉着做事公平、公正、公开的原则，我不因人际关系的好坏而袒护他人，或故意给他人找麻烦。同时，我还会虚心地学习他人的长处，坚持自己的做事原则，以同学的利益为重，始终以"服务同学"为宗旨，真正做到了为老师、为同学服务。2019年7月，我有幸进入远光软件股份有限公司实习。在这次实习经历中，我学到了很多我在学校中学不到的东西，我增长了自己的专业知识，了解了职场中的运营模式，了解了职场的生活。作为一名学生干部，我是老师的左膀右臂，是同学们的好帮手，真正地在老师和同学之间起到纽带作用。

从学习情况方面来说，大学是实践和知识的海洋，不仅要掌握扎实的理论知识，还要学以致用，参加丰富的课外实践活动，比如足球比赛等。学习是一种拓展知识面、转变思维方式的途径，更是老师和同学交流的语言。工作之后我才明白自己所学到的知识是很浅薄的，明白自己还有很多不足，需要不断学习，不断进步，自我增值。

自进入大学以来，我一直把学业看得很重，而且非常注重编程语言和专业课的学习，并顺利考取了中级软件设计师证书。我觉得这是在课后努力学习的成果，不仅仅是对自己的一个肯定，同时也能鼓励自己在前进的道路上继续奋发。

一个人之所以独特，是因为他有与众不同的地方，而特长是区别于其他人的明显标志。人人都有特长，你要勇于发现它。学校也为我们提供了一个个展示自己的舞台。我的爱好很多，例如唱歌、踢足球等，但有一种我认为还是比较出色的,那就是语言沟通能力,我比较擅长与同学们进行交流,平时也比较开朗,能够很快地与别人打成一片。所以,我觉得这个技能无论是在校园还是在以后的职场生活中都是必不可少的。

大学是一个人一生中最重要的阶段,也是人生中的重要转折点。自信是努力的动力,自信是成功的源泉,我相信自己会在以后的学习和生活中做得更好!

知行风向标之生涯导师说一说

生活,是一种态度。练俊的态度是"积极认真,乐观开朗,充满阳光朝气",积极对待大学生活中的每件事、每个人,遇到事情能够积极认真去对待,营造充满朝气的班集体和宿舍集体。有责任有担当,充满阳光朝气,这样的大学生,谁不喜欢呢?他初入职场,作为一枚职场新人,虚心向同事请教学习,以最短的时间熟悉适应公司的工作平台,同样不仅学习他们如何运用专业知识处理工作上的事情,而且还要学习他们待人处事的态度与方式。作为一名初入职场的大学生,如何尽快从学生角色转变为职场人?第一,通过查看企业官网了解企业的文化、制度、架构、环境等;第二,珍惜企业前期培训,深度了解企业文化、工作氛围、工作同事;第三,校友交流,通过辅导员了解入职企业的校友,通过校友的介绍,从公司员工的角度介绍公司状况和工作情况。最终,送给职场新人"积极、主动、沟通"三个关键词,助力新人成为"达人"。

040　梁嘉诚：虚心涵泳，切记体察

我叫梁嘉诚，2015级数字媒体技术2班学生。

在高三快结束的时候，我收到了一本《全国普通高校报考指南》，上面介绍了不同的大学，以及各种各样的专业。而在收到这本书之前，我并没有想过以后要报哪所大学、选什么专业。所以现在我会想，如果我更早地去了解这些东西，更早地找到自己心仪的大学和专业的话，可能就会为了达成这个目标而更努力地学习，也许高考成绩就会更好一点，后来也不至于被动地选择大学和专业。

收到录取通知书的那天，我在拆信封的时候，心情是复杂的，既沉重又兴奋，而沉重与兴奋都源自将要到来的大学生活的不确定性。"大学四年我会充实地度过吗？""我毕业后会做什么？"……这类疑问一度占据了我的大脑，直到我真正地踏进了北京理工大学珠海学院。

出身于小城市的我对一切都是如此好奇，感觉所有东西都很"新"。注册、找宿舍、暂时告别陪我一同来校的爹妈……虽然是第一次离家生活，但我很快就适应了，与舍友以及班上同学相处得还算融洽。接着通过老师的介绍以及相关课程的学习，我也渐渐了解这个专业是做些什么的，当然我在入学前也是有了解的，但是肯定没有老师介绍得那么全面。

大一的生活主要是团学会的活动和上课，课余时间玩的时间实际上是多过学习，直到大二的时候我才意识到这是不对的。我们专业的数字艺术方向（另一个则是游戏制作方向）大概分为三维动画与影视后期两个大方向。但当初我其实并不知道自己会更愿意从事哪个方向，就是感觉两边都很有意思，两边都值得去学习，但是人的精力和能力总有限度，不可能鱼和熊掌兼得。尽管如此，两边的课程我都有选修，在知道自己想做什么之前，只能多去尝试，多去接触。除了平时的课程学习，我也会自学一些与专业相关的技能，尽可能地学多点东西。课余时间我也会跟朋友一起参加学院以及珠海市志愿者协会组织的志愿者活动。

到了大三，专业技能实践的课程也增多了，通过一些实际案例的临摹以及一些影视类作品的创作，个人技能不断提高，学习新知识同时也巩固学过的技能。除了校内的学习，我也参加了相关专业的培训，拓展技能。

转眼间到了第四年，大学最后一年，我去了央视旗下的一家企业实习，工作内容也与所学的专业密切相关。在实习的过程中我更加深入地了解了传媒行业的现状与发展前景，也在实际工作中不断发现自己的不足，还是需要不停地学习钻研，才能提高自己的能力，提升自己的价值。

大一到大四这四年，通过社团和实习，我学会了如何融入一个陌生的团队，并在与队友们完成活动或制作项目的过程中，发现个人的力量是多么小，只有把整个团队团结起来，同时每个人都发挥自己的作用，每个齿轮都转动起来，才会成功且高效地完成任务。

而今天，我在写论文的间隙写下这篇文章，也一直在回想以往的大学时光自己都经历了什么、收获了什么。我是否辜负了当初刚踏进大学的我的期望？我是否虚度光阴？是否留下了未完成的目标？我知道自己不是一个特别出众的大学生，在学校的时候没有获得什么荣誉，当初羞涩的我第一次面试给了本校最大的媒体社团，结果毫不意外，初试都没有过，所以没能如愿在专业相关的社团参加活动。该参加比赛的时间，当初我也用来做兼职，补贴一下生活费，所以也没有获得什么奖项。这确实很让人沮丧。

后来想得更多的是，该从事什么工作，以及该去哪座城市发展。上大学前就一直听说，有很多大学生毕业之后都没有做与本专业相关的工作，当时听了之后就觉得，万一这个专业真的不适合自己，也可以找别的工作。然而事实是，找本专业相关的工作会容易很多，毕竟每个岗位都有它的专业要求。

尽管如此，我还是尽我所能地去学习更多东西，大三大四暑假我都在扩展自己的技能，同时也一直在把学到的东西运用到实际案例中，属于我的作品也随之增加。而在我们这个行业，最看重的就是作品及项目经验，好的作品代表你有好的技术、能力。

也许开始的时候错过了很多东西，没能把握好机会，但还是不能太轻易就放弃，新的机会肯定会出现，而机会是留给有准备的人的，所以在这之前还是要不断努力地去提升自己，做好充分准备。

大学生涯即将结束了，我也将走向社会，迎接新的挑战，我会把在大学期间积累的经验和学习到的技能运用到实践当中，同时也将继续完善自我，提高自己的综合素质，脚踏实地、扎扎实实地朝着更高的目标奋斗，实现自己的人生价值。

知行风向标之生涯导师说一说

不知道自己喜欢什么？不知道自己适合什么？他经历了更长时间的摸索，去寻找自己适合和喜欢的事情。庆幸的是，他在这样的过程中没有"堕落"，跟着专业学习阶段的节奏来走，没有特别突出，到了大四求职的过程中，检验自身的时候，他找到了答案。在未来的社会大学校，希望他能够总结经验，继续前行。

041　梁英豪：天道酬勤，厚德载物

梁英豪，2016级计算机科学与技术专业学生，曾多次荣获优秀学生、优秀学生奖学金、国家励志奖学金等多项奖励，现就职于深圳市奥思网络科技有限公司。

"读书不觉已春深，一寸光阴一寸金。"四年大学似弹指一挥间，从刚入校时的失落和迷茫，到现在即将走上工作岗位的从容和坦然。他站在大学生活的尾声，百感交集地回首四年的大学校园生活和社会实践生活，回顾之前的点点滴滴，那一幕幕昔日的画面，亦仿佛发生在昨日，清晰可见，有渴望、有追求、有成功也有失败。教诲如春风，师恩似海深，铭记老师和领导们的悉心指导和教诲，感谢同学们的理解与帮助，他孜孜不倦地挑战自我，充实自我，为实现人生的价值打下坚实的基础。

"党树新风千载美，国施善政万年春"。一个人的思想道德是本，财富为末。当代大学生要时刻关注国家方针政策的指向，了解国家有关思想道德建设的最新要求和形式，不断围绕时政动态，来实现个人思想道德的不断进步和完善。作为一名共青团员，他不断提高自己的认识，提升自己的觉悟，树立了良好的人生观和价值观；热爱祖国，拥护中国共产党，永远保持与时俱进；积极向先进人物学习，树立勤奋学习报效祖国和

知行风向标　102位大学生的青春故事

振兴中华的远大理想,并有为之奋斗的决心和行动,是一个具有远大理想和奋斗目标的进步青年学生。经过不断的历练,他逐渐成长为一名自信、坚强、踏实、认真、严谨的大学毕业生。

作为一名学生,他深知学习是学生的天职,而作为一名IT男,他更深知这是一段需要不断努力钻研和不懈探索的求学之旅。在"德以明理,学以精工"八字校训的鞭策下,他带着对IT浓厚的兴趣,刻苦勤奋,一丝不苟,有着自己的长期计划和短期计划,在紧张忙碌的学习生活中,充分地利用课余时间去提高自己的学习效率。知识学习,学生工作,时间编排得满满当当,分秒必争。清晨他用晨读驱走睡意,课上他奋笔疾书、汲取知识,课下他勤于思考,拓展自己的思维,十分注重拓宽自己的专业知识,优化自己的专业知识结构,培养自己科研思维和全方位思考的能力,因此他在2019年成功申报由韩迪老师和王庆娟带教的大创课题"基于云计算感应器的智能盆栽监测系统"。图书馆三分馆总有他的身影,他十分享受在知识的海洋里遨游的唯美。注重学习效率,不骄不躁,稳扎稳打,本着"一步一个脚印"的学习态度掌握本专业理论知识和应用技能,他的学业及综合测评成绩均在同年级本专业保持前列。大学一年级荣获国家励志奖学金、校级二等奖学金、优秀学生;大学二年级荣获国家励志奖学金、两次校级二等奖学金、优秀学生;大学三年级荣获国家励志奖学金、校级一等奖学金、三好学生等荣誉。

"工欲善其事,必先利其器"。四年大学的学习和扎实的专业知识塑造了其缜密的思维方式,除了学习理论知识,为了巩固所学知识,把知识应用到实践中,他在大三年级利用暑假到广东蜂动科技网络公司实习,这让他提前对自己的行业有了一个全新的认识。

丰富多彩的大学生活和社会实践,给他的课外生活增添了几许亮丽的色彩;社会实践,锻炼了他的意志与坚持不懈的精神,给了他关于人生与生活的磨炼。与刚进大学的他相比,今天的他更能沉着、冷静地面对问题,分析问题,解决问题。

"我从来不相信什么懒洋洋的自由,我向往的自由是通过勤奋和努力实现更广阔的人生,这样的自由才是珍贵的、有价值的;我相信一万小时定律,我从来不相信天上掉馅饼的灵感和坐等的成就。"这是他的人生信条。他用他的信念与努力诠释着天道酬勤,勤能补拙。齿轮总有卡住的时候,但他相信,凭着努力与顽强拼搏,在今后的人生道路上,他会成为自己梦想中的人,战胜半山腰的人群,最终到达山顶,释放璀璨的光芒。

知行风向标之生涯导师说一说

"读书不觉已春深,一寸光阴一寸金。"时光荏苒,岁月如梭,旧岁月所有喜怒哀乐化作泯然一笑,皆为序章。大学他带着对IT浓厚的兴趣,认真努力,同时制订了长期计划和短期计划,在紧张忙碌的学习生活之余,通过图书馆、实验室的不断学习实践紧跟技术前沿。他分秒必争,清晨用晨读驱走睡意,课上奋笔疾书、汲取知识,课下勤于思考,拓展自己的思维。他十分注重拓宽自己的专业知识,优化自己的专业知识结构,培养自己的科研思维和全方位思考的能力。

042　林泽辉：投身公益，传递爱心

"如果你是一滴水，你是否滋润了一寸土地？如果你是一线阳光，你是否照亮了一分黑暗？如果你是一粒粮食，你是否哺育了有用的生命？如果你是最小的一颗螺丝钉，你是否永久坚守你生活的岗位？"

"学雷锋树新风"对于我们每个学生来说都再熟悉不过，但是能自始至终坚持下来的人却寥寥无几，我便是其中之一。

投身公益，传递爱心

在刚进大学的时候，除学习上的目标之外，我还有一个坚定的目标，那便是利用空余的时间做公益，传递爱心。于是在周末的时候，我总是投身社团组织的各种公益活动当中，希望可以通过这些公益让身处困难中的人们看到生活中温暖的阳光。在投身公益期间，我积极参加由社团举办的"善行100"公益活动，为山区的孩子送去学习用品和生活用品。在这个公益活动中，我获得了由中国扶贫基金会颁发的"善行100三级证书"。同时，我也利用课后的时间积极参加学校的公益活动。每一年下来，公益积分多达8.5次。

努力学习，学习榜样

在学习方面，我平时勤奋刻苦，有极高的自律性，在自己进步的同时也可以带动身边同学的前进。在我的带动和鼓舞下，我所在宿舍的每位同学每一学期都可以获得学校奖学金。我为整个专业做出表率，在每一次的考试中都名列班级前茅。在进入学校的四年当中，我获得很多荣誉，其中包括三次国家励志奖学金，七次优秀学生奖学金，"优秀学员"称号，"优秀学生"称号，"优秀学生干部"称号，"优秀学生标兵"称号，"优秀团员"称号等。同时，我在大一的第二学期顺利通过大学英语四级考试。此外，我还充分利用图书馆资源，阅读其他学科的相关书籍、报纸、杂志，还经常参加科技、人文、社科等方面的讲座，拓展自己的知识面，不断提高自己的综合素质。

做优秀的班干，为同学做贡献

在大一第一学期到大四的四年里，我一直都是2015级软件工程3班的班长。在工作上，我认真负责，以身作则，一丝不苟，用实际行动赢得了班级同学、辅导员和老师的一致认可，是老师和辅导员的好帮手。在大学的四年里，我认真组织每一次班会，让每一次班会能顺利完成。同时，我也积极为班集体荣誉谋福利，组织过班级里大大小小的各种活动，在我的组织下，班级获得过"先进班集体"荣誉称号。

做实践的先行者，勇于实践

为提高自身社会实践潜力，做到全面发展，每年寒暑假，我都用心参与社会实践，在长期的社会实践中，详细了解当代大学生就业状况以及亲身体验社会生活，拓宽自己的视野，为将来踏入社会积累经验。2018年暑假期间，我到珠海泰彼斯科技技术有限公司进行了个人社会实习。透过这实习，我更加认识到了学好专业知识、理论联系实践的重要性，本次实习过后，我对软件工程的知识有了更加深入的理解。在社会实践期间，我虚心请教，认真学习，理论联系实践，用心将所学专业知识应用到实际工作之中，得到了实践单位的领导及同事的一致好评。此外，爱好广泛的我还用心参加各项运动，是班级篮球队的首发队员,在学习空余时间也锻炼自己的身体,力图在不同的领域锻炼自己,全面提高自身综合素质,为将来服务社会做全面准备。

生活独立,敢于拼搏

生活中我性格开朗,朴素节俭,品德端正,崇尚科学,有爱心,用心参加义务献血等志愿活动,体现了大学生的良好精神风貌。在日常生活中,我的生活费都是通过实习、兼职、奖学金来自给自足,很少向家里要钱。在寝室,身为寝长,我带头做好宿舍的卫生工作,杜绝一切不良的生活作风,主动关心同学,帮忙同学解决问题。平时与同学们相处融洽,善于和同学沟通,也乐于帮忙同学,在生活中建立了良好的人际关系,获得了大家的尊重和支持。拥有用心向上的生活态度和广泛的兴趣爱好,我经常参与一些社会活动,为学院和班级争得荣誉。

大学四年,我收获的不仅仅是学业上的成就,还有帮忙他人的喜悦、与人交往的艺术和更加饱满的志愿服务的热情。同时,不论是高中、大学还是以后的日子,我都会更加用心地倡导"奉献、友爱、互助、进步"的礼貌意识,继续弘扬和实践"全心全意为人民服务"的精神。

知行风向标之生涯导师说一说

习总书记勉励大学生们做"六有"大学生,"青年时国家的未来和民族的希望,希望同学们肩负时代责任,高扬理想风帆,做有理想、有追求、有担当、有作为、有品质、有修养的'六有'大学生。"[①]新时代大学生肩负着实现中华民族伟大复兴的历史重任,能够认识到自己肩上的重任,将自身学习与祖国的发展相结合。林泽辉脚踏实地,学雷锋树新风,不仅仅是一个口号,更需要的是身体力行,投身公益,传递爱心,这也是继续弘扬和实践"全心全意为人民服务"的精神,展现当代大学生的品质、担当。

---

① 参见《习近平与大学生朋友们(二十一)》。

043　刘　天：锲而不舍，金石可镂

我是刘天，来自计算机学院2015级计算机科学与技术专业3班。大学四年的青春，犹如流水，在人们不经意间缓缓流过，转眼间我也逐渐从刚步入校门的青涩少年，变成了经过岁月磨砺的成熟青年。为了让自己的青春不留下遗憾，在大学的四年中，我也在校内学习、义工志愿、校内外工作三个方面，投入自我，略有所得。

锲而不舍，金石可镂 —— 学习篇

进入大学后，在知识"五彩缤纷"的计算机领域，我忘记了高中老师挂在嘴边的话："到了大学就轻松了。"相反，在大学我更加地投入学习。当然，计算机领域日新月异，我带着满腔的好奇和冲劲，也没能在大学三年中追赶上行业的一线主流。于是，我放下了急功的方式，把自己前进的脚步放慢，坚定并且深入地在力所能触及的领域前行。

在大一学年的两个学期中，我获得了一等奖学金专业前5%（约9人）和专业第一的特等奖学金。在大一当中最有成就感的便是当了自己学姐的小老师。当时班助的舍友高数没有通过，班助让我在复习阶段帮她进行复习。两个星期，从知识大纲梳理到模拟题的讲解，从课本习题到自己出题，学姐的分数从原

来的 30 分，提升到 70 分，通过了考试。我自己也在帮助他人的时候得到学习与进步，以高数 98 分结束了第二学期的考核。

在大二学年，面对着更多的专业知识和 CET 考试，精力有所分散，仅获得了一次一等奖学金，第二学期也因为 Linux 等短课时高难度的科目，而获得了二等奖学金（前 15 名），年度综合绩点评定以年级第五落下了帷幕。

在大三学年当中，吸取了大二学年的相关教训，我合理地分配了学习的时间和精力，同时进行软件设计师证书的备考和专业课程的学习，效果较大二有了明显的提升。在软件设计师考试中我以优异的成绩成功通过，并且在第三学年收获了百分制的 4 门满分、五级制的 2 门优秀、其余 8 门科目均高于 90 分的好成绩，也依托于自己的努力和老师的认可获得两个学期的专业第一。

在大四的学年中，已经拿到 Offer 的我，并没有放弃在学校上课的机会，因为在珠海本地工作，所以将时间充分地安排好，将上课与工作错开。但是这也让自己在上课的时候每天上课到晚上 10 点多，上班的日子每天 6 点赶早班车、10 点多赶末班车。虽然时间紧张，但是在课堂上开阔了自己的视野，在工作中积累了自己的经验，可谓两得之举。并且在 4 门课程中，获得了 3 门优秀、一门 100 分的成绩。

此外，我也在胡敬鹏老师的认可下，带领我们团队参加了广东省大学生计算机设计大赛校内选拔赛，我也不负众望，从软件技术选型到硬件选材，从前台设计到后台搭建框架，进行透彻的学习，最终我们团队的"校园智能减速带"获得了评委的一致好评。

我认为，学习是学生的天职，在学习上我们不应该抱着侥幸和敷衍的心态。虽然现在学习的或许并不是以后的职业道路所必需的技能，但是必定会成为未来的"地基石"，想要未来的"城堡"更高，只有"地基"可靠才能得以实现。

践行公益，播种温暖——公益篇

在课余时间，除温故而知新之外，我把公益活动作为大学课余时间的主色调。作为计算机学院自强分社的老干事，我积极参与公益活动。校内我参加美化校园、课桌文明、速度与知行等活动，我弯腰在草地上、机房间，手提大袋的垃圾，已成为常景。校外我也身着粉红色的香洲区义工服，投身圆明新园环卫、拱北口岸交通引导等活动中。

很多人认为，义工只是走走形式，没有实在的作用，却没有留意到，虽然老师反复指出"在机房教室内不要吃饭，垃圾记得及时带走"，但是，匆匆离去的同学们却遗留下来了些许脏物，积少成多，堆积得狼藉不堪。校外，就连树立于草地的环卫标语牌子下，也有零食包装纸和难以计数的烟头、纸巾团。我相信，鼓励同学参加公益活动是希望我们能够发现这些现象，从自身做好，并且影响周围的人，使我们成为新一届的好公民，树立良好的北理珠学子形象。

在 27 次有效的公益时数下，我相信，在世间播种下一颗公益的"小太阳"，可以收获更多的灿烂，温暖你我，照亮大地。

脚踏实地，求真务实——社团工作篇

刚进大学，社团的招新便成为校园特色。在众多的社团当中，"自强"一词吸引了我，我觉得作为北理珠学子，应当自强，所以我加入了这个充满义工氛围的社团——宣传部。从宣传活动，到活动的组织与人员的分配，我学习到了不少课本上没有的技能。

在大一结束时，充满技术性的科技协会不甘社开始招新了。怀着提升自己编程能力的追求，我加入了不甘社，学习了 jQuery、ACM 等课程内没有或者尚未讲到的知识，并且认识了学院内的许多技术大牛，开阔了自己的视野。

在大三学习中，兼顾考证、学习、比赛的自己，听说学院 IEET 工程正在进行，便在王庆娟老师的号召下加入 IEET 工程协作小组，同王琳老师一同维持学院 IEET 工程的正常进行，帮老师们分担整合杂乱的教学文件、问卷的收发、信息统计等工作。

自己端正的工作态度也得到了 HR 的认可，同第一梯队的同学们在 2018 年春招时获得后台开发工程师的实习岗位，并且已经加入一线的开发工作。

四年收获的不仅仅是学业，更是不悔的青春。带着四年的力量，我会努力迸发更耀眼的光芒。

知行风向标

知行风向标之生涯导师说一说

锲而不舍，短短四个字，蕴含着坚持不懈、顽强拼搏的精神。刘天的大学经历可以用"优秀的大学生是如何炼成的"来形容，是对于目标坚持不懈的努力，对自我全面发展的要求。他用所学知识去帮扶他人，他用行动去践行公益，他是老师的好帮手，他是企业的好员工，他深知想要未来的"城堡"更高，只有"地基"可靠才能得以实现。

044　罗家奎：学无止境

罗家奎，2016级软件工程2班学生，在校期间获得多项奖励：

2017年4月获得2016—2017学年第一学期优秀学生奖学金三等奖；2017年11月获得2016—2017学年第二学期优秀学生奖学金二等奖；2018年4月获得2017—2018学年第一学期优秀学生奖学金三等奖；2018年11月获得2017—2018学年第二学期优秀学生奖学金二等奖；2019年4月获得2018—2019学年第一学期优秀学生奖学金三等奖；2019年11月获得2018—2019学年第二学期优秀学生奖学金三等奖；2017年12月、2018年12月、2019年12月相继获得国家励志奖学金；2017年5月获得2016—2017学年第一学期"优秀学生"称号；2018年5月获得2017—2018学年第一学期"优秀学生"称号；2019年5月获得2018—2019学年第一学期"优秀学生干部"称号；2017年5月获得2016—2017学年第一学期"优秀团员"称号；2018年5月获得第十一届计算机学院团学生会优秀副部长。

入校以来，我严格遵守学校学院的各项规章制度，认真踏实，学习勤奋，自觉性强，各科成绩优秀，积极参加各项活动，在思想、学习、生活、个人实践等方面都取得了较大的进展！

思想积极要求上进，不断提高政治素养。在政治思想方面，我具有坚定正确的政治方向，在思想和行动上严格要求自己，在不断加强自身素养的同时，做好各项工作，全心全意为同学服务。

在学习方面，我认真学习，积极帮助同学。我始终坚信一句格言："不放弃努力本是我的任务，在现有的基础上争取再争取更是我的职责"。从进校以来我在学习上一直未松懈，有科学的生涯规划，有明确的学习目标，认真钻研专业知识，刻苦学习，具备了较强的计算机应用能力。上课时我认真听讲、做好笔记，积极思考并回答老师提出的问题，从而带动同学们上课时与老师之间的互动，不仅自己收获颇丰，整个班级的学习气氛也大大提高；课后及时完成作业，做到复习、预习一起抓，所以在每个学期都能拿到奖学金，这也是学院对我学习的肯定。我除了完成课内的练习，还自学了很多有关编程的知识，不断提高自己的编程能力。在闲暇之余我还会经常去图书馆丰富自己的课外知识，遇到难题会虚心请教同学或者老师，乐于帮助其他同学，取长补短，达到共同进步的目的。

在学校工作中，从大一开始，我一直担任2016软件工程2班班长，在平时的工作中认真负责。在班级管理方面，我经常召开班干会议，一起讨论如何管理好这个班，并将讨论好的方法实施到位，取得了很好的成效。我积极参与学院团总支组织的活动，在最美班级大赛中荣获一等奖，这不仅体现了班级的凝聚力，还体现了班级的积极性。我多次组织班级开展班会、班游等课外活动，增强同学们之间的感情，让班级更有凝聚力；也及时和辅导员沟通，汇报班里的情况。

我生活朴素，乐于助人。在班级里，我是一名优秀学生，积极与同班同学及兄弟班级的同学搞好关系。由于平易近人，待人友好，所以一直以来与人相处甚是融洽。我深刻意识到搞好同学、朋友之间的关系非常重要，这直接关系到我今后四年的大学生活能否过得充实。

在社团生活中，大一时为了给院学生会贡献自己的微薄之力，我积极参加院学生会的面试，并成功进入组织部。在工作中，我积极配合部里的工作，并提出各种合理可行的意见，和部门一起举办计算机学院的院运会、策划书大赛等。在部长竞选中，我积极参与竞选，并担任计算机学院第十二届团总支学生会组织部副部长，除积极配合团学会做好学生会工作之外，还积极培训部员的策划书撰写能力。我和另外两位部长还有组织部的小伙伴完美地完成了第十届团日活动大赛暨新生合唱大赛，活动取得圆满成功，得到学院和学生的认可。

在实习生活中，通过自己的努力，面试了港珠澳大桥珠海口岸运营管理有限公司，在信息部中担任信息系统运维实习岗。在日常工作中，我积极响应领导要求，做好每一件工作，得到了领导的一致认可。我还积极参与粤港澳大湾区的疫情防疫工作，为防疫工作贡献自己一份力量。

知识无止境，学习更无止境。作为一名大学生，我要做的就是不断地适应时代的发展，跟上时代的步伐，不断地去扩充自身的知识储备，以提高自身的修养。在个人成长的路上，我们不但要敢于创新，而且要反思自己的言谈举止。作为大学生，必须具有积极的心态、乐观的精神，和敢于向困难挑战的精神，而且胜不骄，败不馁，能发扬团结友爱、关心他人的精神，具有团队精神和集体荣誉感。"勿以恶小而为之，勿以善小而不为！"良好的道德习惯不是一朝一夕就能养成的，而是长期的养成过程。从我做起，带动别人，只有这样，才不会违背作为新一代光荣的共青团员的精神。今后我会坚持勤奋努力、踏实工作的优良作风，在工作上学骨干，在政治上求先进，在活动中求积极，认真而努力地做好组织交给的每一件事，带着激情和责任感对待自己的本职工作，不辜负广大师生对我的期望。

知行风向标之生涯导师说一说

他多次获得校级优秀学生奖学金，荣获"优秀学生""优秀学生干部""优秀团员"称号，在工作上学骨干，在政治上求先进，在活动中求积极，严格要求自己，带动班级同学和身边的同学。这是大学生应有的模样，积极的心态、乐观的精神，敢于挑战困难的精神。青年兴则国家兴，青年强则国家强。青年一代有理想、有本领、有担当，国家就有前途，民族就有希望。

045 罗俊宁：最好的"贵人"，是努力的自己

我叫罗俊宁，来自计算机学院2016级计算机科学与技术2班。我来自潮汕地区的一个小乡村，从小就体验到生活的来之不易。高考那年我面临着两个选择，一是到体育学院就读，二是就读普通本科，最后选择了踏上北京理工大学珠海学院的求学路。第一次来到新的城市，见识到太多的新奇，城市的繁华、大学的书香氛围，无疑是对我内心的一种洗涤，同时迎接新的挑战。一个人不论选择了什么路，都不能忘记为什么出发。

进入北理珠之后，昂贵的学费以及生活费无形中增加了父母负担，我暗自努力，勤工俭学。最好的"贵人"，是努力的自己，在得到帮助之前，只需要埋头努力，做最好的自己并耐心等待。要想有贵人相助，首先自己得是个"贵人"。

专业知识学习篇

作为一个理科生，上大学之前基本我没摸过电脑，更别说大数据、人工智能什么的，都是一概不知，之所以会选择计算机学院，兴趣是一大原因，出于对电脑的好奇心。记得大一刚开始，我只懂得开关机，十根手指头要怎么放都不知道，但我相信勤能补拙，天道酬勤，在学习上付出比其他同学更多的时

间、精力。在我的不懈努力下，2016—2018 学年共参评优秀学生奖学金 5 次，获得一等奖 4 次、二等奖 1 次、"优秀学生" 1 次、"优秀团员" 2 次。

竞赛实践篇

在很多人眼中，IT 就是整天待在宿舍、公司里面，而我恰恰相反，不想总是待在舒适的宿舍里面。我选择走出宿舍，站上跑道，在赛场上嘶吼，酣畅淋漓地挥洒汗水，所以在竞赛方面，与大多数人不太一样，或许因我之前是体育生的缘故，对于体育竞赛这一方面特别热爱。大学三年间我参加了三届校运会、两届院运会，也很荣幸能担任计算机田径队队长，带领计算机田径队获得历史最佳成绩：团体总分第二名、男子团体第三、女子团体第二；自己在这三年参加了 15 个单项比赛，其中 14 个单项获得了前三名的好成绩。虽然我高中经常训练，有着那么一点点优势，但要是没有后天的合理训练、作息饮食计划，一下子就磨灭了优势；所以大一大二时候在师兄师姐严格要求下，我刻苦训练也获得了相应的回报。大三接过重担力争让计算机团队站上领奖台，备战运动会时，制订了严格的训练计划，早上 6 点半"田径场单杠集合"，下午五点半训练，一日复一日，最终带领计算机队三年蝉联 4×100 米接力冠军。有努力，就会有回报。

校园实践篇

大三一年，我担任了 2018 级计算机大类 1 班的新生班主任助理，带领新生更好地融入大学生活。我主要从三个方面去引导他们找到对于自己的定位：第一，做好"榜样"的作用；第二，多运动，多去交际，少待在宿舍；第三，学习是首要任务。在这一年里新生班级也取得了不错的成绩，一半同学获优秀奖学金，C 语言 0 挂科率等；同时我也收获了一帮挚友，他们不单单是我的师弟师妹，也是我学习生活上的好帮手，我们经常一起约饭、谈心。换角度去思考、看待问题，相信会有不一样的收获。

校外实践篇

在大学这三年间，我利用课余时间做过很多兼职，比如派传单、进工厂做电子产品、当服务员等，以此来赚取生活费，减轻家里的负担。除了做兼职，也积极参加校内外的公益活动，去敬老院看望孤寡老人、参加圆明新园清洁活动……大大小小参加了 30 次公益活动，共获 28 个公益积分。

大三暑假，很荣幸能成为"助梦扬帆"研学项目的一员，与来自其他十一个学院的同学一起赴台湾进行文化交流、弘扬红色精神，通过走访亲身体验不同环境氛围下的风土人情、文化制度等。参观亚洲大学的欧美风建筑、三角形架构的亚洲大学美术馆、台北的"故宫博物馆"，让我深深感受到艺术设计大师的智慧才华以及中华传统文化的魅力。

生活感悟篇

再烦，也别忘记微笑；再急，也要注意语气；再苦，也别忘记坚持；再累，也要爱惜自我。坎坷的人生并不可怕，可怕的是缺乏了自信，若没有了自我，若每天只会埋怨，只会一蹶不振，碌碌无为，无所事事。

知行风向标之生涯导师说一说

他是田径队的灵魂人物，大家的罗队。在他的带领下，学院逐步取得了校运会团体第一的好成绩，同时他也打破了学校的短跑纪录。他毕业即参军，好男儿志在远方，把热血豪情投入祖国的建设中去。他话不多，用行动去告诉他人"我可以"。他是 2019 年学校暑期台湾交流调研团"助梦扬帆"研学的主要成员。"最好的贵人，是努力的自己"。不努力的自己，当机会来临时，只会擦肩而过；努力的自己，当机会来临时方能及时抓住。

046 莫智威：全面发展才是硬实力

我叫莫智威，2016级软件工程专业学生，现就职于珠海市魅族科技有限公司。

每个小孩子心中都有一个超人梦，我也不例外。我从小便很崇拜那些什么都会的人，无论什么场景都能出现他们的身影，以此确定了自己的目标，一定要成为这样优秀的人。

少埋怨，多做事

进入大学以来，我一直以德智体美劳全面发展来要求自己，只要是在自己力所能及的范围内，都会要求把事情做到最好。我不怕遇到自己不会的，怕的是遇到自己不想学的。学习和生活中，我从不埋怨和指责，我深知时间的珍贵，少埋怨多做事，为成为自己想成为的那个人而默默努力着。

德：以人为本，以德服人

善心一直伴随着我成长，大一便选择加入了校青年志愿者协会，延续了我的志愿服务之旅。我先后组织策划并落地了十余次志愿活动，包括"琪琪志愿行""启航志愿行""中大五院志愿行"。后成功入选校青协三下乡团队，前往河源市东源县进行为期两周的志愿支教活动。在校期间，我曾三次参与爱心献血活动，并参与院"清洁机房"的志愿活动。在 2018 年台风肆虐我省的时候，校园遭到破坏，我选择提前返校，与在校的其他师生一起打扫校园，帮助校园恢复环境，并促进学校开学。2018 年我还参加了由中国扶贫基金会发起的"善行 100"活动，并通过一个月的努力，获得善款 9000 多元。

智：以智先行，学习才是第一生产力

大学四年我从不落下学习，其间先后 6 次获得优秀学生奖学金，多次获得"优秀学生标兵""优秀学生""优秀团员""优秀干部"等称号。在校期间先后获得 CET4、CET6、中级软件设计师的专业资格认证。我常常利用课余时间勤奋学习，勤学好问，弥补不足，在网易云课堂课外学习时长超 300 小时；对于不太熟悉的学科，我会自己进行二次学习，利用现有的资源解答自己的疑惑。学会的知识要运用到实践中，为了丰富自己的阅历和知识面，通过自己的努力，我先后获得了东方海外、魅族、金山三大公司的 Offer。大学期间我先后参与大小赛事近二十项，获得十余个奖项。

体：身体是革命的本钱

身为班级体委，我多次组织班级同学走出宿舍，投入健康阳光的运动中，并组织班级同学参与各项赛事，与球队一起获得新生杯季军，两届班级篮球赛分别获得季军和亚军；还与公司球队一起获得区亚军。通过体育活动，不仅可以增强体质，还能结识很多的朋友，不管是身体还是社交上，都是我前进道路上最有力的保障。

美：艺术是生活的一种美

我在音乐方面也算是有所造诣，曾参与并获得市一等、省一等，乃至全国银奖和"优秀示范乐团"的荣誉称号；曾赴奥地利维也纳参加国际青少年音乐节，并获得银奖，在维也纳金色大厅和奥地利皇家后花园开办过专场音乐会。我能够熟练掌握四种乐器，更获得中央音乐学院小号十级与中音号九级的认定。上了大学，我也没有放弃追求音乐，曾受邀协助外校交响乐团进行乐曲排练十余次，并受邀参与其新年音乐会的乐团演出，大二成功成为珠海管弦协会会员。

劳：劳动最光荣

我曾担任团总支学生会办公室副主任，任职期间成功举办两届策划书大赛，协助学生会举办校运会、院运会、IT文化节校园十榜等一系列大小活动，多次负责准备学院、学生会的评优资料，并辅助辅导员完成各项大小事务若干，还获得了"优秀部长"的称号，并成功通过校团委学生骨干干部结业考试，成为一名合格的优秀学生干部。

没有最好，只有更好，敢于尝试，敢于挑战，敢于自信！这就是我，不一样的我。

知行风向标之生涯导师说一说

"体：身体是革命的本钱。"高校积极响应教育部、团中央联合发布"走下网络、走出宿舍、走向操场"的号召，举办丰富多彩的第二课堂活动。例如：新生杯篮球赛、学院班级篮球赛、院运会等一系列的户外体育锻炼活动，既增强大学生们的团队合作意识，也丰富了广大学生的业余文化生活。他身为班级体委，不仅身体力行，积极参与活动，同时发挥班委作用，多次组织班级同学走出宿舍，投入健康阳光的运动中，并组织班级同学参与各项赛事，与球队一起获得新生杯季军，两届班级篮球赛分别获得季军和亚军。实习期间，不仅业务精，同时参与公司工会活动，与公司球队一起获得区亚军。他深知通过体育活动，不仅可以增强体质，还能结识很多志同道合的朋友，是前进道路上最强有力的保障。

047　瞿　婕：我的大学或许有遗憾，但绝无后悔

我叫瞿捷，2016级软件工程专业学生。我于2016年11月加入京涛海纳工作室，担任网络中心助理职位。其间协助维护"京涛汇"微信公众号的学生辅助平台，初步认识与接触了为在校师生综合服务的平台。2016年12月我入选军训记者团并担任网络组组长，负责军训期间的公众号推文安排与军训晚会直播的技术支持。

为深入了解微信公众平台，2017年2月我创建"信息安全垂直资讯"公众号，三个月内关注量达到1500，同时我向国内知名信息安全垂直媒体FreeBuf投稿，因稿件质量优秀，多次投稿后被主编留意，2017年8月，经过协商成为FreeBuf兼职编辑并定期供稿。三年来75篇稿件在FreeBuf主站的阅读量已经超过了200万次，另外也被黑龙江大学、阿里云前端周刊、大数据文摘等众多媒体转载。

军训结束后，2017年4月，经过面试，我在北京理工大学珠海学院微门户担任开发工作，协助开发微门户的部分功能，其间完成了技术积累，并对校内服务平台有了更深的认识。2017年6月我参与百万同题英语写作大赛，得分居北理珠榜单第一，经过复赛获得百万同题优秀作品奖项。2018年9月我任京

涛海纳工作室媒体中心主任，负责京涛汇公众号、北理珠学生门户网的日常维护，以及新生晚会直播的技术支持。2017年11月我于京涛海纳工作室年会被授予京涛新蕾奖章，以资鼓励。

时间来到2018年，为保证充足的学习时间，我不再继续做微门户的开发工作，在注重学业的同时，业余时间用于京涛海纳工作室的工作与企业供稿。在这种情况下，我多次获得校级奖学金。2018年6月我参与京涛海纳工作室竞选，任职京涛海纳工作室研发总监、第十届理事会理事。2018年8月，为提升广大学生社会责任感，弘扬本土粤文化，我随京涛海纳工作室在党委宣传部、党委学生工作部、校团委的指导下，参与"家国同梦"文化调研项目，走访佛山地区，获得中国青年报社"全国百强实践团队"称号。2018年11月，我于京涛海纳工作室年会被授予"京涛耕耘奖章"。

同时，在深度认识了校园服务平台现状，并拥有了足够的技术积累的情况下，2018年8月，我开始自行开发校园聚合服务平台，旨在为在校师生提供全方位的服务。平台最初命名为"UCSZHBIT"。经过长达5个月的开发周期，第一版UCSZHBIT正式于京涛海纳工作室旗下公众号内测。时值期末，UCSZHBIT聚合服务平台在短短三天内就拥有了大量校内活跃用户，深受广大用户喜爱。后于2019年3月正式更名为"北理珠微校园"，接入"北京理工大学珠海学院""你好北理珠"微信公众号。2019年5月，我携"北理珠微校园"参与清华大学举办的中国高校计算机大赛，并指导工作室研发中心主任开发"微效笔记"参与比赛。经过在华南理工大学的现场答辩后，"北理珠微校园"获得全国三等奖，而"微效笔记"也获得了华南赛区二等奖。2018年8月我参与QQ小程序内测，"北理珠微校园"成为首批上线的教育类QQ小程序，并获得腾讯公司的定向推荐等扶持，经过数据分析，2019年月平均处理事务量达26.5万次。2019年11月，我于京涛海纳工作室十周年庆典被授予"京涛海纳奖章"。2019年12月我接手珠海市科技促进会网站的开发，并于2020年3月上线。另外，在2019年，我入职珠海市魅族科技有限公司。

冬去花开，旖旎春来，转眼即将毕业，回顾大学的生活，我可以自信地说，或许有遗憾，但绝无后悔。

知行风向标 102位大学生的青春故事

知行风向标之生涯导师说一说

大一的他，相较于新生们，展现出较强的学习能力，较多的知识积累。他大一第一学期能够加入军训记者团并担任网络组组长，大二已向国内知名信息安全垂直媒体 FreeBuf 供稿，大三担任京涛海纳工作室研发总监，参与"家国同梦"文化调研项目，大四承担珠海市科技促进会网站开发，并成功上线，入职珠海市魅族科技有限公司。每一个阶段都在逐步成长，发挥个人所长，能力强，选择平台多。同时，他所学所做都是感兴趣的，看似波澜不惊，这背后是无数个熬夜付出的日子，无数个与团队共同努力承办活动的时刻，无数个调试代码寻找 Bug 的时刻。对于大学时光，他可以说或许有遗憾，但绝无后悔。

048　伍朝俊：回头看，不曾走远

我叫伍朝俊，2015级软件工程国际合作班学生。

或许是学会了理性地接受现实，或许是长大后忘却了童真，已经不再时常怀念过去，似许多人说的那样，大学是一条让你走得更远的必经之路。

社团

社团，是兴趣所至之地，对我而言，更多的是责任，是公益。校自强社是我加入的第一个社团，里面有一种令人向往的味道，似无味似有味。无味时，平淡如水，无声润物；有味时，香浓若茶，沁人心脾。跟那样一群人走在一起的时候，如有阳光形影相随。望着校道上那些忙碌的身影换成了别人，心头一暖，大概是传承吧。

兼职

兼职，也是一种锻炼吧，抱着这样的想法去试试，发过传单，做过服务员，送过外卖。兼职过程中那种放弃的念头，时至今日仍然萦绕心头；而放弃的理由千千万万，我已经记不清了，或是辛苦，或是别人的目光，或是炎热的太阳，等等。十分感谢这些汗水浸湿衣衫的日子，也很庆幸活在别人的眼光里面的自己最后坚持了下来。事实也许就是这样的，停下来是如此的简单，只要稍微放弃就可以了。想起那个在校园里，顶着三十几度的高温，冒着倾泻而下的大雨，骑着一款老式自行车的自己，可能我只是习惯了走远点。

兴趣

忘记了是什么时候迷恋上了吉他，从此便一发不可收拾。四年里，无论自己是忙碌，是轻松，都有时间去练习吉他，这就是兴趣。无论多么疲惫，无论如何懈怠，兴趣这东西是不会停下来的，除非已经不再是兴趣了。手指从没有茧到有茧，从新手到入门，从小白到第一次弹唱，第一次弹琴给家里人听的感觉，就像是做对事的小孩，心中无比雀跃。说起来只是因为一个好伙伴的鼓励造就了今天的自己，也令我的大学生活多了一种特殊的声音。在失落失望之时，在无聊无趣的间隙，能和舍友一起玩玩音乐，实属一段难忘的经历。

工作室与大创

进入大数据工作，获得第一个面试的经验。那是一个真正的技术团队，在里面学习专业的 IT 技术应用，与小伙伴一起创作努力。在孙细斌老师的团队中，参与"基于大数据的人口流动系统"开发。那年暑假，在酷暑中，磨炼了一整个暑假。成绩往往属于那些默默忍受孤独的人，工作室里我们真的没有了假期，眼里却多了一份热忱，最后成功从师兄手上拿过接力棒。忙碌的训练，以及枯燥的自学历程，着实十分难熬，那时候就认识了一群很强的人，无论自学能力、自控能力、悟性仿佛都很强，也是从那个时候开始，有了想要追求的东西，想要追逐的对象。之后便加入了大学生创新创业项目"基于微信小程序的家校沟通平台"，在里面负责专业知识的 IT 程序开发，经过团队的合作以及努力，最终顺利结题，也算一份小小的成就。

实习与职业规划

大四实习也是必修课。两个月的岗前培训渐入尾声，也是实战的时候。在培训完成之后，工作安排到项目上，进行实际的 IT 开发。在此期间对于技术的学习仍然没有停止，并且开始将之前的笔记进行整理和归纳，使自己的笔记更加条理清晰、简单易懂，同时加深记忆、巩固知识。充实的时间总是短暂的。自己在实习这段时间里，过得十分忙碌，每天几乎在学习新的知识和技能。这里是个磨炼的好地方，工作之余的生活也是很多姿的，跟同事之间相处得也很融洽，希望团队能继续保持这样的状态，也希望自己能够成为一名令人安心的开发工程师。职业规划也是十分必要的，必要规划能给予自己较为清晰的目标，也是推动自己的动力之一。为自己写一份职业规划，早在上课的时候就已经学过，想起来当时还是高分通过的，但真正想做一下职业规划的时候却变得如此无从下手，纸上谈兵当然简单，面对千变万化的现实过一种想要的人生谈何容易啊。

还有游戏的欢乐时光……

还有图书馆与书……

时光荏苒，如白驹过隙，已经到了我的毕业季。回首时，并没有什么轰轰烈烈的故事，只是平凡的大学生活罢了。十分感激一路陪伴我的老师、家人、同学以及朋友，为我的记忆增添了许多欢乐与色彩，也对一直努力的自己说声"辛苦了"。其实大学能坚持在自己的路上渐行渐远，亦不算遗憾，只是偶尔觉得我应该能做得更好。要是你的话，一定做得比我更好吧？

知行风向标之生涯导师说一说

他的大学生活中贯穿着社团、兼职、兴趣、工作室、实习与职业规划等很多方面，如同小树苗汲取了足够多的养分，在四年内不断茁壮成长，最终长成大树。

他参与"基于大数据的人口流动系统"开发的那年暑假，很多同学都回了家，而他在酷暑中，在实验室磨炼了一整个暑假。忙碌的训练以及枯燥的自学历程，着实十分难熬，而我们知道，成绩往往属于那些默默忍受孤独的人。不付出怎么会有收获，不去尝试怎么有机会。

049　伍锦铭：我的大学时光

我叫伍锦铭，2015级计算机科学与技术4班学生。不知不觉已经在北理珠这个校园生活了将近四年时间，四年的光阴让我从青涩少年慢慢蜕变成为成熟青年。回顾过去的四年大学生活，我学会了许多，也收获了许多，有很多东西让我受益匪浅，不管是在生活、学习方面，还是身体素质方面我都有了很大的进步，都获得了一定的提升。

大学生主要的任务就是学习，所以在学习上绝对不能马虎，态度要端正，认真对待每一门课程。在过去的中学时代里，老师总说上了大学就可以放松，但是实际上正好相反。在大学里，除了公共必修课外还有专业里的选修课程，再加上一上就是四节连上的实践课，课程内容与难度远远比中学大得多。"天道酬勤""一分耕耘一分收获"等格言一直铭记于心，时刻提醒着自己，努力使自己保持着一种积极向上的心态、一种谦虚谨慎的良好作风、一种永不放弃的精神。正因为这种学习态度，才让自己在大学里没有一门不及格的课程；也因为这种精神，才让自己在每个学年都被评上优秀学生奖学金。但是成绩不是特别优秀，与前者仍然有一段距离，所以在今后仍需更加努力，不能放弃。大学四年的学生生活即将结束，但这并不意味着学习的终止，在今后工作生活中不仅仍然需要学习，而且还要把学习到的理论知识与实践相结合，将学习与实践融为一体。出来工作实习后，我意识到在大学时期所学习到的知识是日后更加深入某一领域的基础，对基础掌握的熟练程度有助于提高学习新知识的效率。我觉得作为计算机学院的学生，将来从事与编程开发相关的职业，需要有"工匠精神"。所谓"工匠精神"就是事无大小都需要做到精致，绝对不能因为粗心而大意、不能因为时间而急躁，努力追求代码的正确性、可读性和健壮性。

在心理素质上，意识到自己自小以来有些胆怯怕事，为了克服这种心理，我在大学四年中利用学习外的业余时间积极参与学校的社团活动，加入了校学生科技协会这个大家庭，先后成为该协会的干事、部长、主席。在社团活动中，不仅丰富了大学业余生活，认识了更多的朋友，接触到更多的新鲜事物；也发挥了自身的能力，为协会的发展贡献了一份力量；还学习到了待人处事的方法，提升了自己与别人沟通的能力、组织能力和表达能力等，让自己的性格也变得热情开朗，不再拘束。让我感触最多的是，成为社团的主席后，不仅需要负责协会各项大小事务，还要组织部长、干事等开展各项活动，需要协调解决各种问题，同时还要兼顾自己的学习。在学校的生活中，除了参与社团活动，我还积极进行体育锻炼，田径跑道、羽毛球馆、游泳池等地方都留下了我的汗水。特别有意义的是与朋友一起在跑道上夜跑，不仅可以锻炼身体，缓解一天学习的压力，还可以促进朋友之间的友谊。身体是革命的本钱，有个健康的身躯才可以让自己走得更远。

在思想方面，大学四年来我系统全面地学习了马克思列宁主义、毛泽东思想、邓小平理论、"三个代表"重要思想和科学发展观等，学习用正确先进的理论武装自己的头脑，树立正确的世界观、人生观、价值观、荣辱观。在日常的学习生活中，我热爱祖国、遵纪守法、尊敬师长、团结同学、乐于助人、关注时政；通过了解和学习党的有关动态和精神，我在思想上和行动上与党保持一致，积极向党组织靠拢，力争做一个思想道德优秀的大学生。

"路漫漫其修远兮，吾将上下而求索。"这句话出自屈原的《离骚》，我也把它作为自勉的座右铭，希望自己能够继续保持积极向上的心态，乐观地面对接下来的挑战。大学是一个人一生之中最重要的阶段，也是人生中一个重要的转折点。经过在大学里四年的学习与锻炼，我在各个方面都取得了较大的进步，综合素质和自身能力都有了很大的提高。最后特别感谢学校的老师和同学在学习和生活上给予我的支持和帮助，没有他们就没有大学的生活。

知行风向标之生涯导师说一说

四年的光阴让我从青涩少年慢慢蜕变成为成熟青年。

青年的成长伴随着风吹日晒，青春的成长经历着酸甜苦辣，青春的成长饱含了喜怒哀乐，青年的成长离不了高校、家庭、社会、个人的共同努力。

十九大报告中指出，"青年兴则国家兴，青年强则国家强。青年一代有理想、有本领、有担当，国家就有前途，民族就有希望。全党要关心和爱护青年，为他们实现人生出彩搭建舞台"，高校要充分发挥思想政治辅导员的作用，通过多种形式，搭建多样平台，听取家长的心声，给予学生更多关怀、帮助、支持，为广大学子的成长成才保驾护航，切实做到全面育人、全方位育人的教育理念，让教育"活"起来。

050　谢家兴：熬过低谷，便是高山

我叫谢家兴，北京理工大学珠海学院计算机学院2016级软件工程专业学生，专业排名25/314。

"能力源于学习，经验来源于实践"，在兼顾学习成绩的同时，我曾加入多个校内团队和校外团队。在校内，曾任软件工程5班副班长、计算机学院传媒中心采编部干事、团总支学生会办公室干事、夸克信息技术工作室前端负责人、iceHorizonCloud工作室前端负责人；在校外，曾任腾讯QQ飞车赛事团外团负责人、腾讯QQ飞车微信团外团写手及官微运营、风变科技（深圳）有限公司前端实习生。

自入校以来，我能够严格要求自己，思想用心，要求进步；学习谦虚谨慎，刻苦勤奋；工作主动热情，认真负责；生活勤俭节约；团结同学，热爱群众，用心参与各项文体活动。四年的大学生活，使我从一个毫无任何工作经验的普通学生成长为一个得到老师与同学认可的优秀干部，我由稚嫩走向成熟，树立了正确的世界观、人生观和价值观，成为一个具有崇高理想的优秀的大学生。

在思想上，我树立强烈的群众荣誉感和责任心，能顾全大局，不断加强自身修养，用心参加文体活动，不断提高自身思想政治觉悟，在平时的学习和工作中坚持以高标准来严格要求

自己，树立了良好的形象。虽然在此期间未能入党，却在这过程中提高了自身的认识，有了基本的党性觉悟，我坚信是金子终会发光发热的。

在学习上，尽管工作任务及社会实践任务比较重，但我仍能用心投入专业课和各门基础课的学习中，学习踏实、勤奋，学习目标明确，学习态度端正，同时，善于向老师、同学请教，真正做到集思广益、广开思路。我曾多次获得"优秀学生""优秀团员"称号，曾获一等奖学金1次、二等奖学金3次、三等奖学金1次。同时，我也顺利通过英语六级考试，比较荣幸的是获得2019"外研社·国才杯"（FLTRP·ETIC Cup）全国英语写作大赛校级特等奖。

在工作上，我兢兢业业，恪守本分，敢于坚持原则，能做到工作有计划、有总结、有魄力，办事效率高，完成工作质量高。在任职腾讯外团负责人期间，能够认真对待每项工作任务，主要负责发布赛事团外团每周工作任务、赛事团外团与微信团外团的资料对接，以及QQ飞车官方微信公众号的运营以及技术帖的撰写和排版工作，撰写100余篇推文，阅读量均1万多人次，高于同时期写手。因为出色的工作表现，我有幸获得2017年"818电竞狂欢节"和2018年"QQ飞车十周年庆典"的现场工作机会。在任职风变科技前端实习生期间，我任劳任怨，认真听从领导指导，能够独立进行开发工作。

在生活上，我节俭朴实、作风正派、严于律己，敢于制止不良行为，敢于同歪风邪气做斗争；同时，关心同学，尊敬师长，乐于助人，在生活中建立了很好的人际关系。

理所当然地，在大学探索期间，我有过低谷，也有过高山。我相信每一次低谷再上高山都会很开心，当我再次跌落低谷的时候，也真的会很不开心。但你会发现不断的高山低谷最终得到的是一个高峰，而且每一次的低谷都会比以前的低谷高很多。虽然这个过程可能耗费很长时间，但你会比那些一爬就爬到巅峰的人更加有智慧。我始终坚信，只要自己肯发愤，是金子总会发光，总有一天我会闯出一片属于自己的天地。

知行风向标之生涯导师说一说

作为新时代的大学生，他具有崇高远大的理想，对于知识的追求，孜孜不倦，时刻保持旺盛的拼搏精神。在竞争激烈的社会，他用自己的信念与发愤谱写着绚丽的青春乐章。青春的路上没有驿站，面对鲜花和掌声，他依然迈着前行的步伐，做一名具有崇高理想的优秀的大学生。

　　理想是什么？理想是人们在实践中形成的、有实现可能性的、对未来社会和自身发展目标的向往与追求，是人们的世界观、人生观和价值观在奋斗目标上的集中体现。"漫漫人生路，唯有激流勇进、奋力拼搏，方能中流击水，抵达理想的彼岸。"大学生应坚定科学信仰，追求远大理想，在为实现中国特色社会主义共同理想而奋斗的过程中实现个人理想，是自身成长成才的现实需要，也是国家和人们的殷切期盼。①

---

①　思想道德修养与法律基础编写组.思想道德修养与法律基础［M］.北京：高等教育出版社，2018.

051　谢宇燊：不忘初心 砥砺前行

谢宇燊，2016级计算机科学与技术3班学生。大学期间，曾连续三年担任班级体育委员，组织带领同学们参与体育活动；获得优秀学生奖学金三等1次、二等1次，校级IT文化节"词音乐碰"作词比赛二等奖，第六届C语言程序设计挑战杯优胜奖和"优秀干事"等荣誉称号。现就职于广东潮庭集团有限公司。

大学四年时光如白驹过隙，从刚入学的青涩懵懂到如今即将毕业踏入社会，大学期间发生的点点滴滴依然印象深刻。

2016年我第一次踏入大学校园，大学的一切对我来说都充满了新鲜感。丰富多彩的社团生活、新鲜的专业课程、优美的校园环境不断地刺激着我的大脑，让我开始迷失在忙碌的大学校园生活中。我开始思考我的大学生涯应该是怎么样的。由于我选择计算机专业的初衷是未来想从事软件开发方面的工作，所以我在大一就很坚定地规划好了自己的大学生涯。在不断学习软件开发技术的同时，我积极参与校园活动。在学业上，我对自己严格要求，合理分配学习时间，这样带给我的回报是多次获得优秀学生奖学金。我在大一时加入了带有专业技术性质的移动联盟社团，在社团中学会了与软件开发相关的技术知识，并参与了社团的一些简单的项目，为日后的工作打下了坚实的基础。

在完成自己的学业任务的同时，我也希望我的课余生活是丰富多彩的。我热衷参与学校组织的校园文艺活动与学术竞赛。在大一时我加入了计算机学院团学会文艺队，参与了文艺队组织的计算机学院元旦晚会等活动，并获得计算机团学会"优秀干事称号"，还带队参加了学校的第六届 C 语言程序设计挑战杯，最终获得了优胜奖；在大二时，我参加了学校的 IT 文化节"词音乐碰"比赛，原创填词作品获得作词比赛的第二名。这些活动与比赛为我的大学生涯增添了不一样的色彩。在班级的建设中我也奉献了自己的一份力量。在 2016 年到 2019 年连续三年担任班级的体育委员，组织同学们进行体育运动，带领班级同学组队参与班级篮球赛，在运动中提升了班级凝聚力。除了日常的学习生活，拥有一门体育爱好也是非常重要的。从大一进入计算机学院篮球队以来，我一直坚持随队训练并积极参与篮球队组织的比赛。在 2019 年北京理工大学珠海学院春季篮球联赛中，作为计算机科学与技术专业篮球队队长，制订训练计划并组织队员们训练与比赛，在比赛中获得了 16 强的成绩。

现在回顾我的大学生涯，我觉得是非常充实且有意义的。在社团、球队还有班级活动中，我找到了志同道合的朋友，培养了自己的爱好，锻炼了自己各方面的能力。在学习中，我通过老师的教导学习到了很多专业技能，并且很早就确定了自己未来所从事的专业方向。"让自己过的每一天都充满意义"是我在大学生涯的初心，也是贯穿我大学四年的想法。我希望自己可以成为一个全面发展的个体。我在程序设计比赛中锻炼了自己独立处理问题能力；作为队长带领计算机科学与技术专业篮球队参加比赛锻炼了自己的领导能力；在大四学年的实习中我锻炼了自己独立生活和与人交往的能力。

我依然记得在大三暑假期间，我渴望得到一份软件前端开发的实习工作，但是经历了多次面试，依然没有公司愿意给我一个实习的机会。与面试官的交流不太顺利，他们也对我的专业技能水平产生怀疑。这时候我开始怀疑自己，自信心开始动摇，开始思考自己是否需要重新规划自己的方向。后来我想起我的指导老师和我说过："如果你在学习和生活过程中感到吃力和辛苦，那是因为你在爬坡，正在克服学习和生活上的困难，坚持下去你就会获得进步。"所以我开始总结自己在每一次面试中所暴露出来的不足，把每一次面试都当成是一次经验的积累，沉淀自己，努力增强自己的专业技能水平，弥补自己的不足，最终在一次面试中得到了自己所期望的工作。尽早地确定自己所希望走的路，并且朝着这条路坚定地走下去，我认为这对大学生来说是非常重要的事情。在一次次的考验中磨砺自己，依然坚持着自己的初心，清楚知道自己真正想要的，这是我大学四年所做到的，在以后出了校园，踏入社会，我也会依然坚持这样做下去。最后希望大家都可以做到不忘初心，砥砺前行，不让自己的大学生涯留下遗憾。

知行风向标之生涯导师说一说

当他多次面试失败后，从原先的信心满满，逐渐开始怀疑自己。导师曾经的话让他能够正视自己遇到的问题，总结自身在每一次面试过程中出现的问题。他结合问题，向老师、师兄师姐、同学们请教学习，最终在一次求职过程中，通过层层面试获得到了自己所期望的工作。他四年走下来，最想分享的是大学生们需要尽早地确定未来走的路，并且朝着这条路坚定地走下去。

052　杨志衍：磨砺以须，热爱你所热爱

杨志衍，2016级软件工程3班学生，2020届毕业生，系广东省优秀共青团员、第十八期省级"青马工程"培训班学员。在校期间，先后获得五次优秀学生奖学金、10项优秀个人称号，荣登校园十榜——社团精英榜，获得中国（澳门）西藏文化经济发展促进会走进西藏作品征集大赛二等奖、三等奖各一项，广东省2019年多彩乡村主题教育实践活动二等奖以及广东省禁毒法治原创作品大赛三等奖。

四年很长也很短，每个时期都有属于自己的专属语句，在即将毕业之时，趁此机会回顾大学的大与小，有开心也有泪水，有幸福也有遗憾，有掌声也有唏嘘。热爱学习、兴趣广泛是我的性格，大学期间，我勤学专业课程，一直保持较高专业排名，先后五次获得各级奖学金。在课余时间和舍友设立创业项目、与毕业校友合作设立大学生团队建设工作室，并将兴趣爱好融合校园文化，设计了2018及2019两年新生文化产品，将校园历史、地区文化和设计要点融合到一起，2018年新生文化袋"不凡气度"在同学中引起强烈的反响，2019年男女分款文化袋也广受好评。

知行风向标　102位大学生的青春故事

学生干部的身份是伴随我大学四年的不变标签，通过不同的职位，坚持"从同学中来，到同学中去"的原则，在实事中锻炼，在实践中成长。在校勤工助学中心的两年，从干事到主席，最令我难忘的是有一群志同道合的小伙伴互相扶持，在社团最艰难的时刻齐心协力，举办了第十届淘宝嘉年华，是近年来规模最大、效果最好、好评率最高的活动。我在珠海市学生联合会项目发展部任职理事，积极参与学联各项活动，在市团七大中作为学生志愿者，为大会服务；在"大艺节"和"学联邀"等活动项目中献策建言，贡献自己的绵薄之力。

我在校团委组织部担任副部长期间，负责开展校青马班，在面对大部分均为"00后"的青马学员时，利用线上讨论群组转发漫画形式的五四运动完整过程，引导学员们对五四运动产生兴趣，再配合线下的主题团日活动，让学员们真真正正能了解"青春心向党 建功新时代"的意义，本次活动案例也获得珠海市共青团2019年案例征集大赛二等奖。担任学生干部的四年，是我最快乐的时间，也是在大学中最具有辐射性的时间，在那些日子里尽自己全力去服务和影响同学。四年的学生干部经历令我觉得自己就像是一个火苗，去点燃更多的蜡烛是我的使命，让更多的人可以变得优秀，领略诗与远方。

除了学习和社团活动，我也热衷公益以及社会实践，在知行合一中实现青春价值。大学期间我坚持实践出真知，积极参加各项比赛，共获奖50余项。我连续3年暑假坚持进行社会实践，分别前往广东湛江、广东潮州、珠海斗门、珠海高新区下乡及调研实践。2019年运用PEST分析法分析粤西地区河流治理，调研报告获得团中央百篇优秀社会实践调研报告。坚持公益与生活并行，参加公益服务、教育下乡等公益活动，在i志愿系统记录时数138小时，校内公益积分系统43分，总公益时数267小时。

2019年7月作为我校代表参加第十八期省级"青马工程"培训班，来自五湖四海的各高校学子因为青马班有缘相聚，大家除去了杂念和浮躁心态，进行纯粹的学习和交流，这是一个十分有趣和奇妙的过程，也是一次十分难得的机会。在这期间，我们深入基层韶关南雄市了解社情民意，望着大片新建的房屋和完善的基础设施，我们感受到的是乡村的振兴，是党和政府的良苦用心和有所作为。不负历史和人民的选择，党一直在用行动践行为人民服务的初心和使命。青马班同时让我深感将学习科学文化知识与投身社会发展实践有机结合的重要性，深感勤恳求学、踏实做事、升华思想就是"点亮自己、照亮他人"的绝佳方式，这份宝贵经历将使我受益终生。

最后，我想用计算机学院路良刚院长的几句话，来总结我大学的生活，也借此分享给各位师弟师妹。敏感度是我们工作生活中的一个重要指标，从事自己敏感度高的行业、工作都会事半功倍，大学就是去挖掘去找到自己最敏感的合适时机，而在这个漫长的挖掘过程中，我们不断积累各方面的知识，做到磨砺以须，耐得住寂寞与不解，直到你所敏感所热爱的生活出现，看准时机再出击，享受"我的热爱就是我的生活"。

知行风向标之生涯导师说一说

大学的他，担任了四年的学生干部，深感勤恳求学、踏实做事、升华思想就是"点亮自己、照亮他人"，尽自己全力地去服务和影响同学。大学的他，坚持"从同学中来，到同学中去"的原则，不断实践锻炼，在实践中成长。那么，我们谈一谈大学生社会实践：高校社会实践是培养教育大学生的重要途径，是大学生检验理论知识的重要途径。通过社会实践锻炼，增强大学生团队的协作能力、动手能力、创新能力等，进而提升大学生的综合素质。"理论来源于实践，又指导实践，并接受实践的检验。"通过对社会实践模式的构建、内容的设计等，依托社会、企业、高校等多方资源，为大学生进行全方位、多层次的就业能力培养提供新思路。

053 姚 耿：提升自己能够使我更有底气，更加自信

姚耿，2016 年 9 月进入北京理工大学珠海学院就读，现就职于中国联合网络通信有限公司揭阳市分公司。2017 年，4 月获得优秀学生奖学金二等奖，5 月获得计算机学院团总支学生会"优秀干事"称号，10 月获得优秀学生三等奖学金，11 月获得"优秀学生"称号。2018 年，4 月获得优秀学生三等奖学金，5 月获得计算机学院团总支学生会"优秀部长"称号，10 月获得优秀学生三等奖学金，11 月获得"优秀学生干部"称号。2019 年，4 月获得优秀学生三等奖学金，5 月获得计算机学院团总支学生会"双十佳主席"称号。

当我第一次踏入大学校门的时候，心情无比复杂。既有着开始学习上的新里程的激动，又有着对未来的担忧。因为一切都是那么的陌生，再加上第一次来到一个陌生的城市读书，所以心里有些担忧；但是，对于新校园的向往，要多于对未来的担忧。

当第一次举行班会，听到班助宣布要竞选班干部的时候，我决定要竞选班级学习委员。我觉得担任班干部，能够快速地熟悉班级里的同学，和班里的同学建立更紧密的联系。同时，

竞选这样一种班级职务，也更能锻炼自己的能力。很荣幸最后能够竞选成功，担任班级的学习委员。我在竞选学习委员的时候，还有另外一个想法就是，大学虽然说课堂更灵活，相较于小学、初中和高中更轻松，但我们来学校的目的还是学习。所以我竞选学习委员也是为了能够更好地督促自己学习。

  第一次参加团学会面试，是陪着同学来到团学会面试的。当时的我不会想到，就是这一次面试，让我在接下来的四年大学生涯中，和团学有了最亲密的联系。经过了几轮面试，我进入了团学会的学习部；也因为进入学习部，我对学习委员的工作和责任有了更深的了解。学习部是一个氛围很好的部门，同时我发现学习部也很好地锻炼了我的能力。诸如奖学金评定时，需要使用到 Excel 表格，这很好地锻炼了我使用办公软件的能力，因为在此之前，我的 Office 使用能力仅限于打字，对于公式、快捷键等都不了解。所以我也很感谢学习部，带我进入了 Office 的大门。一转眼到了换届的时候，当部长告诉我们可以填写部长竞选申请表的时候，我毫不犹豫地填写了申请表。因为我是真切地感受到在团学的一年里，我得到了很大的发展和提升，而且团学又是一个很好的学生组织。当我第一次穿着正装，站在那么多人面前做竞选演讲的时候，我的心情既激动又紧张。在此之前，我没有过一次这么正式的演讲，这也是我紧张的原因，害怕自己做得不够好，或者演讲的时候讲得不通顺。而我激动的原因则是我把它当作我的一次历练，这么正式的一次演讲，也非常难得。庆幸的是，我非常顺利地完成了我的竞选演讲。在我担任部长期间，我觉得最有意义的事情就是，我和另外两位部长在辅导员的指导下，成功策划了"微课堂"活动。这一活动发起的目的是希望给同学们带来不一样的学习体验。由成绩优异的同学担任小老师，给其他同学讲解题目，给同学们带来有别于老师的另外一种课堂体验。同时，该活动的目的也是让成绩稍差的同学能够在课堂之外得到更多的提升。在我担任部长的这一年里，在其他两位部长和所有干事的配合努力下，我们部门得到了"优秀部门"的称号，同时我个人也得到了"优秀部长"这一荣誉。也因为这一年，对团学有了更加深入的了解，我决定参加主席团的竞选。相较于部长的竞选，这一次我也对自己更加有信心，也更好地完成了我的竞选演讲，也因此在最后竞选成功并担任团学副主席。担任副主席的一年里，我更多的是在口才和组织能力这两方面得到了发展。团学的三年生涯，让我的各种能力都得到了发展；进入团学，也是我大学生活中最有意义的一件事。

参加学生组织，课外活动之余，我也没忘记最初想要拿奖学金的心。也因此才能够在我进入大一开始到现在，成功拿到了 5 次奖学金。我也能够平衡好自己的时间，既不落下学习，又能在课外之余更多地提升自己。

大学四年，我得到的不仅仅是学习上的提升，还有各方面综合能力的提升，从办公技能到策划能力，再到演讲能力、口才能力和组织能力的提升。这些能力的提升和发展，也在我大四面试的时候使我能够更有底气，更加自信。大学四年里的各种第一次，至今仍历历在目，这不仅是我大学里最宝贵的东西，也将是我未来人生中非常重要的一部分。

知行风向标之生涯导师说一说

姚耿在大学里经历了很多第一次，第一次踏入大学校园，第一次组织班会，第一次参加面试，第一次举办活动，第一次拿奖学金，第一次求职……

从 0 到 1 的积累，是所有后续个人发展和能力提升的前提。有的同学因为是"第一次"而停止了步伐；有的同学因为以往无惯例，阻碍了创新发展。大学生应时刻牢记：勇敢尝试，踏出第一步。

054 余源荣：以梦为马，奋斗不止

余源荣，2015级计算机科学与技术4班学生。在校期间曾获得国家励志奖学金两次、校级特等奖学金一次、校级一等奖学金两次、校级二等奖学金两次、校级三等奖学金一次。

时光匆匆流逝，白驹过隙，四年弹指一瞬，大学生活已经结束。我看到了什么叫坚持到底和永不放弃，看到了什么叫专心致志和奋斗不已，同时也看到了什么叫"积极废人"和"不思进取"。回想大学生活的点滴，充满了酸甜苦辣，我始终在各方面严格要求自己，努力使自己成为一名德、智、体全面发展的优秀大学生。

自入学以来，我积极参加学院、学校组织的文体活动，如运动会、计算机程序比赛、数学建模大赛、微信小程序大赛等，始终以一名优秀大学生的标准严格要求自己。学习上不断进取；工作上踏踏实实；生活上做人负责任、真诚，尊敬师长，热爱集体，乐于奉献；思想上，积极上进，勇于批评和自我批评，热爱祖国，关心党和国家的发展形势，拥护社会主义，拥护中国共产党，拥护祖国统一。我端正自己的思想，提高自己的觉悟，努力学习，时时准备为祖国的和平和繁荣富强贡献自己的力量。

知行风向标 102位大学生的青春故事

学习上，秉着"天道酬勤"，目标明确，态度端正，勤奋好学，努力做到理论联系实际和创造性发展。自从进入计算机学院学习以来，我慢慢地知道仅仅课堂上的一点知识是远远不够的，要想真正地学好，必须不断地钻研；况且计算机知识更新速度非常快，只有不断学习才能跟上这日新月异的新时代。所以我经常泡图书馆，充实自己的知识储量。我取得良好的专业学习成绩和优秀学生奖学金，并且参加多项校内校外比赛，获得2015届学校C语言程序校内三等奖和2017届美国大学生数学建模大赛国际一等奖等殊荣。其中印象最为深刻的是数学建模比赛，比赛三人一组，各人分工不同，我主要负责程序的编写。比赛是在2017年春节期间举行的，记得当时每天在机房里，从早到晚，看着比赛人数从最初的一屋子到最后屈指可数的队伍，我们团队仍然不放弃，齐心协力，相互鼓励，力求有始有终，最终获得殊荣。我还获得全国英语四级证书和计算机专业证书，另外注意涉猎课外知识，提高自己的思想文化素质，为成为一名优秀大学生不懈奋斗。

大学期间我参加多次实习，曾经在南方软件园和学校图书馆实习过。实习期间，我好学、刻苦、踏实，在实习过程中，不仅充满挑战，还积累了课堂以外的宝贵经验，虽然因为遇到的项目问题有过烦躁，也因为领导的工作安排有过无奈，但是后来性格得到磨炼，学会了如何与领导相处，与同事相处，正是这些，使我得以健康地成长，也得到实习单位领导的好评。

生活上，每天运动，为了体魄；每天学习，为了好的思维；每天复习，为了不遗憾；每天乐观，为了良好心态。热爱公益，锻炼交际能力，诚实守信，与人和睦相处，注重实践活动，丰富自己的阅历，懂得感恩。此外，我也用心利用空余时间投身到社会实践学习中去。在这期间我受益匪浅，积极参加校内校外公益活动，看望孤寡老人，给老人们送去欢乐。老人们特别可爱，看到志愿者时，他们会主动给我们送糖，把我们拉过去唠嗑，有时还一起表演节目，特别融洽。我还加入净化环境的队伍，在志愿者队伍中结识了一大批志同道合的朋友，扩宽了我的交际面。

在大学四年的学习生活中，我在各个方面都取得了明显的进步，学习成绩和综合素质等各个方面都得到了很大的提高。在此，我要感谢老师们在专业方面的深入指导，同学们在工作和生活中给我的支持和帮忙，以及在实践过程中我的长辈们的指导。而临近毕业即将离开校园时，我觉得我应该为学校做些什么来回馈学校，为此，我自愿与同学合作为学校图书馆开发了自习室选座系统，并且参与学校公益系统开发和维护。至此，我始终不忘自己是北理珠一分子，仍在继续学习努力完善自己。以梦为马，莫负韶华，在今后的日子里，我要以更加严格的标准和要求来激励自己、鞭策自己，以求有更优异的表现。

知行风向标之生涯导师说一说

"纸上得来终觉浅，绝知此事要躬行"，大学的学习，他逐渐摸索，知道仅靠课堂上的知识是远远不够的，要想真正地学懂弄通，必须不断钻研，通过课余时间不断学习才能跟上这日新月异的新时代。他感恩回馈母校，自主自发用所学专业技能为图书馆开发了自习室选座系统，同时参与公益系统的开发和维护。大学生在高校生活，正处在人生成长的关键时期，面临着知识体系的搭建、价值观的形成、心理成熟度的发展。大学生要结合自身的情况从简单到复杂，从此时此刻做起，从自身做起，为实现国家富强、民族振兴、人民幸福的中国梦凝聚强大的青春力量。

055　袁振威：我与团学共进步

袁振威，2015 计算机科学与技术 3 班的学生，2019 届优秀毕业生，在校期间曾获得优秀学生奖学金 5 次、"优秀学生干部"称号、北京理工大学珠海学院"优秀团员"称号、计算机学院团总支学生会"双十佳"称号。

我在大学本科阶段，思想上积极上进，能够做到自尊自律，认真学习，努力研习专业知识，且在保证学习的同时积极参加学院活动。毕业之际回顾 4 年以来的学习、工作和生活，对于个人做出如下鉴定：

思想上，我能够严格遵守校规校纪，并认真研修思政课程，积极向党组织靠近，具备运用联系和整体的观点看待问题的能力以及用发展的眼光去看待问题和事件，能够清醒地意识到自己所担当的社会责任。

学习上，本着谦虚谨慎，求真务实的态度对待所学科目，能够自律完成所有在校课程并连续三年获得优秀学生奖学金。在日常生活中也会将理论知识与实践相结合，以解决实际问题。要明白学无止境，所以必须要不断地学习以充实自我，才能够学会正确分析问题和采取相应的对策。

生活上，加入了计算机学院团总支学生会，在学生会三年期间从干事到部长，最后竞选参加主席团一职，在学生会的三年学到了很多书本之外的知识，不仅能够熟练编写策划书，而且对于举办活动的流程有了一定的了解。

大一时在计算机学院团总支学生会办公室当干事期间，开始接触并学习如何制作书写一份完整的策划书，同时逐渐参与并融入团学的大家庭。在拓展朋友圈的同时，从办公室的日常事务做起，培养自己的能力。小至整理文件，管理物资，大到参与活动布置，由最初的小错不断，到最后的稳步有序；从一开始的粗枝大叶，到最后能兼顾全局。一年的干事生活，让我通过基础工作明白了"每一栋大厦，都是一砖一瓦搭建起来的"，越是基础的工作越是要用心去对待，切记不能眼高手低，底层的基础工作一旦出现问题，势必会对整体产生巨大的影响。在经历了干事的工作生活后，在部长的鼓励下，我鼓起勇气站上了竞选部长的演讲台。

当我在报告厅站上竞选部长的演讲台时，一切仿若梦幻般绚烂，聚焦的舞台灯光与台下期许的目光交错投射在我身上，让我第一次体验到了"舞台"的感觉。燥热的血液与弹动的心脏，让唾液都变得黏稠。望着台下的众人，紧张与兴奋的情绪充斥着我的大脑，演讲稿与PPT仿佛消失了般在脑海中无处可寻，一切都凭着本能在进行，就像在上台前一遍又一遍地练习那般脱口而出，让我明白了不断的努力是一件多么幸运的事。

大二时我成功竞选，当上了计算机学院团总支学生会办公室主任，这一刻我的角色不再是一个干事了，而是决定着一个部门的部长。在紧张与期待中我迎接到了我的干事们，在第一次例会后，第一次感受到了肩负一个部门的责任是多么沉重，在对自己负责的同时也必须对我的干事们负责，既要确保每个活动有条不紊地进行，还要保证每个干事的积极性并让他们有所收获，与此同时还必须时时关注并培养有潜力的干事。在此期间我策划举办计算机学院团总支学生会全体见面大会、组织校级比赛——策划书大赛和策划举办校园十榜"热心公益榜"决赛。

时光飞逝，在鼓励我的干事们勇敢参加部长竞选的同时，我也暗下决心参加计算机学院团总支学生会主席团秘书长的竞选。即便有了第一次竞选部长的经历和多次开例会上台的经验，在登上报告厅的演讲台时仍是不由得紧张。这次之后我的身后不再有为我遮风挡雨的部长或主席了，轮到我为了让团学会更加光彩夺目而付出十二分的真心和努力了。在这一年，我们组织举办了有史以来最温馨、最火热的计算机学院"元旦晚会"，与此同时，在辅导员的帮助下第一次走出校园参与了珠海市教育系统"逐梦100"团建项目。希望能够通过一步又一步的小步伐让自己更进一步，让团学更进一步，在不断锻炼自己的同时，也为下一届的团学会成员们开拓一条新的路线。

我在本科期间所获颇多，不仅学习到了专业的基础知识，为日后的工作打下坚实的基础，同时个人能力通过计算机学院团总支学生会得到了充分的锻炼，既培养了自己的基本工作能力，又学会了如何更好地社交互动，希望能够在日后的工作中争取获得更大的成就。

知行风向标之生涯导师说一说

袁振威主要分享了个人在学院团总支学生会的工作经历和成长收获。那么，我们先了解下学院团总支和学生会是什么。大学团总支是以为团员青年的成长成才服务为出发点和根本目标，负责学院共青团员思想教育、组织建设及共青团干部培养和管理的职能部门。主要负责全院团员的管理、考核、奖励、处分及基层团干部的任免等工作，组织开展有利于青年健康成长的各种活动。学生会是学生自己的群众组织。凡在学的中国学生，不分民族、性别、宗教信仰均为学生会会员。学生会以全心全意服务同学为宗旨，发挥学校党政联系广大同学的桥梁和纽带作用，在党组织的领导和团组织的指导帮助下，依照法律、学校规章制度和各自的章程开展工作。

056　郑博介：成为经历风雨而现的彩虹

我是郑博介，甘肃兰州人，2019届优秀毕业生。

在一个个不停忙碌前进的学年过后，眨眼一看，我竟已身处毕业关口了。回首已往，过去四年的大学生活仿佛电影情节一般一幕幕出现于眼前。这四年对我来说，时间太快，也太慢。并非每个人在一开始就能有明确的目标，且为之前进，我羡慕那种目标明确的生活，但庆幸自己在一步步的爬行中找准了自己的方向。

在过去四年的学习生涯中，我虽不是出类拔萃的那几个，但也凭借着自身的努力取得了相对较满意的成绩。这期间，共参评奖学金6次，获一等奖学金3次、二等奖学金1次、三等奖学金2次；除奖学金以外，我也考取了由中国人力资源和社会保障部、工业和信息化部颁发的计算机技术与软件专业技术资格证书、软件设计师证书。在所有的主修实践课程中，我结合理论知识的运用以及创新的思维点，大都取得了老师给予的优秀评价。

学习之余，作为一个迷恋体育竞技的男生，我在大一期间就加入了计算机学院的男子足球队，并在当时担任了院男子足球队大一新生队队长。出于对足球的热爱，也是队里成员的支持，我担任了计算机男子足球队的副队长，并带领学院足球队先后在"第十一届校级男子足球赛""第十二届校级男子足球赛"中获得了第二名和第一名的优异成绩，刷新了计算机学院近年来在校级足球赛中的比赛名次。也正是在足球队里与队友们的不断合作，让我意识到了合作以及互补的重要性，所以这段经历对我来说尤其重要。除了在社团里的集体运动，我还代表班级出赛参与了院运会的各项运动，并于"男子长跑1500米"赛事中取得了第三名的成绩。

虽说我在前进道路上的目标不算明确，但在一次次的不同尝试中，我逐渐摸清了我在每个阶段应该做的事情。因此，在大三期间我便确认了自己以后的发展方向，便是开发行业。很幸运我能在这个专业里找到自己的工作兴趣，并在不算太晚的时间里就确定了自己的目标，因为就我所认识的同学的情况而言，并没有多少人能真正热爱自己的专业，也因此浪费了很多时间，以及错失了很多机会去找寻自己真正热爱的东西，所以我时常很感激当时的自己，能够给自己选择一个以后将会为其奋斗且真正热爱的行业。由于目标确定，所以除了在学校的经历，我也积极参与了专业对口的校外实习。深圳的中兴长天信息技术有限公司在最开始的招聘中，并不青睐我这个大三的小白，很庆幸我在学校主修成绩的优异以及我不断的争取，公司决定给我一个机会来担任公司里的Java研发工程师实习生。明白机会的来之不易，我十分珍惜这份实习工作，并在其中付出了许多汗水。在实习期间，我参与研发了公司里的三个大型软件系统，并且系统最后都成功发布且获得客户的肯定，这也是对我这份实习工作的莫大肯定。由于基本功相对来说较扎实，也经过了公司的层层考核，我又十分幸运地获得了项目经理的批准，可以在毕业后免除实习期直接入职，此时为大四的第一学期。

可能相对来说，我的这份提前的Offer十分诱人，但我自己却深知其背后蕴含着我无数个日日夜夜里面对代码的斗争，也正是这段经历，让我更加明确我的发展方向，也让我决定了我想要对这个领域有更深的了解。所以后来在家人朋友的支持下，我选择了继续深造本专业。因为时间十分有限，所以我全神贯注在关于学校的申请以及这过程中需要考取的证书。最终在我的不断努力下，我被心仪学校录取。

如果让我回头总结我这四年的大学生活，我只能说没有人的完美结果不需要辛勤的汗水，在这个大家都只看结果的竞争时代中，唯有把握好自己的方向以及目标，并为之坚定前行，不论前方的道路再崎岖、再多苦难，都应不忘初心。十分感谢自己的不懈努力，也很感谢在我所选择的这条道路上遇到过的所有的战友及对手，他们使我坚强，也感激所有过程对我的历练。

知行风向标之生涯导师说一说

就业还是升学？当很多同学还在纠结未来的选择，聪明的人已经开始行动，通过行动去逐渐明确未来的选择。很多时候，我们无法做出选择是因不了解选项，未获取足够与选项相关的信息。在开展大学生个体咨询工作时，很多同学的第一次咨询结果，往往是被建议回去分析了解可以选择的项目后，再进行第二次咨询。郑博介的实习、就业、升学，一切都是那么顺理成章，源自他知晓打好专业基础时所有选择项目的要求。

057 郑东东：敏而好学，热爱生活

郑东东，2016级计算机科学与技术3班学生。在2017年4月获得优秀学生三等奖学金；在2017年10月获得优秀学生一等奖学金；在2018年和2019年的4月以及10月，连续四次获得优秀学生二等奖学金；在2019年3月，获得国家励志奖学金。现就职于网易公司。

2016年夏天，我第一次踏入大学校门，成为北京理工大学珠海学院里的一个学子。时光荏苒，如今已到了告别这所学校的时候。在这四年的大学生活里自己收获良多，充实了自己的思想，学到了专业的知识，丰富了自己的生活，还积累到了许多的工作经验。

在思想上，作为一名光荣的共青团员，我有着正确的思想觉悟，在学院中多次参选并获评"优秀团员"称号。我积极响应学校组织的各类团员活动，参加时政讲座并记录下自己的心得体会，也曾协助学院开展相关学生交流座谈会，宣传社会主义核心价值观，在活动中实践理论，用理论指引生活，做到学以致用。此外，我努力提高自身思想素质，做到严于律己、求实创新、与时俱进，热爱社会主义祖国，弘扬优秀的中华民族传统美德，自觉履行应有义务，遵守纪律，处理好个人与国家、集体

的关系，发挥团员的模范作用。

在学习上，我各学科都取得了优异的成绩，多次被评为"优秀学生"，获得过多次优秀学生奖学金和国家励志奖学金，经过努力也通过了 CLAD 认证。我在课堂上从不迟到早退，能够做到认真听讲，遇到不懂的问题敢勇于提问，乐于帮助其他同学解决问题，与同学相互探讨学术问题，取长补短，大家共同进步。我能利用课外时间参与各种学习竞赛；我参加社团组织知识分享会，从中吸取到学长们总结的学习方法和经验；我参加技术人员开展的技术讲座，例如谷歌技术分享会、开源中国源创会等，从中了解到从业人员对行业的分析和他们的工作经历；我去图书馆阅读书籍，获取许多在课堂上无法学习到的知识，开阔自己的视野。我要求自己要认真钻研专业知识，刻苦学习，不断提高自己的学术素养和综合能力。

在生活中，我会经常参加公益活动，例如对校园进行清洁，扫除路边垃圾，清理草丛里的烟头及一些杂物，对学校机房进行维护，帮助图书管理员整理借阅室，在校外帮助梳理交通、引导人群、探望老人等，秉持"奉献有爱，互帮互助"的精神为创建和谐文明校园做出了努力。我希望能带动身边更多的人，培养大家乐于助人的精神。我积极投身到古镇文化调查和城镇饮食文化调查等社会实践中，感受不同于校园的人文生活，体会不同地方的风景文化。我也意识到日常生活中保持良好人际关系的重要性，能积极响应参加大家组织的聚会，与朋友组织一起外出旅行，在丰富生活的同时杜绝一切不良生活作风，做到助人为乐，品行端正，朴素节俭。

在工作上，在校期间有幸担任了辅导员助理一职，主要工作是协助辅导员开展日常的事务，完成辅导员下达的任务。辅导员助理并非只由一人担任，而是与其他同学一起组建成了一个团队，所以在工作期间也提升了我的沟通能力和团队协作能力。辅导员助理会接触到各种各样的工作，锻炼自己的各项技能，日常工作就是处理文件，对文件进行分类和格式整理需要具备一定的办公技能，打印和复印等操作需要熟练使用相关机器，一些文件处理完要递送到各办公室，这也要求熟悉各办公地点和办公人员；在学院召开会议时，我们要安排听讲人员，布置讲座会场，协助维护现场秩序等，为学院贡献自己的微薄之力。虽然很多工作都是看似琐碎的小事，但也正是我们和许多工作人员按要求严格完成的这些小事才能让大家在学院的生活更加有序便利。为了不辜负老师和同学们的期望，我今后也将勤恳踏实，用心做好我的本职工作，提升工作能力。我认为我担任的职务对我走向社会起到了一个桥梁作用，这是我人生中一段重要的经历，让我真正感受到了我为之奋斗努力的目标，让我的信心更加坚定，为以后步入社会打下了坚实的基础。

最后，感谢老师多年来的悉心教导，感谢父母对我的关爱和尊重，感谢我的室友给我提供了良好的生活环境，感谢我的同学为我营造了充实的学习氛围，还有感谢我的朋友能在我需要帮助的时候伸出援手。感谢与你们的相遇，是你们的付出与努力共同构成了我大学的回忆。为此，我将继续努力，坚守正确思想观念，不断进取学习，勤奋工作，以感恩之心回报学校和社会。

知行风向标之生涯导师说一说

郑东东说大学生应该是敏而好学、热爱生活的模样，我说大学生应该具有勤学修德明辨笃实的标签。

我们知道，北斗团队成员平均年龄 35 岁，航天报国的嫦娥团队、神舟团队的平均年龄 33 岁，在纪念五四运动 100 周年的大会上，习近平总书记褒奖他们是青年英杰。这样的青年有很多，例如，21 岁的申怡飞，中国 5G 技术最年轻的核心研发人员。21 岁，大学生处于大学三年级，能做什么？做了什么？应该做什么？又如 29 岁的"光子芯片魔术师"沈亦晨；还有比肩马斯克的舒畅，他成功地发射了第一枚民营火箭。青年人，他们在创新报国的道路上一路飞奔！创新，谱写出新时代的最美青春！

058　郑　健：我的大学经历

郑健，2016级软件工程专业学生，曾获优秀学生三等奖学金1次、二等奖学金1次、一等奖学金2次、特等奖学金2次，多次荣获"优秀学生""优秀团员""优秀学生标兵"等荣誉称号。

大学生活眨眼已是尾声，以往我们作为学弟学妹送一批批优秀的前辈们踏上新的人生旅途，而今我们也将作为学长学姐接受学弟学妹们的祝福，开启新的故事篇章。

记得初入大学没多久，就看到了ACM协会宣传的"C语言程序设计挑战杯"，那时我满怀激动，因为这将是我大学以来参与的第一场活动和比赛。而且由于我个人对编程是比较感兴趣的，因此这种比赛是我兴趣最大的发挥场地。经过一天的比赛，虽然我与其他队员配合默契，但最终还是遗憾获得优胜奖，不过我们也因此充分体验到了这种竞赛的乐趣以及了解到了编程技术的博大精深。

在学习方面，我努力完成学业，积极做好课前预习、课后复习，并与同学积极探讨习题，耐心地为同学解决问题，以实现共同进步。虽然绩点排名靠前，但这并不能使我满足，我希望以此激励自己，让自己继续向更高处爬。我知道想要爬得更高，这前面的困难也会越大，但是我会努力，尽我所能地向上爬。即使最终我仍然无法超越那些比我更强的人，我依然能够对自己说："嘿！哥们！你已经尽力了！至少你在这场竞赛中学会了坚持。"这就足够了。学习永无止境，你永远都不知道在前面有多少人你很难去超越，但是在学习的过程中，我学会了坚持，学到了知识，即使顶峰的位置不属于我，我也不会后悔我在学习方面的付出。至今日，我已学习了网页前端（HTML、CSS、Js、Jquery、Ajax、Vue）、后端（PHP、ThinkPHP、Golang、Beego）和移动端 Android 的开发，具备了 B/S、C/S 架构应用的设计与实现能力且有相关经验。在这期间，很荣幸有位外院的师姐通过同学介绍找到了我，并邀请我加入他们的大创团队，担任团队的 App 设计实现者。因为当时我正在学习 Android 开发且具备一定的开发能力，我接受了邀请并参与制作了 App，且于一年后通过学院的审核评为"校级立项"，其间成功申请到该 App 的软件著作权证书。

　　对于编程技能的学习，我的感悟是：先学习、后实践。技能的学习固然重要，但实践才是技能掌握的根本。每次学习完一门新的编程语言、一个新的语言框架或一门新的技术，我都会去思考并设计实现一个对于我个人有价值的工具来使用。因为只有在需求的导向之下我们才会考虑到自己在这方面有哪些不足，并在寻求解决方案的过程中加深对这项技术的理解，以便于我们更好地掌握这项技能。而实践并不是随意去做一个能用得上这项技术的功能就好，我个人认为软件应用的制作是为了让我们得到更多的方便之处，且应用的设计需要表现出其价值，至少对于作者而言应该具备一定的使用价值。就我而言，我就设计了一个在线的学习文档手册系统和动漫收集系统，因为这两方面都最贴近我的生活。大三下学期的时候我参与了"软件中级设计师"的考试并成功通过考试获取资格证书。对我来说，这是编程知识的掌握和努力的证明，而且也是一些企业所看重的"敲门砖"，因此我觉得这是对我学习能力、专业技术的肯定和强有力的证明。

　　在生活方面，我积极参与各项活动，包括公益活动、社团活动、班级活动等等。我的个性比较坦诚乐观，乐于帮助身边的人，因此交到了很多的好朋友，大家经常聚在一起有说有笑。虽然我们彼此间经常互相嘲讽，但是大家都知道，谁也不服输，谁也不甘落后。虽然平时一起搞娱乐活动，但事后大家都在你追我赶，因为在我们这个小团体中大家都有一个共同的意识，就是"落后是一件很丢人的事情，一群朋友聚在一起，总有一个最优秀，总有一个最普通，谁又不想做那个最优秀的人呢！"我为交到这些朋友感到开心，因为人总是在不断的竞争中提升自己。

这四年间我获得过学校的一些奖项，除了"C语言程序设计挑战杯优胜奖"，还有优秀学生特等奖学金奖2次、优秀学生一等奖学金奖2次、优秀学生二等奖学金1次、优秀学生三等奖学金1次、"优秀学生"称号2次、"优秀团员"称号2次、"优秀学生标兵"荣誉称号、三创杯优胜奖、简历制作大赛优胜奖等。这些奖项、奖励证明了我这四年并非虚度光阴，我可以自豪地说，我确确实实一步一个脚印地前进着，我的努力也得到了相应的肯定与回报。

大学四年的校园生活一晃已经到了尾声，纵使有千般不舍，我也得亲自为这段故事画上一个完美的句号。接下来我该做的就是满怀激情，开启新故事的篇章。

知行风向标之生涯导师说一说

"嘿！哥们！你已经尽力了！至少你在这场竞赛中学会了坚持。"这是郑健在成长路上常常对自己说的话。

学会与自己对话，是一种自我调节的方式，也是一种缓解压力的渠道。通过用平和的心态面对自己，审视自己的言行，在面临困难或者毫无准备下遭遇突发情况时，能够从容不迫，淡然处之。

059　郑　越：Just do it

郑越，北京理工大学珠海学院2016级计算机科学与技术专业学生，在校期间曾获学校奖学金和"优秀团干"的荣誉。

回首大学四年，时光飞逝，四年青春，一晃而过，虽是转瞬即逝，但对我来说仍然是极其宝贵的记忆。

作为大一新生的我，怀着一腔热血，希望成为一个被别人需要的人。初生牛犊不怕虎，在第一次的班会上，我第一个参加了班长的竞选。在大学之前，我不曾在小学、中学里担任要职，而大学是一个崭新的开始，不甘碌碌无为，我想从普普通通的人中成为有特点、可识别的存在。万事开头难，是因为思考过多，担忧挫折和失败太多而导致无法迈开第一步，往好听了说是未雨绸缪，难听了其实是杞人忧天。在大三师兄，也就是我们的班助说要评选班级干部的时候，竞选班长的想法一闪而过，我没有放弃这"三分钟的热度"，积极上台介绍自己，踏入竞选的行列，下台时才感受到紧张，这也证实了耐克的标志性宣传"Just do it"。

成为班长，自然要承担起作为班长的责任，频繁的会议，大到学校集体活动的组织，小到学院的辩论赛、心理剧比赛，甚至班级之间的篮球友谊赛，我都积极担任组织者，同时参与其中为班级出一份力。在此过程中，曾因为事务繁多，同时有学习任务的压力，想过放弃，想过"辞职"，但立即想到，今后步入社会，环境的残酷不是大学可以相比的，一个班级的班长都不能好好地干好，以后又怎么管理部门和企业？这样的想法坚定了我的意志。毅力，正是我一直以来最大的难题，遇到困难要勇敢面对它。

在学习上，我刻苦积极，在理论和实践中不断完善自己，遇到不能自己解决的难题，及时请教老师和同学。对新学的知识进行结构化的梳理，厘清思路才能更好地记忆并在实践中运用新的知识。经过努力，一些科目名列前茅，也让我能够获得学校奖学金的奖励和心理上的满足。同时，在自己力所能及的范围内，帮助同学解决他们遇到的学习上的问题，并在期末组织自习和由成绩优异的同学主讲课程知识的讲解辅导，以此帮助在课堂中留有疑惑的同学更好地吸收老师教授的知识。

或许在班长的位置上，在管理组织中，我有时有些强硬、严肃，但在生活中，我很随和、平易近人。得益于班长的职务，我几乎马上认识了班上所有的同学，并与其有所交流。很快结识了一帮志同道合的伙伴，在他们眼中，我并不仅仅是一个班长，更是他们调侃、开玩笑、一起努力、有时有点傻又可靠的存在。曾有同学说过，在第一次班级会议上，我梳着整齐的背头，表情严肃地介绍自己，并成功竞选班长，肯定是个可怕的人，给人一种难以靠近的印象，但后来接触后，可以说是两极反转。同学遇到困难或者不懂的事情会来向我寻求帮助，这正是我想成为一个被需要的人的愿望的实现。

我热爱运动，积极参加学校举办的校运会和篮球赛，和一起参加的同学共同训练，认真打好每一场比赛，在队伍里营造良好的氛围。在篮球比赛中带领班级进入八强，虽然不敌对手而落败，但我从未气馁，也不曾责怪队友，比赛是我们巩固凝聚力的重要过程，友谊的小船不会说翻就翻。

经过大学洗礼，如今稚嫩的少年已经成为一个独当一面的青年迈进社会。大学教给我的不只有课程知识，要知道，人类文明积累到今天，今后社会中所运用到的知识不是短短几年就能学会的。大学给我最大的馈赠是思考能力的提升和思考方式的养成，同时锻炼高中锻炼不到的自主社交能力和与上级也就是学校领导、任课老师和专业辅导员沟通的能力。这些能力在今后的工作生活中将继续精进，让我在成长过程中不断地提升自我价值，运用专业能力，为社会、为祖国创造价值，同时实现自己的人生价值。

知行风向标之生涯导师说一说

好看的皮囊千篇一律，有趣的灵魂万里挑一，正当洋溢青春朝气的年华，不应该妄自菲薄，自甘堕落。路漫漫其修远兮，吾将上下而求索，秉承自己的优良作风和优秀品质，在一次次经历挫折中总结经验，成为一个更加成熟自信的人。

060 郑泽楷：少年游

郑泽楷，计算机学院 2016 级软件工程专业学生。在校期间，获得省市级奖项 1 项、院校级奖项 14 项，其中，2016 年获计算机学院新生杯辩论赛亚军、最佳辩手，2017 年获北京理工大学珠海学院新生杯辩论赛冠军、最佳辩手，2018 年获北京理工大学珠海学院"三创杯"创意创新创业大赛金奖。曾任计算机学院职业发展中心副主任、"心之音"心理协会组织策划部副部长、校辩论队队员、计算机学院新生班主任；现任计算机学院辩论队教练、深圳市联软科技股份有限公司助理产品经理。

路

随着 2020 年新冠肺炎疫情的影响，很多人出师未捷身先死，还未毕业就已然感受到了失业的命运，不禁对毕业充满了恐惧，也对前路充满迷茫。如今已到毕业边缘的我，被问得最多的就是，在哪打码？但是我虽然实习过两家公司，包括如今任职的这家算是挪过三个公司了，可是却没有过太多的编程工作，无他，自大一时 C 语言挂科。其实心里也隐约想过自己是否适合学软件工程这个专业，怀疑过自己的编程天赋，后来随着课程慢慢铺开，慢慢明白其实计算机也不止编程这一条路可走，一个产品的生命周期，漫长的发展阶段中，并不只有一群程序员在散发光芒。第一次实习时我是实施顾问,第二次实习做的是安全运营,再到现在所做的产品经理,三次不一样的尝试,三种不一样的体验,也许确实"不太编程",也都"很不软件工程",但每条路都没有错,每个方向,也都只是我们的选择而已。

辩

大学是一个神奇的地方,因为在这里,大部分的人能找到一群同道中人,经营一片自己的小天地。

辩论队,是我大学加入的第一个社团组织,也是贯穿我整个大学生涯的浓墨一笔。

备赛—比赛—被训—备赛—比赛—被训,循环往复,却从未打击过我对辩论的热情。大一时年少气盛,总觉得辩论是带着一群人攻城略地,把别人呛得措手不及,张口难言,直到被别人也打得张口难言。

大学里参加的大大小小的比赛很多,有过高峰,有过低谷,也曾嬉笑怒骂,慢慢地它成了大学生活中的一部分,挥之不去的不是胜利的喜悦,也不是失败的不甘,而是那群人,那群与自己一样爱思考、爱打破常规的人。在大学时光里,陪你一起去头脑风暴,抽出复杂世界里一丝丝新鲜的玩意儿。

辩论是理性的,理性到可以让人战胜自己内心的想法,去寻求从未见过的另外一面。常有人问我,如果我抽到的辩题和我内心所想的不一样怎么办?曾几何时我也是如此问我的师兄的,那时候也不明白,我们为什么要去违背自己的意愿?事实上这是一件很痛苦的事情,但从痛苦中破开迷雾,也许我们就会发现,我们凭什么一直保持着自己的意愿?如果我们从未见过世界的另外一面,我们也许会一直自负地认为自己是正面吧。

心

高中时听说心理老师是北师大心理学系毕业的,曾问:您知道我在想什么吗?

后来读了很多心理学的书,却从未再想过:我能不能看透别人心里在想什么?

大一时我最想加入的社团就是心理社团，于是我来到了"心之音"，这里的人和我一样，有着共同的心理学爱好，有着自己对心理学的理解，也多多少少有一些暗藏在心里的伤口或秘密。后来我发现，很多人去学心理学，是为了解决自己内心的一些问题，有的人年少时受过打击，有的人诉诸原生家庭，心理学可能在这个时候，给了脆弱的人们一个心灵慰藉。后来我在心理咨询中心值班登记，常会有同学打电话来预约咨询，大部分的人接线进来之后不太敢说话，有些人甚至会先试探一下是否真的是心理咨询的地方。那时候我才意识到，其实这个世界对于心理可能会生病这件事依然存在偏见，于是我想我也许能帮到他们。我虽然没有机会到心理学专业院校去上学，但我依然可以在心理疾病受到质疑时站出来，告诉那些生病的人这真的是病，告诉那些质疑的人这只是病。

我不知道我有没有帮到他们，但至少在我看来，这是现在的我们需要去做的。

结

在临毕业之际，还是会想老气横秋地跟师弟师妹们说一句"好好学习，不要荒废了大好青春"，但思来想去还是觉得应该是：大好时光，别光顾着好好学习，还要多看多玩，多体验一些属于自己的小美好。今天与你同行的人，也许过了十年、二十年，在山长水远处相遇，也许还能再现如今的嬉笑怒骂，却都会感慨时光已逝永不回吧！

莫待他日欲买桂花同载酒，终不似，少年游。

知行风向标之生涯导师说一说

他在大一挂了专业基础课程 C 语言，怀疑过自己的编程天赋，幸好没有放弃，在之后的课程学习和专业了解中，找到了自己的方向。计算机专业的学生未来的去向，除了可以成为人们常说的程序员，同样可以进行软件测试、软件实施、产品经理、项目经理、运营专员等。他第一次实习的岗位是实施顾问，第二次实习做的是安全运营，再到最后的产品经理，每条路都没有错，每个方向的选择也是基于自身的情况。

061　郑梓煜：从校园的"双十佳"走向岗位的"双十佳"

郑梓煜，计算机学院 2016 级计算机科学与技术 1 班学生，2020 届优秀毕业生。在校期间，获得计算机学院团学会"双十佳部长"称号、校"优秀学生"称号、校三等奖学金，第三届全国大学生知识环保竞赛"优秀奖"、校"优秀团干"称号、计算机学院团学会"双十佳"称号。现就职于广州港集团有限公司。

乐于助人，热心公益，刻苦努力

在校期间，我严于律己，以身作则；乐于助人，热心公益，与同学相处融洽；对待学习，我刻苦努力，并多次获得校优秀学生奖学金；对于社团工作，我认真负责，并获得 2017—2018 学年计算机学院团学会"双十佳部长"称号，2018—2019 学年计算机学院团学会"双十佳"称号。

以饱满的精神状态，用心地做好每一份工作

我曾任计算机学院团学会主席兼团总支副书记、计算机学院团学会体育部部长，能够很好地协调学习和工作，以饱满的精神状态，用心地做好每一份工作，并能大胆、高效率地管理和处理工作事务，有着强烈的责任感，这些也是作为一名优秀

学生所缺一不可的。经过大学四年的磨炼，我不仅收获了友谊，而且在自身素质的各个方面都有很大的进步和提高，包括办事精干、处事果断等能力。在今后的工作中，我也会精益求精，更进一步地提高、完善自己，以身作则，真正起到模范带头作用。

大学四年，我严格遵守学校的各项规章制度，勤学好问，求真务实，积极参与学院组织的各项活动、学校举办的各项竞赛；能正确处理人际关系，与同学相处融洽，并不断地充实自己，努力提高自己的素质和实践能力。

在这四年的工作中，我严格要求自己，在学习上要认真，政治上要先进，活动中要积极，并且在思想、学习、工作和日常生活上都取得了一定的成绩。

在学习方面，我有一句座右铭——"在这里最舒服的日子永远是昨天"，学习知识就是在现有的基础上争取学到更多。我刻苦努力，有明确的学习目的，认真研究专业知识，平时主动与同学讨论学习，取长补短，达到共同进步的目的。当然，除了认真学习理论知识，也更注重理论与实践的结合。在课余时间，通过网络或者图书馆的资料进行自学，使得学到的知识更加充分。除此之外，我还会看一下报纸杂志，拓展自己的视野。

在工作方面，我始终保持严谨认真的工作态度，勤勤恳恳，认真负责，敢于承担责任。大一期间，我加入了团学会，努力完成部长交给我的任务，并与部员之间相处融洽，互相帮助。我也参加过校内许多活动，在校运会中取得过两次趣味活动二等奖。大二的时候，我参加了部长竞选，并光荣地成为体育部部长，此后在团学会的领导下积极组织和策划学生活动，让学院每一位学生都参与到活动中来，贯彻落实"三走"活动，增加学生们的户外活动时间，带领部员开展各项活动，锻炼和提高他们的工作能力。在这一年的年度总结大会上，我被评为"双十佳部长"。在这之后，我参加了主席团成员竞选，成功竞选上主席这一职位。作为计算机学院团总支学生会主席兼团总支副书记，我一直恪尽职守，以身作则，多次组织和策划一系列活动。作为一名团干部，我积极参加团组织的各项活动，正确行使团章规定的权利，履行团员义务，不断求知，不断学习，不断进步，处处发挥先锋模范作用；坚持贯彻党的教育方针，坚持全心全意为广大师生服务，坚持以创新为基础，以服务为理念，以学生为主体去开展团总支的工作；多次组织团员进行团课培训，提高团员的政治思想素质；结合我院学生实际情况，充分调动同学们的积极性，以提高校园文化品位和学生的综合素质为目标，大胆创新，打造特色的精品活动；定期总结工作情况，注重素拓、内培、团建等自主管理；制定更好的管理方案，使团员按时缴纳团费，定期学习团课。作为一名班干部，积极带动班级同学响应学校的号召，认真完成班级各项工作，帮助班里每一位同学。到了大四，我便开始了实习之路，希望能通过运用自己大学所学的知识，为企业、社会做出一份贡献。

在思想道德方面，在成为一名共青团团员以来，我深知良好的思想政治素质在成长的过程中所起到的作用，也始终把提高自己的思想觉悟与政治修养放在首位，坚持学习理论知识。我积极参加团组织的团课培训和各项团日活动，提高思想觉悟水平，做到按时缴纳团费；不断强化自身素质建设，通过不断的学习充实自己，逐步提高自身思想政治素质，积极向团组织靠拢，不断提升自己的思想，不断磨炼自己的意志。

在日常生活中，我待人友好、平易近人，和同学们相处融洽；崇尚质朴的生活，有良好的生活习惯和正直的作风，不铺张浪费；会利用课余时间去兼职，锻炼自己的生活能力，并减轻家庭的负担；不和他人攀比，脚踏实地，过一个实在的、有意义的大学生活。

大学匆匆而过，这一路走来跌跌撞撞的，当中有苦也有甜。很感谢家人，感谢老师，感谢同学，也感谢一直坚持不懈的自己，让我能从一名无知的、懵懂的高中生，慢慢地蜕变成为一名成熟的、合格的大学生，也让我能够收获一段愉快的、难忘的大学经历。过不了多久，我也将要离开校园踏进社会，并以全新的面貌、更饱满的精神去迎接未来，并付之努力，奋勇直前。

知行风向标之生涯导师说一说

他是优秀的学生干部，曾任学院团总支学生会主席，履行团员义务，不断求知，不断学习，不断进步，处处发挥先锋模范作用。在疫情防控工作中，北京理工大学珠海学院计算机学院2019级郭浯延自愿跟随父亲值班站岗，在社区重要路口值守，检查来往车辆人员，测量体温，守护家园。在当地南海新闻记者采访郭浯延时，他说道："首先，担心父亲的年龄比较大，我觉得自己应该尽一份孝心；同时，父亲是一名党员，我是一名团员，这是属于我们年轻人的一份义务和责任，我们应该站出来为大家服务。父子齐心，其利断金，这次的事情让自己成长了不少。"

当然还有更多的"郭洺延"在这特殊的时期，响应当地号召，站出来服务大家，他们到当地社区报道，服务当地社区人民，在防控疫情阻击战中充分发挥共青团生力军和突击队作用，挺身而出，冲锋在前，为坚决打赢疫情防控阻击战贡献力量。

响应当地社区号召、做了防疫志愿者的计算机学院李木灏说："之所以参加志愿活动，最主要的动力是希望我能为疫情下的社区贡献出自己微弱的一份力。虽然家人担心志愿者需要经常跟人接触，不安全，并不是很支持我参加志愿活动，但是在我看来，身为大学生，关键时刻需要有自己的责任和担当。所以最终还是说服了家人。"

062　钟国立：不忘初心，努力成长

钟国立，2015级计算机科学与技术1班学生，2019届优秀毕业生，在校期间曾获得C语言挑战杯优胜奖、院运动会4×400米第三名，优秀学生奖学金7次及2016—2017学年校"优秀学生"，就业于珠海美华医疗科技有限公司。

白驹过隙，四年的大学生活即将结束。回想这四年的大学生活，还算得上是丰富多彩。记得刚刚入校的时候，自己就是个懵懂无知的孩童，对大学的生活一无所知，就这样，带着好奇心，开始了大学的生活。当初选择计算机科学与技术这个专业完全是出于个人的兴趣爱好。兴趣是促使人学习的动力，因为兴趣会令人充满好奇心，保持求知欲。记得刚入学的时候，专业基础知识积累一般的我在学习的过程中偶尔会遇到瓶颈，但是我会不断地去尝试，去专业论坛上学习别人解决相类似问题的经验，将问题一步一步地解决。在解决问题的过程中，我体会到专业知识的重要性，因此我一直以高标准严格要求自己，要把专业知识掌握牢固。

大学跟以往最大的不同点在于，自主性在大学学习中能够充分地被体现。因此我给自己定下了一个原则——"今日事，今日毕"。我积极投入各门基础课和专业课的学习中，给自己明确

学习目标并端正学习态度：课前，认真预习；课上，认真听讲，积极与老师配合；课下，勤于思考，及时、高质量地完成老师布置的各项作业。遇到难以解答的问题，我就认真向老师和同学请教，或者直接去图书馆查阅相关资料，但自身仍能积极投入专业课和各门基础课的学习中，学习踏实、勤奋，学习目标明确，学习态度端正，同时，善于向老师、同学请教，真正做到集思广益、广开思路。但是计算机的知识有如浩瀚的星辰，因此，我抓住一切能够用来学习的时间获取知识。从入学以来我每个学期都能获得奖学金，其中一等奖3次、二等奖1次、三等奖3次，并在2016—2017学年被评为校"优秀学生"。

思想方面，我树立了强烈的集体荣誉感和责任心；立场坚定，坚决拥护中国共产党的领导；积极要求进步，树立了正确的人生观和价值观；能顾全大局，不断加强自身修养，不断提高自身思想政治觉悟。虽然在此期间未能入党，但我并不后悔，在这过程中我提高了对自身的认识，有了基本的党性觉悟，我相信是金子终会发光发热的。

生活上我节俭朴实，作风正派，严于律己，敢于制止不良行为，敢于同歪风邪气做斗争；同时，关心同学，尊敬师长，乐于助人，在生活中建立了很好的人际关系。身为寝室的一员，我带头做好宿舍的卫生工作，杜绝一切不良的生活作风，主动关心同学，帮助同学解决问题。平时善于和同学沟通，也乐于帮助同学，在生活中建立了很好的人际关系，获得了大家的尊重和支持。我拥有积极向上的生活态度和广泛的兴趣爱好，经常参与一些社会活动，在社会实践和团体协作方面积累了许多经验，形成了较好的组织管理理念，同时也加强了我自身的团队合作精神与社交能力，更加注重团队合作和集体协作。我在不断挖掘着自己的潜能，使自己的每个细胞都得到锻炼，我在不断充实、完善自己，我在用青春描绘着梦想，我在用努力和拼搏续写着人生的华美篇章。

四年的大学生活锻造了我坚毅的品格，让我愈发沉稳坚强。虽然以后的人生道路还会充满荆棘，但我仍会一路高歌，披荆斩棘，谱写属于自己的美丽人生。今后，我会加倍努力，扬长避短，化成绩和荣誉为动力，继续拼搏，再创佳绩，用实际行动来回报领导和老师的信任和期望。成绩只能代表过去，"实力和自信"才是我进步的源动力，我对自己的未来充满希望。我坚信：只要自己不放弃，就一定能获得更加辉煌的成绩。无论是在学习上，还是生活上、工作上我都会更上一层楼，认真学习，努力工作，完善自身的各方面条件，做一个对社会有益的优秀工作者！

知行风向标之生涯导师说一说

　　大学宿舍是大学生们另一个需要生活四年的"家"，这个"家"中会有来自不同地方的"家人"。"家人"们如何相处，这是大学生们必修的一门课，是相亲相爱一家人，还是萍水相逢、和平共处，还是你我如陌生人。"换位思考"是解决"家人"们相处出现摩擦问题的重要方法。钟国立身为寝室的一员，带头做好宿舍的卫生工作，杜绝一切不良的生活作风，主动关心同学，帮助同学解决问题。同样，他平时善于和同学沟通，也乐于帮助同学，在生活中建立了很好的人际关系，和"家人"们共同成长，获得了更多的大学友谊。

063 钟仕诚:持之以恒,不忘初心

我是2015级计算机科学与技术4班的钟仕诚,在这大学四年期间,我学到了许多有用的知识,扩宽了视野,对本专业和本行业有了更多的了解,对社会有了更多的了解,同时也收获友谊,认识了一群小伙伴,与他们在大学里一同挥洒汗水,谱写青春。

2015年9月,我怀着一颗真诚、好学的心步入了大学,虽说刚开始是有着一丝懵懂的,尽管如此我也不能停下前行的脚步。开学的第一天我就了解到了计算机学院团总支学生会技术部是一个充满学习氛围并且助人为乐的部门,因此我果断地参加了技术部的面试。第一次参加面试是那么紧张,但是我怀着一颗真诚的心,怀着一颗想要加入这个大家庭的心,满怀自信地回答了面试官的每一个问题。经过初试和复试后,我成功进入了技术部这个大家庭。

加入计算机学院团总支学生会技术部后,我与伙伴们一起跟随着师兄们学习了各种计算机知识,懂得了如何解决一些简单的计算机问题,并成为维修小组的组长,与组员们一同为学校师生解决电脑问题。刚开始,我们维修经验不足,于是我经常跟伙伴们一起探讨如何解决师生的电脑问题,在这种不断的探讨中,加深了我与伙伴之间的友谊,在不断的义务维修中,

我学到了许多计算机相关的知识，扩展了知识面，正所谓"赠人玫瑰手有余香"。同时我还协助并组织部门开展了科技文化节、院运会等各项活动，锻炼了自己的能力。在技术部这个大家庭中有着上进、好学、好问的精神，作为其中一员的我也是勤奋地学习，时刻保持着对知识的渴望，在参与各项活动的同时也没有落下学业。

我还竞选并成功担任了班级的团支书，之后我作为班级团支书为班级同学们处理团务，解决团务上的问题，同时还组织班级开展了一些活动，在为同学们服务的同时也使我自己得到了锻炼。

在大一期间，我了解到了程序设计基础协会（程基）以及 ACM 协会的存在，对算法感兴趣的我经常去听程基开的课。在程基里有一群热爱算法的伙伴，我们一起探讨算法，学习算法。经过一段时间的算法学习后，我参加了第五届 C 语言程序设计挑战杯，这是我第一次参加程序设计比赛，在比赛中收获的不仅仅是知识，还有友谊。

之后我还参与了 ACM 协会开展的寒假集训和暑假集训，在集训期间，我与伙伴们一起学习算法，一起讨论遇到的难题，用算法解决一个个问题。虽然集训是辛苦的，但是集训提高了我的代码能力，让我掌握了更多算法知识，还收获了宝贵的友谊。

后来我加入了计算机科技协会下的"微开发"，与师兄学习微信后端开发的技术，在这期间遇到了许多问题，有些问题会困扰我很久。面对这些问题，我一个个探究其出错的原因，将问题逐个解决，渐渐地我收获了许多后端开发的知识。之后我参加了泛珠三角+"中星杯"大学生计算机作品赛广东省高校校内选拔赛，获得了网络人气奖二等奖以及校内选拔赛优胜奖。

虽然大一之后的我已经不再是计算机学院团总支学生会技术部的一名干事，但是我依然义务帮助电脑有问题的师生维修电脑，解决他们的电脑问题，以前找我维修过电脑的同学也会将我推荐给他们电脑出问题的同学。这收获的是一种心态，让我意识到帮助他人是一种习惯。

之后我与不同学院的同学一起参加了大学生创新项目。在实现大创项目的过程中遇到了许多问题，我们共同商讨并解决了这些问题，最终我们顺利完成了大创项目。我在这其中学到了很多知识，同时也收获了宝贵的友谊。

在北理珠的这四年，我遇到了计算机学院团总支学生会技术部，遇到了程基，遇到了ACM协会，遇到了微开发，遇到了不甘社，遇到了计科4班，收获了方方面面的知识，收获了珍贵的友谊。在今后的日子里，我希望我能够不忘初心，持之以恒地勤奋学习与工作，广泛涉猎知识，并朝着自己的目标前进，保持三心——信心、决心、恒心。

知行风向标之生涯导师说一说

大学的他先后加入了团总支学生会技术部、程序设计基础协会（程基）、ACM协会、微开发等学生组织、社团，看似社团工作繁多，实则不然，不同类型的社团的工作内容和要求不同，这里他所参与的学生组织和社团都有共同点——学术型（专业相关性强）。这里想要谈一谈大学生参与社团的那些事儿。初入大学的你会遇到来自全国各地的同学，同样会见到丰富多彩、多种多样的学生组织，如何进行选择，这是很多同学会遇到的问题。你可以像他一样选择和自己专业相关的学生组织，能够更进一步帮助自己的专业学习，也可以选择和自己兴趣相关的学生组织（例如才艺类、文学类、运动类等），当然前提是要兼顾自身学业。

064　周树良：积极主动

周树良，2016级软件工程4班学生。2017年获得优秀学生一等奖学金、优秀学生二等奖学金，北京理工大学珠海学院"学习贯彻党的十九大精神，弘扬社会主义核心价值观"诵读大赛优秀奖，北京理工大学珠海学院计算机学院党总支首届"我心向党，伴我成长"演讲比赛三等奖，以及"优秀学生干部"称号；2018年获得"踏上新征程"微视频三等奖，北京理工大学珠海学院计算机学院首届"暖心杯"社会实践策划书大赛一等奖，广东省"新时代新作为——立志·修身·博学·报国"主题教育系列活动三等奖，北京理工大学珠海学院"学习贯彻党的十九大精神，弘扬社会主义核心价值观"诵读大赛优秀奖，以及"优秀团干"称号；2019年获得优秀学生二等奖学金。

转眼间，四年的大学生活，已经结束，回想这四年的大学生活，还算得上是丰富多彩。记得刚刚入校的时候，感觉自己就是个懵懂的青年，对大学生活一无所知，就这样，带着好奇心开始了大学的生活。

依稀记得刚入学的晚上就举行的班会，这是我迈入大学的第一步，也是我暗暗下决心要成为班上的团支书的一步。此后，通过广交朋友拉家常的方式渐渐地和同学熟络起来，同时每次班级活动积极踊跃地组织和策划，在每位同学遇到困难时我都会耐心地帮助他解决问题，因此在班委选举投票中几乎所有的同学一致赞成我当团支书。为了感谢同学们的信任，在这四年中，我都是兢兢业业，履行好自己该有职责，服务于同学们。当上班委让刚跨入大学的我渐渐克服以往高中胆小、害羞、不自信的缺点，也渐渐地在组织能力和处事能力方面变得老练了些。

在大一期间，我积极参加院级运动会的1500米项目、院级心理话剧大赛、积极分子培训课程、学生干部培训、新生杯篮球赛、院级策划书大赛、团日活动大赛，同时在社团方面担任了计算机团学会办公室干事，服务于师生，也在开学的第一学期向党组织递交了我的入党申请书，并通过了考核成为入党积极分子。在大二期间，我参加班级篮球赛，参加首届"暖心杯"策划大赛，参加"我心向党，伴我成长"演讲比赛，参加北京理工大学珠海学院"学习贯彻党的十九大精神，弘扬社会主义核心价值观"诵读大赛，参加"踏上新征程"微视频，积极参与暖心行动社会实践活动和计算机学院学生党支部系列活动，参与党的十九大诵读大赛和珠海市红十字心理辅导服务，发展为预备党员，被评为"优秀学生干部"和"优秀团干"。大三期间，我积极参加珠海香洲敬老院义工服务，担任2018级计算机大类4班班主任助理，担任计算机学院新世纪青年学社副社长，负责策划组织学生党支部一系列活动。大四期间，我成为中共党员。

从计算机学院党总支首届"我心向党，伴我成长"演讲比赛开始，而后参加北京理工大学珠海学院"学习贯彻党的十九大精神，弘扬社会主义核心价值观"诵读大赛，让我和学院新时代青年学会成员熟悉起来，让我幸运地参加了寒假的暖心行动——梅潮同行社会实践活动。从融入团队开始的尴尬到乐在其中，这其中难免会有困难和挑战，但在这过后确实会收获不一样的知识和体会，让我明白了什么事情都要尽自己所能去好好尝试，有时结果会超乎自己想象。更重要的是在一个团队里，每个人各有优点，大家都在相互学习，共同进步，这是很难能可贵的。同样在暑假参加了暖心行动——梅州五华的社会实践活动，在此社会实践活动中通过调研精准扶贫对贫困农村的影响，慰问多家山村贫困户，走入贫困户孩子心里。看到扶贫干部关心、解决贫困群众所难却不含半点委屈的身影,这些扶贫干部的事迹对我的人生观、价值观、世界观的形成产生了很大影响。一次次活动参与,一步步脚印走来,获得老师的赞许和支部成员的信任,从参与者演变为策划者和组织者,于是担任计算机学院新世纪青年学社副社长,策划和组织了一系列活动。其中较为重要的有"绿色出行,砥砺前行活动"、重阳敬老志愿服务、"我心向党,伴我成长"微讲堂、"奋进新时代"系列之下栅社区党员志愿服务活动、向榜样学习继续前进活动、"学雷锋共植树"活动、"清明忆先烈"清明扫墓活动等,这些活动的策划与参与对我的思想观念有着潜移默化的影响。在担任班主任助理时,更多的是与新生们同甘共苦,有时他们做了些错事让我苦不堪言,也有时让我开心得像两百斤的胖子,其中收获的是类似父母般的心情,希望新生能过得更好。

四年的大学生活,我都在贯彻"积极主动"这一信念,收获了很多感动,各方面都得到充分发展。与初为大学生的我相比,今天的我更能沉着、冷静面对困难,希望今后能保持大学期间的动力迎接社会挑战。

知行风向标之生涯导师说一说

大学第一次班会,往往让同学们印象特别深刻,这是促进班级氛围形成的重要开始。同样,班会也是辅导员、班主任进行思想政治教育的有效形式和重要阵地。如何设计一场优质的班会?班会的形式是多种多样的,其中,主题班会是一种受师生欢迎的富有教育意义的班会组织形式。所谓主题班会,是指在辅导员、班主任的指导下,由班委会组织开展的一种自我教育、自我管理、自我服务的班级活动,是高校开展思想政治教育工作的重要渠道。辅导员、班主任可以根据近期学生的思想动态、班级主要问题、网络舆论问题、时政热点等,有针对性地确立和策划班会的主题和内容。

065 周振键：新起点

周振键，2015级计算机科学与技术专业学生，2019届优秀毕业生。在校期间曾获优秀学生一等奖学金5次，国家励志奖学金1次，优秀学生特等奖学金1次。现就职于广州互乐计算机服务有限公司（灵机文化）。

从踏进大学校园到现在，已经过去将近四年的时间了，在校园生活、学习的时光中，我学到了很多使我一生受用的东西。除了努力学习基础课程和掌握本专业的理论知识，我还积极参加各种社会实践、文体活动，在这四年里我明显感觉到自己在学习能力、工作能力、思想觉悟等方面比起初入大学的时候有了很大的提高。

首先，在思想道德方面，我有良好的道德修养，政治立场坚定。我热爱祖国，热爱学校，遵守校规，团结同学，严于律己，宽以待人。另外，课下我也关注时事，了解时事动态，借此来不断提高自身的思想觉悟。

在学习方面，我追求上进，时刻以高标准要求自己。为此，我学习勤奋，以脚踏实地、积极的学习态度，在班上名列前茅。平时除了认真学习专业知识，对于我所掌握的知识也会毫不保留地给予有需要帮助的同学，以此达到知识共享、共同进步的目的。此外，我多次获得优秀学生一等奖学金。我的刻苦学习换来了回报：我有幸在 2017 年 10 月至 2018 年 2 月这段时间里，以交换生的身份赴波兰克拉科夫理工大学进行为期一学期的交换学习。

在波兰交换学习期间，我结识了各国朋友，交流了各自的文化，也共同体验了克拉科夫的许多传统文化。当时正值中秋佳节，我们决定邀请外国友人一同庆祝，同时也是一个传播中国传统文化的机会。到万圣节、圣诞节时则由友人带我们体验不一样的节日氛围。这是一次难忘的经历，对我的英语能力来说也是一次磨炼。沉浸于英语的环境，全英上课与英语交流极大地锻炼了我的英语口语能力。此行不仅提升了我的交际能力，更使我收获了珍贵的友谊。

学习之余我也喜欢发展个人兴趣，那就是跑酷。由于我喜爱运动，再加上身体素质良好，跑酷技术进步飞快，训练一个月已经可以开始学习难度较高的空翻动作了。随着个人能力的发展，我当上了跑酷协会副主席，这也是社团对我能力的肯定。我积极地带领社团的成员们组织、筹办许多社团活动，如十大社团联谊活动、社团文化节以及体育狂欢节。担任社团副主席一职大大地提高了我的表达能力以及组织能力。

我积极投身公益，多次参加校内公益活动。学院不时组织或大或小的公益活动，有清理校园垃圾、打扫教室、辅助小学生的课业。清理垃圾、打扫教室可为学校的环境出一份力；辅助课业则能帮助小学生养成良好的学习习惯，替家长分担一份烦恼。对于公益，我觉得让他人得到帮助的同时，自己也能获得心灵上的满足。

在实习期间，我觉得职场与学校有非常大的区别。就学习形式来说，在学校我们可以一直请教老师，老师也乐意给我们耐心地讲解；但在公司，有不懂的基本上只能靠自己学习，导师只是起到一个指导者的作用。

当然，我也有不足之处，那就是有时候做事情比较急躁。比如在遇到难题时，因为太着急而使脑袋一片空白，完全想不出解决办法。经过反思，我所欠缺的是遇到难题时仔细分析的能力。困难出现时，应该先想清楚问题所在，找到问题的本质，然后再根据实际情况进行处理。在今后的日子里我定会尽量改正自身的缺点与不足，继续努力。

在过去四年的学习与生活中，我在各个方面都获得了巨大的进步：通过不断探索，我找到了属于自己的学习方法；通过社团的工作与校内的工作，我得到了能力的提升，学习成绩和综合素质等方面得到了很大的提高。通过对这四年的总结，我对自己有了一个更加系统的、客观的认识，这是一个新的起点，在今后的求职路上我会更加明确自己的职业目标，以全新的面貌面向社会，迎接未来，迈好人生新旅程的第一步。

知行风向标之生涯导师说一说

大学期间的交换生项目旨在通过短期的交换学习，进一步拓宽大学生的眼界，提高大学生的综合素质，同时也是高校之间进行交流合作的方式。大学生可以留意所在学校的交换生项目的要求和内容，从大学入校开始留意相关的往年通知，及时做好准备，为顺利争取到交换名额而努力。

066　庄伟程：我的大学生活，从0到1

庄伟程，2015级软件工程5班学生，2019届优秀毕业生。在校期间曾获优秀学生三等奖学金2次、特等奖1次；获得中国大学生计算机博弈大赛暨第十届中国计算机博弈锦标赛二打一扑克牌二等奖，中国大学生计算机博弈大赛暨第十一届中国计算机博弈锦标赛二打一扑克牌二等奖、三等奖，第三届校园软件测试大赛二等奖，计算机学院第四届简历制作大赛暨"展望未来"职业规划大赛最佳人气奖，"优秀干事"、魅族科技有限公司2018年第二季度"优秀实习生"等荣誉称号。

转眼间，四年稍纵即逝，仔细想想自己这四年过得跟当时上大学时自己所幻想的也差不多，我的大学生活也没有留下遗憾，算得上丰富多彩。刚踏入大学时，对大学生活一无所知，抱着对未来的各种憧憬开心地过着。与此同时，也在学业上严格要求着自己，也获得了校特等奖学金1次、校三等奖学金2次。

在校期间，我始终以提高自身综合素质为目的，以个人的全面发展为奋斗方向。大学的生活中，我热衷于学习技术，大一我参加了计算机学院第十届团总支学生技术部，义务为校内师生维修电脑。学生会技术部每届的公益维修月活动，我现场为同学们解决电脑问题，也包含维修教学，同时在换届时被评为计算机学院第十届团总支学生会"优秀干事"。而且我还参加了校计算机类社团毅恒团队的计算机博弈项目组，每个寒暑假都自愿留校参加社团集训。其实一开始自己也是个小白，很多东西都不会，有的只是自己坚持去跟师兄学，这样一步步过来，最终因为自己在社团中的坚持，被聘任为团队的技术部部长，策划实施了计算机博弈项目，组织并参加了暑假集训，也带领团队去重庆参加比赛。与此同时，我还积极参与与专业对口的各种科研比赛。如校园第三届软件测试大赛，通过初赛后在决赛中根据需求分析文档分析了餐馆管理系统的测试需求，编写测试计划，对该系统的注册、登录、点餐等功能设计了30组测试用例，获得了13个缺陷，对缺陷进行分析总结，并获得比赛二等奖。

大二下学期我成功申请为专业课助教，帮助老师批改作业，给师弟师妹解决问题。与此同时，基于全面发展的准则，学院举办的各种活动我也积极参加。在计算机学院第四届简历制作大赛暨"展望未来"职业规划大赛中，凭着自己制作的精致简历和台上勇敢的演讲，最终获得了最佳人气奖。

社会实践方面，我本着"学以致用，实践结合理论"的思想，大三暑假进入魅族科技有限公司，担任测试实习工程师一职。通过这段实习我意识到，一定要投入现实的操作中才可以让自己在专业知识上快速成长。与此同时，实习期间我工作积极，表现优异，被评为"优秀实习生"。

在魅族实习期间正赶上简历制作大赛，我认真对自己的未来职业好好规划了一下，发现自己还是热衷于编程开发，因而职业发展方向从测试转向编程开发。大四刚开学，我成功进入远光软件股份有限公司（简称"远光"）实习。

在远光担任Java开发培训生一职，学到了与开发相关的编程知识，也发现了自己不少方面的不足，无论是专业方面还是个人修养方面。如自身的编程开发能力存在基础不扎实的问题，自我表达能力不够强，但我会尽可能地在以后的学习生活中提高和完善自我。

我的优点是值得信赖、友善、谨慎和有责任感，做事有始有终，不辞劳苦，关心他人感受。但所有事情都具有双面性，具有高度责任心的我往往会陷入日常事务的细节中去，导致没完没了的工作，会使自己过度劳累，但这也符合程序开发者的特征，我也会在日后的生活中注意这点。

四年的大学生活锻造了我坚持不懈的品格，我除了在学业上严格要求自己，在身体的锻炼上也严格要求自己，四年来自己保持健身的习惯。在编程后长期处于头脑风暴的情况下，我会选择体育锻炼放松自己，与此同时也可以让自己保持一个良好的身体。

虽然日后的生活道路还会有更多的困难、曲折等待着我，但我会用一种好的精神状态去面对。今后我会加倍努力，化自身的成绩和荣誉为动力，继续好好拼搏，再创佳绩。我坚信：只要愿意为了自己的目标付出努力，无论是在生活上还是在学习上，都会获得一定的回报，最终谱写自己人生的华美篇章。

知行风向标之生涯导师说一说

大学没有遗憾，这是庄伟程同学对自己大学四年的总结。他从入学参加学院团总支学生会技术部干事，到参加学校毅恒团队的集体学习，以及为了比赛整个暑假泡在实验室，自身知识不断积累，能力不断提升，后期担任专业课教师助理，进入公司实习等，这是大学一、二年级努力的结果。

067　李　旭：用行动来丈量，从北理珠到深圳大学的距离

我叫李旭，2016级计算机科学与技术2班学生，2020届优秀毕业生，曾任2018级班主任助理，在校期间曾获奖学金5次，其中特等奖学金1次、一等奖学金3次、二等奖学金1次。我的家在广东省汕头市潮阳区里面的一个小乡镇中，父母都是工人，家里还有两个妹妹。我从小就知道父母的不容易，所以来到大学里，我刻苦地学习，虽然过去不能改变，但是我能改变我的未来。我现为深圳大学研究生。

所获荣誉：北京理工大学珠海学院第七届数学竞赛二等奖；北京理工大学珠海学院数学竞赛校内选拔赛二等奖；全国大学生数学建模竞赛广东赛三等奖；北京理工大学珠海学院第三届物理实验设计大赛优秀奖；第十九届广东大学生物理实验设计大赛三等奖；第十届"蓝桥杯（电子类）"省赛校内选拔赛二等奖；第十届"蓝桥杯"全国软件与信息技术专业人才大赛广东赛区单片机设计与开发大学组二等奖；北京理工大学珠海学院第九届大学生数学竞赛一等奖；全国大学生数学竞赛初赛一等奖。

在大二的时候，我也曾踏上申请"国奖光大"的舞台，师兄师姐的优秀让我落榜了，也正因此，我必须更加努力，我希望

有一天我能再踏上这个舞台,并且也能成功地从这个舞台为我的大学生活谢幕。

不忘初心——学习篇

作为一名学生,首要的任务就是学习,这便是初心。因为计算机专业是我自己选择的,也是自己所喜爱的,所以在学习中,无疑添上了驱动器。在专业课上,很多同学可能由于这个专业并不是自己喜欢的,所以他们会选择逃课,上课走神,但是我却能始终坚持不逃一节课,课上认真做笔记,不懂的就问同学、老师。在自己的努力和坚持下,2016—2019 学年共参评奖学金 5 次,其中特等奖学金 1 次、一等奖学金 3 次、二等奖学金 1 次。并且由于大学计算机专业知识的学习,认识到计算机的博大精深,并勾起了自己求学的欲望,所以我选择考研这条道路来学习更多的知识,了解更多大学中没有涉及的领域。

实践是检验真理的唯一标准——实践篇

实践是检验真理的唯一标准,成绩只能反映学习效益的一部分,更多的还是得通过实践。在校园中,我参加过各种校园竞赛。譬如在 2016—2017 学年,参加了全国大学生数学建模竞赛校内选拔赛,取得了优异的成绩,并在 2017 年参加了全国大学生数学建模竞赛,也取得了一定的成绩。 2017—2018 学年,参加了校内物理实验设计竞赛,并成功入选,参加了广东省物理实验设计竞赛,获得了三等奖的成绩,后续我们组员和老师对论文进行修改,准备投放到科学期刊。2018—2019 学年,参加了"蓝桥杯"单片机比赛,获得省二等奖的成绩等。

除了参加竞赛,我还用自己的课余时间去做学生家教、参加社会实习。 其中社会实习中,是做小学生机器人讲师,让小学生了解计算机专业、机器人、人工智能的知识,为他们以后计算机的学习奠定基础。同时还培训他们去参加一些比赛,其中获得过广东省小学组"蓝桥杯"二等奖;还曾经作为珠海十二小一项机器人比赛的培训老师,为小朋友讲解比赛规则,为他们讲解比赛的内容,最后有一组小朋友入选了决赛,并取得了优异的成绩。这也让我体验了当老师的快乐与自豪感。而且，在2017—2019学年，我在学院中开起了"高数小课堂"，为师弟师妹们讲解高数中的疑惑，帮助挂科的同学能够更加顺利地通过自己的补考、重考。在这其中，我也体会到了老师的不容易和辛劳。

在2018—2019学年，我做了2018级计算机2班的班主任助理，在这里，我结交了一群小伙伴。我主要从三个方面去引导他们找到自己的定位。第一，做好"榜样"的作用；第二，多运动，多去交际，少待宿舍；第三，学习是首要任务。在这一年里新生班级也取得了不错的成绩，多数同学获优秀奖学金，C语言零挂科率。我曾为他们的不努力和逃课、旷课而发火，也曾因为他们在感恩节的感恩活动流下了眼泪，我对计算机2班的这群小伙伴有一种感觉——痛并快乐着。

我还加入过校青年义工会的访老部门，主要的工作是带领参加公益的同学去敬老院看望老人，和老人们说说话、聊聊天。这个活动，是一个中国的传统美德——尊老爱幼，希望每个人都能有一颗真诚的心，让中国各处充满爱。

2019年3月份，我开始了我的考研之旅。考研复习的过程，能让你累得发狂，却是痛并快乐着。2020年2月，考研初试成绩出来了，我很开心，我过复试线了，完成了复试。

生活感悟篇

小溪想要拥抱大海，需要锲而不舍的坚持；雏鸟要飞翔于苍天，需要振翅的勇气；幼马要奔驰于旷野，要跌倒又爬起的毅力。让我们以只争朝夕、舍我其谁的精神状态投入学习生活中，在祖国的蓝天下，拥抱梦想，放飞希望，励志在建设祖国的历史进程中勇挑重担，实现自己的人生价值！

知行风向标之生涯导师说一说

李旭，在学院开起了"高数小课堂"，为师弟师妹们讲解高数中的疑惑，帮助挂科的同学能够更加顺利地通过自己的补考、重考。他以为学生服务为原则，以满足学生需求为宗旨，帮助同学们提高C语言以及高数的成绩。高年级同学组成的高数教师团通过知识点归纳总结、重点难点案例分析、现场"一对一、一对多"互动答疑等方式,对有需要的学生进行深度帮扶。他的努力不会白费,他的汗水定会换来好的结果。他用自己的努力和行动来丈量,从北理珠到深圳大学的距离并不远。

068　梁嘉俊：那些年我们一起考过的研

Hello，大家好，我叫梁嘉俊，本科就读的学校是北京理工大学珠海学院，现在在广东工业大学攻读硕士学位，专业也是老本行——计算机科学与技术，跟着导师在负责一些嵌入式方向的项目。

我考研的第一志愿就是广东工业大学，初试成绩是：政治62分；英语一47分；数学一71分；专业课（数据结构）137分；总分314分。相对来说成绩一般般，但是第一志愿报考广东工业大学学术硕士足矣。

遵循我行你也行的理念，相信同学们只要有足够的信心与毅力，研究生的大门永远等着你。

升学准备

本科的时候，很多人都觉得考研很难，特别是在二本学校里，其他人的眼光就是一种无形的压力。但是我想跟师弟师妹们说一句："选择了就别给我退缩！"选择一个适合自己的学校，因为自己的家在广州，而且是属于工科，于是就剩下华工和广工。结合自己的能力与实际情况，最终选择了自己比较有把握的广工。想在回想起来，这个选择没有错！

考研不但是一个需要经过时间洗礼的过程，更是一个知识积累的过程，同时还要有极强的忍耐力才能最终坚持到最后。因此其中的艰辛只有经历过的人才能深有体会。我作为一名曾经在大学生活中混日子的人，最终决定考研，尽管多数是受到就业压力的影响，但更多还是希望能够通过历练收获更多的东西。在整整一年的考研历程中，我也曾迷茫过，也曾想过要放弃，但最终仍是坚持了下来，并且完全改变了过去两年多无所事事的大学生活状态。

首先非常感谢在考研过程中所有给予我帮助的北京理工大学珠海学院的老师和同学们，没有你们的协助估计也没有今天的我。我喜欢现在的学校，但是我更爱北理工！在这一年，我收获良多，也总结了不少考研经验，这里跟大家分享一下个人的考研经验，希望能给同学们一些帮助，大家可以选择性地借鉴。

复习规划很重要

在漫长的考研过程中，没有考过研的人都觉得复习时间很漫长，而考研人中有不少人会觉得时间远远不够用，总恨不得一天24小时都用来复习才好。其实考研并没有想象得那么极端，首先要有适合自己的学习方法和计划，根据自己所选择的院校专业，然后对照自己的考试科目找出强项和弱项，有针对性地分别做出复习计划。复习计划越详细越好，尤其是暑期复习计划，为了防止偷懒，甚至可以精确到每个时间段做什么，计划中列出每天的复习量，完不成的话可以设置一定的惩罚措施，以防在复习过程中自我安慰、偷懒，导致复习进度迟缓。

保持好心态坚持不懈

在考研复习中最重要的就是要保持良好的心态，考研是一个极为锻炼人意志的过程，若其中有一丝的动摇，都极有可能导致功亏一篑，因此在决定考研之前一定要想清楚，一旦下定决心考研就不要有任何的退缩心理，否则浪费的不仅仅是时间，更多的是宝贵的精力。决定好了之后，就要对自己有充分的信心，要相信自己一定能行，即使基础比别人差也一样，笨鸟先飞。若真的基础较差，那么付出比别人更多的努力也一样能够成功。从进入大学之后，我就没有好好地认真学习过，所以我的基础比较差，从决定考研到最终考试结束，在整整一年的考研复习过程中，我也曾有过很多的艰辛和彷徨，但最终我还是坚持到了最后，并通过不懈的努力取得了满意的成绩。如今踏入理想的学校，回头看看那一年的历程，我觉得我收获颇多，甚至超出了所付出的程度，不仅仅是成绩上的收获，更是人生上的收获，这些将成为我一生中最为宝贵的财富，值得珍藏一生。

掌握复习方法会事半功倍

真正的成绩还是要看个人的努力程度，这就需要同学们有适合自己的学习方法才行，毕竟每个人的院校和考试科目不同，个人的学习程度也都或多或少地存在一定的差异，甚至有偏科的现象也不足为奇。这么一来，选择适合自己的学习方法显得尤为重要，好的方法往往能达到事半功倍的效果。

无论你选择什么专业，总有必考科目，譬如英语，譬如政治，但总的来说，政治一直都是能够帮助拿分的科目，因此同学们切莫因其简单而掉以轻心，适当的复习对于提高总成绩有很大的帮助。因此同学们在考研政治复习中也要下一番功夫才行，但一定要依照大纲进行，才能事半功倍。

各科目复习经验与计划安排

英语：我的英语不太好，因此很早便开始复习了。在复习过程中基础非常关键，最初的复习中我着重抓的是词汇量和语法。尽管每年考研英语大纲规定的词汇量并不多，但毫无例外每年都有超纲的词汇，因此词汇量掌握得越多越好，7000~10000个词汇考研就没有问题了。另外考研英语中阅读部分所占分值较高，需要多加关注。众所周知，考研英语的阅读理解多数来源于国外的读物，在平时的复习过程中大家要多多阅读一些国外读物。总之英语是一门离不开平时积累的科目。

数学：数学历年都是很容易拉开分数的科目，同学们要多加关注才行。同样数学也是注重基础，在看书的过程中要勤记笔记，另外要重视真题练习。在练习真题过程中更要重视记笔记，尤其是把改正错题之后的心得体会详细记下来，这样才能巩固练习。

专业课：复习前同学们一定要找准报考院校指定的教材。切记一点：广工的数据结构简直就是拉分题，没有考到130以上，你就对不起自己！！同样，专业课的复习中笔记也非常重要，在以后复习中也能为你节约不少时间。但同学们在记笔记的时候也要注意时间问题，条理清晰、自己能看懂并保证不会落下知识点即可，不要浪费太多的时间在详细记笔记上面。

至于是否需要报辅导班，个人认为对于像英语和政治这样的很难让人抓住重点的科目，最好报一个，这样可以在经验丰富的老师带领下复习，可以迅速找到学习重点、学习方法、学习经验，能够起到事半功倍的效果。

下面结合当时我选择了广东工业大学这个目标之后，为自己具体拟的一个复习安排，其实也是大概总结一下自己这一年的历程，当给后来者们参考参考吧。

第一轮——基础阶段

3月至6月这段时间是用于考研初试复习打基础用的。这段时间的复习，要全面而基础，不求快，不求难，只求掌握好基础，后面才有提高的可能。

这一阶段各科的复习建议

英语：主要是复习单词和长难句。在这一段时间，一定要把单词的基础打牢。如果没有把单词记牢，那么后面的复习就会手忙脚乱了。这段时间，至少单词要复习两至三遍。在学习单词的基础上，开始学习长难句，学会翻译，刚开始不用快准狠，但是争取顺利地把基本意思翻译出来。这段时间还要进行一定的英语阅读，就当看故事好了。这段时间不要急于做模拟题。

数学：对数学课本进行学习。可以借助一些总结性的参考书，几位名师出的都还不错。每复习完一个章节，都进行对应的练习。在练习的时候，不求难题，但是一定要自己动笔写。争取复习完之后，对基本题型的解法和对大纲都有深入的了解。不要着急做模拟题。

专业课：通读专业课本。如果你考的是本校本专业，那么这个阶段你可以暂时不用复习专业课。学习专业课，要本着"把薄书读厚"的原则，熟悉课本的体系构架、主要内容，还要加上自己的理解，并且对课本知识进行扩充。

第二轮——提高阶段

7月至8月是暑假阶段，这段时间是假期，这就让考生们有了很多的时间进行突击学习。在进行这一轮之前，一定要对科目有一定的了解，那么这段时间的复习才能够有质的提高，更上一层。这段时间要关注考研大纲的发布，准备最新的辅导用书，尤其是政治的辅导书。

英语：继续复习单词，但是单词已经不是重点了，做阅读和长难句；这段时间重要的是对历年的真题进行学习，认真做，并且对文章进行分析，争取对真题的思路有所领悟。这时候可以适量地做一些模拟题了。

数学：第一轮打基础的阶段已经把数学过了一遍了，第二轮的时候，就要再对课本和辅导书进行第二次的复习。这段时间要开始集中做习题，不能光求做完，而是应该把每一题都弄懂、摸透，不熟练的地方再回头看书。这段时间数学的成绩会有一个提高。

专业课：开始做专业课的练习、模拟题还有真题。研究透每一题在书中的对应知识点，标记并且扩充书本。

政治：开始着手复习。把政治书看一遍，理解里面的概念。直接看政治书是比较枯燥的，所以可以利用习题集，对各章各节的概念进行辅助理解。

第三轮——强化阶段

9月至10月这段时间用来巩固前段时间的知识。学习如逆水行舟，不进则退。这段时间是以前段时间的提高为基础，做更高一层次的基础练习。

英语：背单词已经不是重点，但是每天抽出半小时读一读单词，还是很重要的。真题的研究要更进一步，要认真做好题目的分析，摸清出题的思路，并且适应这种思路。阅读理解一定要多加练习。这段时间还要开始练习写作，每周练习一篇是标准的频率。

数学：建立数学框架体系，达到融会贯通。反复看，反复做题，通过做题，慢慢地熟悉知识点，加深概念、定理的理解。这一阶段，要有意识地熟记各个知识点，对于特别生疏的概念可以通过做题来加深理解。

政治：分章看书，分章做题，做题时遇到拿不准的概念或者理解，一定要回到课本中反复揣摩，或者和大家一起讨论，一定要吃准概念。这段时间要争取整本书的理解到位，并且对整个政治的知识结构，心里要有一个大概轮廓。

可以借助网上的各种复习资料进行理解。

专业课：就是要"把厚书读薄"，把专业课课本的笔记或者脉络整理出来，记在笔记上。这一步能锻炼你对课本知识融会贯通的能力，同时也能强化你对课本知识的理解和概括。不能照抄课本的章节，要靠自己的理解完成。

冲刺阶段

11月到考前一周，都是冲刺阶段。有了上一阶段的强化，这一阶段还会有所提高。这一段时间的复习，必须高质量高效率，最好按照考试时间表上的时间来，上午看数学和政治，下午看英语和专业课。

英语：做一些冲刺的模拟题，保证做题的时间和感觉，总结写作文的经验，单词和真题还是要常看的。

数学：查漏补缺。限制时间做模拟题，一定要保持做题时的感觉；多看看以前错的题目，多看看还不熟练的篇章。

专业课：按照之前做的笔记，回忆课本，回忆细节，争取做到心中有课本。

政治：开始有意识地反复看课本，对课本中的内容要有印象，能够大概复述。多做模拟题，学习答大题的经验，争取提高选择题的正确率。

临考阶段

考前一周是临考阶段。这段时间要多休息，作息时间按照考试来安排。要保持身体健康，心情愉悦。这段时间的复习就不再是希望有提高，而是希望能够保持冲刺阶段复习的良好状态。

面试经验

由于我选择的是广东工业大学作为第一志愿，不同学校的复试内容、难度与实际情况等等都大有区别，特别是自主划线的院校，所以关于面试这一方面的经验只能根据我当时的情况跟大家谈谈。

广东工业大学的复试内容：

一是笔试；（C语言与数据结构，属于自主命题，计算机方面的同学应该可以轻松面对）

二是面试；（英语交流，基础情况的了解，这个阶段不会问太难的专业问

题，注意礼貌与自己的表达能力即可）

三是体检。（正常人都可以过！）

如果初试成绩过了国家线，而且通过了上述三个复试内容，恭喜你可以开开心心地去选心仪导师了！可能有的同学会觉得这关很难什么的，其实作为一个过来人看来，紧张是正常的，但是你来到广工复试，即使水平一般，甚至偏下（前提是单科与总分必须过当年国家线）的水平也是可以考上的，没必要太紧张，放松展示你自己的闪光点即可。

厉害的导师都是非常抢手的，尤其是广工招牌导师吴伟民（全国《数据结构》课本作者），每个导师都有自己的研究领域，选择导师的时候切记要根据自己的实际兴趣爱好，因为你以后的发展与论文的发表都是与导师手上的项目或研究方向密切相关的，而且不存在转导师的事，当你发现"跟错行"的时候你这三年就会过得非常痛苦，必须谨慎选择！

最后提醒一点，在选择导师的时候最好准备一份简历，有很多事情不能一下子说得很清晰，尤其是在陌生环境第一次看见自己的心仪导师，在介绍你自己的时候结合简历就能有条理地表达出自己的实际情况，以免出现千里马找不到伯乐的尴尬。这份简历不需要做得跟找工作一样花哨，只需要把自己的实际情况与亮点写好就可以。最后把简历交给导师也起到了名片的作用，到时候导师挑学生的时候突然发现手上有你的简历与相关联系方式，说不定就看上你了。

最后祝所有同学都考上心中的那一所向往已久的大学。

不要让那些年留下青春的遗憾，奋斗吧！

知行风向标之生涯导师说一说

梁嘉俊认为考研不但是一个需要经过时间洗礼的过程，更是一个知识积累的过程，同时还要有极强的忍耐力才能最终坚持到最后。笔试按照专业的要求和考试大纲一步一步进行准备，如何进行面试准备呢？首先，需要选择导师，如果能够提前联系导师更好：①直接到学校招生网站上查询；②联系已经被录取的校友，了解导师的相关信息和联系方式；③查看、研究导师发表的文章。通过网站查找导师的相关学术著作或论文、主要研究方向，从而了解导师的学术研究状况，基于导师的研究方向，结合自身的专业情况和未来研究方向给导师发一封邮件，邮件尽可能精简，突出自身的优势。其次，精心准备一份排版清晰、内容突出的简历，简历上主要包含笔试成绩、本科成绩、项目经历、实习经历、掌握技能等。

069　陈柏儒：做一件事情最好的时间是过去，次之便是当下

陈柏儒，计算机学院2016级计算机科学与技术专业1班学生，2020届优秀毕业生。在校期间曾获得光大奖学金一次、一等奖学金两次、校级优秀学生荣誉一次，现被英国利兹大学（专业：Advance Computer Science Artificial Intelligence）录取。

记得开学报到的第一天，我趴在宿舍阳台的栏杆上，看到很多新同学走来走去。看着这个漂亮而陌生的校园，我当时就想，未来的四年我一定会认识很多新朋友，经历很多有趣的事情。当时的我就立志一定要好好度过这四年，不浪费光阴，而我也是这样做的。

在大一的时候我参加了很多社团，包括海贝TV、大学生事务中心、外语协会、社团联合会和汽车协会，在每一个社团我都认识到了很多新朋友，也学习到了很多新的知识。在海贝TV我学习了如何拍摄和制作视频，拍摄了我大学第一部微电影；在外语协会，我作为英文主持人主持了多场校级比赛和活动，其中包括由亚太传播交流协会、珠海高校外语联合会主办的澳门"商娇"英语演讲大赛；在汽车协会，我参与了学校第一支大学生方程式车队的建立，为参加中国大学生方程式比赛做准

备。这一切都是我美好大学生活的一部分。

在校期间我也时刻践行公益，多次参加校内外的公益活动。在大二的时候我参加了由中国扶贫基金会举办的"善行100"活动，走上街头募集善款为山区的小朋友购买文具和衣物，我个人募集600元善款，被中国扶贫基金会授予一星级志愿者证书。在大二的暑假，我参与了由上海真爱梦想公益基金会举办的"梦想教练计划"，我和团队去了一些偏远地区的学校。这个活动的理念是通过老师影响学生，让小朋友"自信、从容有尊严地成长"，经过这次活动我学习到了很多东西。虽然随着经济和社会的发展，绝对的贫困已经消除，但偏远地区学校仍然存在着教育资源缺乏和教学模式落后的情况，要改变这种现状需要全社会尤其是大学生的参与。即使在我离开学校后，我仍然会力所能及地参与公益项目，期待为社会贡献出自己的一点力量。

在学习上，我锐意进取，谦虚勤奋，坚持上课不迟到、不早退、不旷课，认真学习各科知识。我两次获得优秀学生一等奖学金；在大四学年获得了北京理工大学珠海学院光大奖学金和北京理工大学珠海学院"优秀学生"的称号。在大三学年，我去了波兰克拉科夫理工大学进行半年的交换学习，虽然学校是全英文教学环境，但我迅速适应了当地的生活并拿到了优异的成绩，选修的课程中，两门拿到了A，一门拿到了B。

如今，我已经收到了英国利兹大学的录取通知，未来我将会在计算机领域继续深入学习，希望通过自己的努力和奋斗在人工智能方面有所建树。

在社会实践中，我进入了珠海魅族科技有限公司实习。在实习过程中，我敬业负责、一丝不苟，认真完成主管交代我的各项任务，在同事的帮助下完成了多项具有挑战性的任务，多次获得主管和经理的表扬。

大学期间，我始终严格要求自己，积极遵守学校各项规章制度。在日常生活中，我热情开朗，乐于助人，为人正直善良，关心同学，关爱集体，有着强烈的班集体荣誉感和使命感，敢于尝试，刻苦耐劳，乐于从生活点滴帮助他人，和同学、师长们建立了友好的人际关系，获得了大家的尊重和支持。如果你问我怎么评价自己的大学生活，我的答案很简单，只有两个字——精彩。我参加过各种各样的社团活动，也试过和志同道合的大学生志愿者到偏远地区的学校践行素质教育。作为一个计算机专业的学生，我热爱代码、热爱编程，我试过和同学在明德楼五楼的机房打代码直到有人来清洁锁门我才走,我也试过和外院的同学排练备稿,作为一名英语主持人站在地区大赛的舞台上……这一切的一切都是我美好大学生活的一份回忆,每一滴回忆都塑造了我,改变了我,为我将来的道路指明方向。回顾大学四年,我从高中刚毕业时那个迷茫的自己,变成了现在敢于直面任何困难,自信和从容的自己。

如今,本科即将结束,如无意外我还会进入下一阶段继续深造。我会一直保持这份生活和学习上的热情,继续努力,继续奋斗!

知行风向标之生涯导师说一说

他始终保持着一颗积极向上的心,乐于尝试,将大学的各种平台作为自我成长的机会,获得了到波兰克拉科夫理工大学进行半年的交换学习的机会,进入珠海魅族科技有限公司实习,最终被英国利兹大学的录取。

他珍视大学时光,也没有辜负自己一点一滴的付出,制订合理的行动计划,确定行动目标,识别存在的差距,制定行动策略,形成行动计划表。很多同学在确定行动目标时,存在不明确、无截止时间等问题,可以根据职业发展目标确定各阶段的行动目标。例如,根据时间阶段明确大一、大二、大三、大四每个学年应该达到的目标;根据行动目标项目分类,如在专业技能、综合能力、求职能力方面达成的目标。

070　焦　雪：宝剑锋从磨砺出，梅花香自苦寒来

　　我叫焦雪，北京理工大学珠海学院2016级软件工程专业学生。我曾获校级奖学金3次，多次荣获"优秀学生""优秀团员"等称号，获得国家级奖项2项、省级奖项2项、市级奖项1项。大一至大三在校期间担任辅导员助理，曾协助辅导员完成各项学院活动，如毕业生就业谈话、毕业答辩、迎新生等。大二曾担任计算机学院传媒中心部长，与社团成员参加各项比赛，并在市级比赛中取得不俗的名次，也获得了"优秀干事""优秀部长"等称号。在大二暑假参与麦心团队，前往云南昭通市火德红镇进行为期两个月的支教，认识了来自四川、云南、山东等地的志愿者，也和当地的小朋友结下深厚友谊。大三时期加入学院Laplace团队，跟随团队前往广东汕头陆丰市、广东深圳市、湖北襄阳市、甘肃酒泉市等地进行暑假社会实践和寒假母校回访等活动。暑期社会实践暨新时代中国特色社会主义理论宣讲会走进酒泉卫星发射基地、酒泉市第一中学、酒泉市南苑社区等地，也在当地新闻台报道播出，赢得了良好的反响。在深圳市的母校回访为高三学子答疑解惑，也聆听到高三学子对未来大学生活的向往。大四临近毕业时选择了出国留学，收到来自悉尼大学、新南威尔士大学、昆士兰大学、阿德莱德大学、

纽卡斯尔大学的 Offer。立足当下，展望未来，做新时代的好青年。

从错误中成长，脚踏实地

在大一刚入学时，我并没有把学习放在第一位，反而是把它排在社团和人际交往后面，以至于功课亮起了红灯。但是作为辅导员助理，在结交了很多成绩优异的同学和师兄师姐后，我开始反思自己的学习方法和学习效率，认真刻苦钻研，对于问题积极与同学进行交流，还选修了各种实用课程，全面提高自己。但是学习也是一个漫长的过程，只有不断地坚持和努力才会有回报，这也正是我的座右铭"宝剑锋从磨砺出，梅花香自苦寒来"，要想成为一把好的宝剑，要经过百年的磨砺。在学习上的不服输精神终于让我的成绩有了质的飞跃，从年级的后进生到排名中游再到后来的前 20%，并获得了三次奖学金。除了学好各门专业课程，我从大二开始就用心参加各种考证，教师资格证、初级会计证书、普通话证书、软件设计师资格证，同时也去了解其他专业的一些考试，丰富自己的知识。

实践出真知，多多益善

学习不仅仅是理论的学习，还要坚持理论与实际相结合的原则，更要有大胆创新的精神，要勇于实践。为此我积极参加各项社会实践，还用心地参加了计算机设计大赛，将自己的知识学以致用，不仅仅丰富了理论知识，还提高了各方面的潜力。在社会实践中，因为我来自西北边陲，所以我主动提出要从家乡的丝绸之路出发，再结合粤港澳大湾区和海上丝绸之路，将祖国的发展联系起来。作为新时代的观察员，体会祖国 70 年的变化，这一点一滴都是作为新青年的我们能够为祖国做的贡献。大学生不仅要学好专业知识，还要联系实际，多实践，从自身的能力出发去影响和改变社会的方方面面。

传播智慧的种子，大爱无疆

大一的我并没有想当老师的念头，也没有去参加教师资格证的考试，直到参加了云南支教，在云南之巅遇到了一群很可爱的孩子。他们都曾是云南 8.3 地震的亲历者，有些孩子在地震中失去了父母，也有孩子失去了自己身体的一部分，但是他们并没有怨天尤人，反而在我们开始暑假公益学校后，积极加入我们，每天按时来上课。在经过两个月的一起学习一起游戏后，我们结下了深厚情谊，在离开时，孩子们都很依依不舍。这让我坚定了要做老师的想法，从孩子们身上我看到了不屈、乐观和坚强。

"宝剑锋从磨砺出，梅花香自苦寒来"，要想成为一把好的宝剑，要经过百年的磨砺，梅花飘香来自它度过了寒冷的冬季。我是一名即将毕业的学生，为了接触到更为深奥的知识，申请了澳洲的大学，也即将作为一名研究生，开启新的篇章。不屈不挠，永不放弃，不骄不躁，这是影响我一生的精神力量。

知行风向标之生涯导师说一说

她积极参加学校学院社会实践，结合自身专业知识，去帮扶学校周边社区；她将自己的知识学以致用，参加计算机设计大赛、高校防范非法集资海报设计大赛；她因来自西北边陲，主动提出要从家乡的丝绸之路出发，再结粤港澳大湾区和海上丝绸之路，作为新时代的观察员，体会祖国的变化，做新时代好青年。她认为这一点一滴都是作为新青年的大学生能够为祖国所做的贡献。丰富充实的大学生活，让她收获成长；深入社区的社会实践，让她更加渴望获取知识，因而申请留学，看看外面的世界，丰富自身的学习，以期望更好的自己去为祖国的发展出一份力。

071 康皓铭：挥洒汗水，浇灌成功之花

康皓铭，计算机学院 2015 级计算机科学与技术专业学生，曾先后担任计算机科学与技术 1 班宣传委员，校学生会宣传部部长、副主席，珠海市学生联合会轮值主席。在校期间获得"2018（第十一届）中国大学生计算机设计大赛全国二等奖"等国家级奖项 4 项、省市级奖项 8 项、校级奖项 18 项，多次获得"优秀学生干部""优秀学生""优秀团员""优秀团干"等荣誉称号，2019 年度校园十榜之"社团精英榜"登榜学生。

入校以来我一直严格要求自己，思想进步；善于学习和吸收新知识，热爱所学专业，勤奋学习，成绩优秀，多次获得优秀学生奖学金；尊敬师长，友爱同学，关心群众，乐于助人，具有优良的道德品质和良好的行为，模范遵守学生行为准则和校园有关规章制度；兴趣广泛，爱好艺术、设计等。曾多次组织并参加各种校园活动，在丰富自己的同时，也为活跃校园文化生活、丰富广大同学的课余生活做出了很大的努力。同时我也在社团和科研活动中体现了良好的组织管理协调潜力，并具有较强的社会实践潜力。

大学四年，我把大部分的课余时间投入了校学生会的工作

中，这段社团生活对我来说也有特别的意义。一步步从干事成为部长，最后加入主席团，我也在不断地成长，掌握技术，变得开朗，变得敢于肩负责任……这一路上也得到了许许多多的帮助与指导，这是一种不同的温暖，不停地鼓励着我向前。我于 2015 年 10 月加入北京理工大学珠海学院学生会。2016 年担任学生会宣传部部长，负责校学生会微信公众号及日常宣传工作，其中《校会出品|北理珠安全指北》等原创推送获得市校级奖项共 4 项，并获得学校官方公众号转发，公众号曾多次登上广东学联影响力公众号排行榜。2017 年担任学生会副主席、学生委员会副主席，参与管理学生会、学委会日常工作，协助组织校学生会 2017 与 2018 新生志愿者、迎新晚会工作。负责设计制作 2017 年及 2018 年新生指南《京工海韵》、校园文化宣传杂志《北理珠美食指南》。加强校学生会特色活动宣传，负责组织"女生节""女性感恩周""女性权益周"等大型校园活动。组织首届"21DAYS 学霸养成计划"等学风建设活动。2018 年担任珠海市学生联合会轮值主席，协助组织召开北京理工大学珠海学院第三次团学代会，负责广东高校"学联学生会组织改革"专题培训组织工作，参与珠海市大学生艺术节筹备工作，作为学生代表列席珠海市第七次代表大会座谈会，参与 2018 年港珠澳大学生领袖论坛，参与珠海学联"学联邀"专栏拍摄等。

除了社团活动，我也热衷科研项目，先后参与珠海市哲学社会科学规划 2017 年度课题"珠海唐家湾古镇历史文化传承与宝臣唐公祠虚拟复原研究"、省级大学生创新创业项目"O2O 模式下穿戴式健康监测系统设计与实现"、电子科技大学中山学院项目（思源创客课程项目组），以第一作者身份发表论文《VR 技术下唐家湾古建筑保护与开发》《基于 NLP 及多媒体识别的个人语言处理》，申请实用新型专利"基于人脸识别的云智能交互宣传栏" 1 项。

2018 年，我和朋友们创建科研团队"Laplace 团队"。团队积极参与社科、科研活动，获得国家级奖项 1 项、省级奖项 2 项、校级奖项 8 项，2018 年 10 月正式注册成为闪浪科技（珠海）有限公司。随着我国高等教育的发展，大学生创业成为国家和社会共同关注的话题。对于创立公司的初衷，契机来自和志同道合的小伙伴参加相关比赛。创立公司只是顺其自然，一开始并没有刻意思考，只希望自己抓紧每一个机会，不做让自己后悔的事情。而现在，公司状况逐渐稳定，我们正在推进基于游戏引擎的教育类软件，希望最终以产品的面目展示给大家。即使这个过程漫长且曲折，我和我的团队仍然迎难而上，我希望Laplace团队能成为计算机学院的一个优秀团队。团队在不断开展新项目的同时，也将招纳更多小伙伴参与到团队中，既能壮大队伍也能为大家传授项目比赛创业经验，为学院做出一点贡献；也希望更多的高年级学生可以参与到类似的活动中，形成一个传承。

"学计算机赋予了我们更多的能力，那我们就要用计算机去做一些有意义的事情，包括弘扬中华文化，做一些力所能及的事。"我虽然是计科专业的学生，但我的兴趣却不仅仅局限于自己所学专业，一直对设计艺术充满兴趣，对PS、AE等设计软件也是轻车熟路。我将这份兴趣充分应用在了自己的学习工作中，积极参加校内外设计类比赛。

只要真心待人，善于总结，所有在比赛中认识的朋友，获得的经验，就会汇聚在一起，在这过程中不断地充实自己，甚至推动自己的人生和自我发展，每一份付出都是值得的。这一切就是大学的意义，就在于可以不断地探索，做自己喜欢的事情，追求自己的梦想，相信挥洒汗水能滴灌成功之花。除了荣誉，我在项目活动中收获了更多，一是团队合作能力，二是管理经验，最重要的是认识了许多志同道合的朋友。

知行风向标之生涯导师说一说

"学计算机赋予了我们更多的能力，那我们就要用计算机去做一些有意义的事情，包括弘扬中华文化，做一些力所能及的事。"

康皓铭热爱自己的专业，并能够将专业知识与实践活动结合在一起。一些大学生在抱怨、迷茫时，他脚踏实地，不仅取得优异成绩，而且在学生组织中一步步成长。这离不开时间管理能力，可以把事情分为重要且紧急、重要但不紧急、不重要但紧急、不重要且不紧急四个类别。对于重要且紧急的事情，需要立即去做，同时需要知道对于重要且紧急的事情多是因为它们在重要但不紧急时没有被很好地处理。对于重要但不紧急的事情，需要有计划地去做，集中精力处理，做好计划，先紧后松。对于不重要但紧急的事情，可以放权交给别人去做。对于不重要且不紧急的事情，尽量别做，可当作调节身心，但是一定不能沉溺于这件事情中。

072 刘义锋：规划，从做好一颗螺丝钉开始

刘义锋，2016级数字媒体技术专业学生，曾任计算机学院辅导员助理，数字媒体技术专业毕业展学生负责人，知乎、哔哩哔哩道格拉斯小刘作者。曾获光大奖学金1次、北京理工大学珠海学院特等奖学金1次、一等奖学金3次、二等奖学金2次；曾获珠海市青春新风尚新媒体创作大赛H5最佳人气奖、"青年大学校——牢记使命心向党，热点新闻有我说"三等奖、计算机学院"演讲之星"演讲比赛季军、信息学院勤工助学中心"诉说你的勤工助学生涯"演讲比赛优秀奖、大学生文化艺术节之第五届"绘声绘影"影视大赛（创作类）一等奖；曾获"优秀学生干部""优秀学生""优秀团干""优秀团员"荣誉称号。现为澳门科技大学计算机资讯科技硕士研究生。

研究生初审及面试的经验

在初审阶段，最为看重的是个人的学术能力以及英语成绩。

学业成绩是学术能力最为直接的体现。那如何提高学术成绩？上课好好听讲，课下认真完成作业，不懂的问题及时找同学老师咨询，平日多与同学探讨学习问题，多反思与改进学习

上的不足。这些道理人尽皆知，但关键需要下定决心去实践。

学术成果也是学术能力的体现之一。如果申请理工科研究生院校，建议发EI，或者是核心期刊。数学建模在本科期间能参加就参加。

英语成绩也是初审重点之一，因此在本科四年内应通过英语六级，有条件可以争取雅思6.0以上。

面试主要考查英语口语能力与理论知识。

关于英语口语能力，建议大家可以在平日与小伙伴的交流当中，适当进行全英对话，如果觉得不合适，也可以参加每周三的英语角活动，在那边会有很多的小伙伴进行长时间的英语交流。在英语课上，积极举手回答问题，也有助于锻炼口语与在面对公众发言时的胆量。

除此以外，也建议大家多参加中英文演讲，锻炼自己在公众场合的表达能力，不至于在面试过程中因紧张而忘掉重要的知识。

关于理论知识，针对理工科，数学与专业课是重中之重，因此在面试前的一个学期，常用常考的数学知识、专业课知识一定要烂熟于心，基础知识要扎实，不能只以应付考试的态度去面对学科，要多想想概念背后的原理以及原因。

如果确有申研的想法，建议尽快跟科任老师或辅导员进行沟通，老师们会提供有参考性的建议。

最后还需要一颗不被外界干扰的心，在此期间，身边很多的同学都会去找工作，而此时的自己还处于找学校的状态，确实会有一种莫名的压力。真心打算申研升学，并不建议大家去外面找工作，因为工作了必然会分散很多学习的时间和精力，导致申研成功的概率会有所降低，所以要申研，好好冲就好了。

申研并不是一朝一夕的，需要长时间的积累，才有可能有成果。不忘初心，方得始终。

我申研的想法源于大三时得知学校有港澳保荐之名额。在准备申研的过程当中，最看重的两个部分分别是英语以及学业能力。关于英语口语能力，我主要在平日与小伙伴的交流当中提升。平日我参加每周三的英语角活动，在英语课上，我积极举手回答问题。经过一年的训练以后，在面试的过程当中，全英文的自我介绍以及全英文的提问时，我也能比较准确、流畅地表达出想要表达的意思。对于学业能力,主要考查的是三年来的学术成绩,以及计算机基础,这就得益于我是学委,在过去的几年里关注学习这件事,所以在绩点方面还是有把握的。 而计算机的基础主要是考查概念问题,这个我在面试前的一个学期,复习了过去三年的基础课,在面试过程当中虽不能说对答自如,但是主要的部分都能表达出来。

申研虽不用参加全国统考,但这个过程同样是需要多花时间以及多加思考,想要申请上心仪的院校,还是不太容易,申研录取是一个综合天时地利人和的结果。

班级学委,助力班级学风建设

2020 年是我在班上当学委的第四个年份,在日常的学习生活当中,身为学委的我,为老师与同学之间建立沟通的桥梁,使他们及时并完整地传达各自的信息。

2016 级的毕业答辩将采取与往年不同的方式进行,即线上答辩。同学们对于如何答辩、后续一系列的流程存在不少的疑惑,一方面,老师与学生之间会有所交流,但毕竟老师的数量少于学生,有些时候信息并不能完全覆盖到;另一方面,目前还没开学,学生都不在学校,这也给及时沟通加大了难度。因此,关于同学们提出的疑惑,我会与老师在线上交流后,通过群聊、私聊的方式为同学们做详细的解答。在毕业设计的最后阶段,我需要同时处理奖学金汇总、班上事务和回答同学们的提问,这让我有点措手不及。在这个过程中,我个人的状态是有点分裂的。当然最后所有的问题都得到了解决,同时也解答了同学们的疑惑,尽力把老师的意思传达下去。

也正是长期以来的传达训练,让我的表达能力、耐性都得到了很大的提升,也为我后面成为视频制作者埋下了伏笔。

学以致用,做一名有技术的学生干部

在过去的三年里,我学习了计算机网络、Python 程序设计、软件测试,一直以来,我并不了解这些知识的作用,直到疫情的到来。

疫情期间,上级发布通知任务,我们需要在规定的时间段,把通知填写问卷任务落实到位。接到任务以后，一开始我们是采用人工通知的方式，在钉钉与微信上每天定时提醒同学们填写问卷。随着时间的推移，我渐渐发现其中的逻辑。对于微信来说，在电脑端上就是要到点以后，选中指定群聊，然后粘贴通知内容，按下发送键，我通过 Python 的 Pyautogui 库定时完成这一操作。对于钉钉来说，钉钉有着丰富的自动化功能与接口，其中 Webhook 接口有着丰富的自定义功能，因此只需编写定时器，结合计算机网络知识调用相关方法，挂载在服务器上，即可完成定点通知功能。如此下来，极大地减少了我们的通知压力，让助理团的同学有更多的时间去做与人交流的事情。

毕设期间，外校的一名学习硬件相关专业的同学向我求助有关人工智能数据预处理的问题。对于非计算机专业学生，做类似的毕设其实难度并不小。尽管我对人工智能的相关问题没有深入的了解，但是在计算机领域里，很多问题的解法都是相通的。具体问题是需要把 Txt 文本的指定数据转化到 Excel 表格，并对 Excel 表格里的数据进行公式处理。进行过需求分析后，其实该问题的核心是将一种数据结构变成另外一种数据结构，将该数据结构套用数据公式得出新的结果，然后保存输出为 Excel 格式文档。Python 中的 Pandas 就能很好地解决这一问题。在我的协助之下，这名同学顺利地完成了毕设。

作为计算机学院的学生，我认为重复烦琐的工作应该尽可能交给计算机，把技术投放到真正需要的地方，以争取更高的工作效率，让人去从事更人性化的工作。

工作实习，从做好一颗螺丝钉开始

在大四下学期，我在一家公司担任"经理助理"一职，从事着类似辅导员助理的相关工作。真正从事工作后才发现，工作内容常常高度重复。每天到点上班，然后打开 WPS，下班了有些时候依旧还是 WPS。所幸我在大学期间学习到了一些计算机编程的相关知识，在处理高度重复的工作时，能通过调用 Python 的各种库来高效解决问题。所以，学习好计算机，对提升工作效率有很大的作用。在过去，我认为上班是一件非常有趣的事情，像游戏公司能做很酷炫的游戏，但真正自己出来从事相关工作的时候才发现，自己不过是一颗小小的螺丝钉，每天都重复着高度相似的工作。但是换个角度思考，也正是因为有我们这些不同螺丝钉的共同努力，才有了宏观上优秀的产品出现。

我和哔哩哔哩，学生干部工作经验的分享者

在生活上，我是哔哩哔哩上的一名视频制作者，视频频道主要是教程内容，提供给需要这些工具的观众，使他们更好地掌握工具的使用。

在疫情期间，很多的教学活动都迁移到了线上进行。我有一名朋友从事教学的相关工作，希望我能按照她的需求制作一套解决方案。因此，我结合现有的资源条件，给这位有线上教学需求的朋友制作了一套 Zoom 的教学流程，算是给她解决了线上教学的问题。

随着我接到的委托越来越多，我的表达能力也越来越强。与此同时也认识了很多志同道合的朋友，大家也经常讨论有关视频制作的一些话题。

最重要的是，能真正帮助别人，这件事本身就很有意义。

知行风向标之生涯导师说一说

"他的话特别多"，认识的人总是这样评价他。

他身上有一股钻研的精神，遇到问题，常常会想"我可以怎么做？有没有更好的方法"？他有较强的学习和运用知识的能力，时常能借助专业能力助力学生工作。他经常把"为人民服务"挂在嘴边，更用实际行动去践行"为人民服务"。他成为哔哩哔哩上的一名视频制作者，打造专业视频分享，视频频道主要是教程内容，提供给需要这些工具的观众，使他们更好地掌握工具的使用。疫情期间他还帮助解决线上教学问题。

073　龙丽珍：成长，一步步来

我叫龙丽珍，2015级数字媒体技术专业学生，现为澳门大学硕士研究生。初入大学的时候比较稚嫩，听从了很多过来人的经验参加了许多社团，最后大一结束时在众多社团中留下了海贝TV和院学生会两个。在社团中，我遇到了很多志同道合的小伙伴，交到了知心朋友，当然也认识了很多优秀的师兄师姐。其实我很多方面的成长都受着身边人的影响，再加上自身的努力，各方面的能力都得到了很大的提升。跟优秀的人做朋友，你会变得更优秀。所以很感谢身边的人，是他们引领我变得更优秀。

大二、大三的时候我担任了计算机学院团总支学生会办公室主任，2017级数字媒体国际班的班助。肩上多了一份责任，身上大大小小的事务多了起来，其中值得学习的东西也很多。给我最大的感触就是我演讲能力的提高。还记得我大一时第一次上台自我介绍，可能因为不够自信、紧张，所以很丢脸，在台上哭了。但经过两年时间的打磨，我可以从容淡定地站在台上讲话。我相信这种能力会帮助到我的日后工作。在任期间，我组织举行校级策划书大赛，热心公益榜校级活动，也开过大大小小的班会。有时候集体活动会感觉到很累，也有力不从心的一刻，加上自己转专业后要补大量的课，所以活动刚结束，就赶着回宿舍交当天的作业。但即使这样我也一直没有放弃。学会如何平衡学习和工作也是我在大学里学习到的重要一课。多亏了提前制订的计划和番茄钟，当然了还有朋友搭档的帮助，我才避免了许多错误，少走了许多弯路，在工作和学习中更加得心应手。

回顾这些工作，支撑着我的更多的是一份责任感。以积极的态度带领一群人共同进步，把自己在大学生活中得来的学习生活的经验、感受传授给他们，希望他们的大学生活更加丰满，不留下遗憾，当然也很希望未来他们能取得更好的成就，就像我师姐当初教给我的一样，一届一届传下去。

选择了，咬着牙学下去

对于学习，我曾经做过最大的选择，就是转专业。大一进入学校，选择计算机专业时，发现了计科专业所学的并不适合自己，再结合自身的情况，发现自己更适合偏向数字媒体这一门结合了计算机和艺术的专业，在一番自我挣扎后，还是果断选择了转专业。

在计算机基本的必修课像 C 语言、高数等的学习过程中，我经历了一个熟能生巧的磨炼过程，需要结合老师上课讲的内容，然后课后反复地练习。有人可能觉得相对于专业课，这些基本的课程就显得没那么重要了，其实并不然，就好比建一座高楼，基础课就像是基石，只有基底打好了，才会有楼顶的风光。

在专业课上的学习，感觉要像一块海绵，要不断吸收各种 Idea，这就需要强大的信息吸收了。课余时间，我会在网上看许多创意类的视频，多观摩大神的作品，自己才会不断向其靠近。当然啦，同是计算机学院，都有为了大作业通宵熬夜的时候，但看到自己作品成功完成的一刻，内心成就感满满。课程结课，每一个作品都是见证我进步的一刻，因为我知道，我用心做了。

我从来没有后悔过当初的选择，在努力和坚持下，获得优秀学生奖学金五次和一次光大奖学金就是最好的见证。课余时间，我也在艺术的领域中探索前行，我参加了许多比赛，像广东高校网络媒体节、大学生文化艺术节设计比赛等，有些取得不错的成绩，当然了也有的石沉大海。我始终坚信着，今天所做的努力，将来一定会以另外一种方式来回报你。

试错，有错才有对

我是一个很勇于尝试的人。我一直觉得大学给了我一个试错的平台，有什么想做的，就去做，成与不成就是另外一回事了，只有试过了才知道什么是适合自己的。我在大二的暑假就想着去实习了。在横琴麦盐科技有限公司实习时，每天都与团队在磨砺，项目改了又改，在这个过程中真正做到了把学习到的知识灵活处理。看到网站成功上线的一刻，内心的欣慰感油然而生。我想尝试公务员的工作，就去了共青团珠海市委员会实习，负责共青团中央品牌项目"青年之声"相关宣传工作，取得不菲的成绩，珠海"青年之声"名列全省第三，这是对我工作的肯定。我还作为市青联志愿者，参与粤港澳大湾区交流活动。因为想体验下不同的课程，在大三暑假我参加澳门大学的暑期交换课程，学习到很多新的知识，认识了许多来自国内外的朋友，至今我们还会有联系。在培养自己兴趣上，我曾尝试着出版自己的漫画，也投过稿子，虽然这些石沉大海了，但起码尝试过。现在我还打算学吉他。

每一次尝试，我都会有不同的收获，对这个世界有了不一样的认识，也让我对自己有了新的定位。

世界很大，需要不断探索

在大学里，每一年我都看着自己在变化，在不断选择和尝试。有时候觉得大学生活虽然看起来很长，但对于整个人生来说却只有短短的四年。对于未来我也选择了继续深造，想去看更大的世界。当然了也在准备着英语，以前的朋友圈里可能都是去哪里吃喝玩乐，现在就是各种英语打卡（希望我的朋友没有屏蔽我）。在苦练英语的时间里，我也发现英语这门国际通用的语言给我打开了一扇更大的窗户，很多网上信息与书籍中第一手的消息其实都是英文的，掌握了英语这门技能可以让我们更好地理解消息里面的信息。我身边很多同学在实习后也发现学习英语很重要。未来的路还有很长，我总会到达自己想去的远方的。

我始终坚信，今天所做的努力，将来一定会以另外一种方式来回报你。

知行风向标之生涯导师说一说

"我曾尝试着出版自己的漫画,也投过稿子,虽然这些石沉大海了,但起码尝试过""每一次尝试,我都会有不同的收获,对这个世界有了不一样的认识,也让我对自己有了新的定位。"通过这些话我们看到了主动、积极、乐观的龙丽珍。

在大学里,她用前三年的时间不停地去提升、定位自我。自己不擅长演讲,通过社团平台、活动平台去不断地锻炼,终于在讲台上自信满满;认知自我,及时转换专业,用六次奖学金和专业奖项见证成长。

074　罗胜达：我的大学和研究生生活

我叫罗胜达，于 2011 年 9 月就读北京理工大学珠海学院的软件工程专业，并于 2015 年 6 月本科毕业。2015 年 9 月至今在澳门科技大学攻读理学硕士。

很荣幸可以和大家分享我的升学经验，文章会分为三个部分：第一部分介绍我的升学准备；第二部分介绍我的面试经验；最后一部分会讲述我硕士生活的一些情况。

升学准备

这个部分是本文的重点。这个部分主要说的有两点，首先是我升学准备时的知识储备，然后是时间规划。

我的升学准备是从大三下学期末开始的。那时，摆在面前的问题主要有两个：是升学还是就业？升学是要就读国内的还是国外的？由于个人对计算机科学的热衷和家庭环境允许，家人支持，于是我决定升学。在选择是在内地还是香港、澳门升学的时候，我对比了两者之间的差距后，选择了澳门升学。因此我的升学知识储备主要是：英语、数学、专业课。

在英语方面，澳门是以英语为授课方式的，因此澳门学校对英语要求特别高。在英语口语、听力方面，最基本的要求是可以听得懂上课老师讲述的内容并且和老师交流。在英语阅读方面，要求是可以无误地阅读科研文献。在英语听力练习方面，我是用教科书和CET4、CET6的试卷来练习的，反复地听。我觉得英语听力是要每天都听，开始可以一边对着书一边听，然后是读一遍文章就听，最后是一边听一边理解再看书。我觉得这个听力练习是个长时间的积累，英语不好的同学应该早点做准备。

在数学方面，因为我升学选择的是理学硕士，所以数学要求比较高，除了本科学校教授的高等数学、线性代数、概率论，还需要随机过程、最优化算法、排队论。数学的学习，最难的我觉得并不是看懂书本写的是什么，而是应用上面，要用数学的角度去思考事物。我在这里想抛砖引玉地说一个笨拙的例子："有间超市，每天人来人往，生意兴隆。假设我们是这间超市的老板，我们经过调查，知道了客人们一般在超市里面待多久，又知道一个时间段里面客人来了多少。这个时候，我们想得出平均超市里面有多少人，用这个信息，我们可以根据需求来扩建超市。这个时候，我们就可以应用随机过程来建模，然后就可以求出想要的信息。"我认为，数学是要到这种程度。

在专业课方面，计算机相关的知识很多，所幸我升学后从事的课题是和本科专业相关，因此专业课我的准备就轻松多了，这个阶段只需要复习学过的知识就好了。

在知识储备阶段，很重要的是时间规划。时间规划表一定要按照实际来，切忌"贪"。这个"贪"是指把过多的时间都算在了学习上面，比如，我们不能在时间计划表上把学习时间安排18个小时。在时间规划表上面要有这几点：①睡觉总时间应该大于或等于7小时；②每周至少有几次运动的时间；③正常的饮食时间。

有了知识储备方向，也有了时间规划表，最后也最重要的是持之以恒的毅力。

面试经验

在这个部分我主要想讲的有两点，第一是面试时候的着装，第二是我面试时面试官问的几个问题。

对于面试着装，底线要求是得体整洁，尽量正装，切忌拖鞋、背心、短裤等。对于这方面，我有个很好的方法，你可以想象一下，你去你心动女生家见家长的时候怎么穿,那么面试时就怎么穿。

在面试的时候,因为是升学面试,所以老师问的大多是科学知识方面的问题,很少有其他问题。这些问题,几乎是专业基础课的问题,但是粒度很细。在编程方面的,面试官问的是一道 C 语言题和一道数据结构题:一个整型指针和一个字符型指针占的地址块的大小比较;数据结构里面堆的特点是什么。英语方面,是自我介绍,还有一段翻译。翻译是个长句,而且是一篇科学杂志论文摘录,单词不是很大问题,关键是断句上。还有个问题是问对学科的理解程度。

总的来说,面试题目出自专业基础课,但是出得很细。英语翻译,断句是关键。

硕士生活

我的硕士生活以学习和交往为主。硕士学习和本科学习最大的不同,我觉得是硕士期间的学习方式不像本科,主要的不单单是学习,更重要的是科研。简单来说,就是知识的应用能力。在书本的知识中,思考不一样的想法,然后获取资源,最后实践,出论文。在硕士生活里面,很多时候是要和硕博师兄们交流,和导师交流,和别的老师交流,这些都需要交流技巧和表达能力。

和人交往,也是硕士生活的重要内容。本科期间,我曾担任新生班助,在硕士生活里面,我也没闲着,也担任了班级学长这个职务。虽然名称不一样,但是工作是相似的,接触新生。我觉得,这是个很好的锻炼交往的机会。

总而言之,升学准备时间最好是在大三下学期初,注意书本细节。面试时候正装,有基本礼貌。硕士生活比本科忙,但也充实,值得你前期的付出。

知行风向标之生涯导师说一说

踏实是罗胜达的主要标签,他有比较明确的自我认知,他能够平衡好学习和工作的关系,他能同时兼顾升学准备和学生工作,他在大学期间担任 2013 级的生涯导生,做新生大学生涯的引路人、学业上的带头人、生活中的贴心人,成为学生工作的得力助手和帮手。

虽然大学毕业了,他和学校仍然保持着联系,不定期给师弟师妹分享升学的经历;他依旧关爱所带班集体,大学学弟和他成为研究生同门。

075　罗卓君：这里不是故事的结束，而是另一个开始

罗卓君，2016级计算机科学与技术1班学生，2020届优秀毕业生。在校期间曾获奖学金6次、校级优秀生1次，其中特等奖学金1次、一等奖学金2次、二等奖学金2次、三等奖学金1次。2018年11月申请到了前往波兰克拉科夫理工大学做交换生的学习机会。2019年在波兰克拉科夫理工大学开展了近5个月的交换生学习生活；同年12月，收到了来自悉尼大学信息技术专业的硕士Offer。

我的故事就从2017年的一个夏天讲起吧。为了提升自己的编程能力，在大一刚结束的暑假，我选择留在学校参加为期26天的计算机学院ACM集训。在那里，第一次体验每天超过10小时训练强度的我，虽然感觉蛮累的，但很高兴自己收获了更多。我在集训中除了自身的学习，还感觉到一种拼搏的氛围，每个人都认真地敲代码，就是为了做出更多的题目和学到更多、更深层次的算法以及训练自己的思维。而枯燥的打码生活却不断迸发着思想的火花，这或许就是我参加这次集训最好的回报。

到了2018年3月，对人脸识别感兴趣的我主动加入了学院

实验室的人脸识别研究项目，在罗回彬老师的指导下，我负责对算法进行优化以及将代码进行模块化设计，同时基于 Python 的 QT5 设计交互界面。后来在原有 Opencv 的基础上融入机器学习的算法，成功把识别率从 70% 多提升至 90% 多，并大大降低了视频截取识别的延迟。除了赶项目进度，老师还经常召集研究小组的同学们一起开展头脑风暴，在不断分享和思想的碰撞中，我们往往会想到一个更好的 Idea，然后就有了完善项目的方案。可以说这次的研究经历让我在理论学习、实战应用和团队协作等方面都受益匪浅。

同样是 2018 年，我和两个同专业的室友一起创建了 ATM Studio 工作室，主要是面向广大有网页开发需求的群体，为他们提供网页定制服务，并附属专属文档、在线客服问答等。虽然是小打小闹，但也有不少客户来找我们设计网站。记得那段时间除了上课做作业，就是在赶项目设计网站，虽然每天都很忙碌却也很充实。而且轮到自己当客服的时候，面对客户们各种千奇百怪的需求，经常让人非常头大。不过我们都深知，做生意，客户就是上帝，很多时候我们的让步和妥协反而可以收获更大的利润，这也算是给自己在商业这方面积累了一点小小的经验吧。

2019 年的 2 月我显得格外兴奋。我在香港机场乘坐芬兰航空飞往赫尔辛基的航班，然后转机到了波兰第二大城市克拉科夫，在这里我开展了将近 5 个月的交换生学习生活。这期间，我经历了很多很多珍贵的人生第一次：第一次踏出国门，第一次全英语环境生活和学习，第一次爬雪山和滑雪，第一次喝伏特加，第一次同时品尝很多不同国家和地域的美食，第一次和外国朋友们比赛和分享厨艺，第一次和外国朋友们在酒吧玩耍，第一次玩德州扑克，第一次银行卡因按错密码被冻结，第一次为了朋友在街头找陌生女孩要联系方式，第一次学会包粽子，第一次被外国人夸口语好，第一次行贴面礼……那段时光里，封存了我太多的第一次，现在回想起来，还像做梦一般。课堂上，我第一感受到英语扎实的好处，不仅接收老师的知识比较快，还可以帮助周围有需要的同学解答疑惑，同时也得到了老师的赞赏，所以我的课堂表现还是蛮积极的。而在课后，平时积极参加学校组织的各种交换生留学生派对，和来自世界各地的同学们聊天交朋友，互相了解各自的文化和习俗等等。在生活中，和同行的室友还有邻里的外国朋友们，经常相约一起交流，分享美食美酒还有故事。当假期来临时，和朋友们一起去附近的国家和城市游玩，领略欧洲各国的风采。童话故事般的捷克布拉格，历史沧桑却魅力四射的德国柏林，迷人又浪漫的法国巴黎，典雅端庄的匈牙利布达佩斯，音乐艺术气氛浓郁的奥地利维也纳……这些城市里很多建筑还保留着多年前的样貌，即使在现代还是能各领风骚。这次交换学习，让我见识了很多地方，认识了很多好朋友，但我觉得最重要的是，我变得比以前更爱国了，或许是因为当自己身在海外的时候，才会想起自己不仅仅代表着自己，也代表着中国人，可以说这是我人生中不可多得的宝贵经历。

在 2019 年 7 月回国后，3 天内就投入了实习面试准备中，最后成功入职珠海孜孜科技有限公司的前端工程师实习岗位。工作中时不时会遇到一些技术难题，还好技术总监和同事们非常耐心地帮助和指导我，让我上手项目变得容易了很多。平时和同事们有说有笑，大家相处起来也非常和睦。这两个月的实习时间虽然不长，但也为我提供了实实在在的实战机会，让我了解到企业的开发项目和学校的研究项目有哪些区别。

而就在 2019 年圣诞节到来的前一周，我收到了来自悉尼大学信息技术专业的硕士 Offer。那一天的自己真的很开心，感觉大学四年的努力没有白费，岁月不饶人，我亦未曾饶过岁月。

尽管现在受到疫情的影响，但我相信好事多磨。待疫情散去，我将再次远渡重洋求学，学成归来，为祖国的发展奉献自己的力量！

这里不是故事的结束，而是另一个开始。祝你我在下一节故事里好运！

知行风向标之生涯导师说一说

罗卓君的这个故事很精彩。暑期 ACM 集训、人脸识别研究项目、ATM Studio 工作室、波兰交换生、悉尼大学信息技术专业的硕士 Offer 等一个一个重要的事件，对他都产生了积极的影响，这也是我们可以通过事件的梳理，去进一步了解自我。"绘制自己的生命线"，对过去的我、现在的我、未来的我做评估和展望。"万丈高楼平地起，不积跬步，无以至千里"，将理想目标分解成为可以达到的多个阶段小目标，逐个逐个去实现。仰望星空，脚踏实地，青春是做梦的年纪，更是播种的季节，每一个青春都应该有一个属于自己的梦想，而让梦想照进现实的办法，就是奔跑在奋斗的路上。

076 王 也：尔尽尔心终无悔

王也，北京理工大学珠海学院计算机学院 2016 级软件工程专业学生。获 2018—2019 学年国家奖学金、2017—2018 学年光大奖学金，获校级优秀学生奖学金 6 次，其中特等奖学金 1 次、一等奖学金 1 次；被评为"2019 学年优秀学生标兵""文艺新锐榜"十佳个人；多次荣获"优秀团干""优秀学生干部""优秀学生"等荣誉称号。在校期间积极参与了 80 多次竞赛，共荣获 70 余项奖项，其中，国家级奖项 7 项、省市级奖项 15 项、院校级奖项 48 项。曾任班级组织委员、计算机科技协会副主席、社团联合会办公室副主任、传媒中心秘书长、2018 级新生副班助以及 Laplace 团队创始人。现为英国伯明翰大学硕士研究生。

坚定信仰，不忘初心

秉承学校"德以明理，学以精工"的校训，秉承学院"格物致知，知行合一"的理念，在求学的过程中我坚持做一个知事明理的 IT 人，接受知识的灌溉，接受老师的栽培，也在党旗下成长，接受党组织的考察。大一刚入学我便递交了入党申请书，从思想上、行动上积极向党组织靠拢，以党员的标准去严格要求自己，为共产主义事业奋斗终身。

勤奋务实筑高楼

我把学习始终放在首位，成绩一直名列前茅，每一学年都保持年级前10%，共参评优秀学生奖学金6次：特等奖学金1次；一等奖学金1次；二等奖学金3次；三等奖学金1次。随着专业课的增加，学习负担也变得更大，但是我始终毫不怠慢，在自己进步的同时，我也会帮助身边的同学们，和他们一起进步。在我的帮助下，成绩较不理想的同学解除了挂科危机，成绩优异的同学和我一起包揽了年级前五名。我通过努力获得了2017—2018学年光大奖学金，被评为学院的优秀学生标兵；2019年，我以综合得分95.04的高分排名第一，获得了2018—2019学年国家奖学金。除此之外，我通过自学考取了英语四级、普通话水平资格证书、教师资格证。我的努力进取为身边的同学们树立了榜样，我多次荣获"优秀学生""优秀团员""优秀团干"等荣誉称号。大学的生活即将结束，但是我的求学之路仍未结束，我已收到格拉斯哥大学、伯明翰大学等高校的录取通知书，即将作为一名研究生继续学习。

当我打牢基础后我便开始发现自己更多的可能。有人说，你一个敲代码的怎么天天演讲主持？我想让别人看到不一样的IT人，程序员并不是只会敲代码的低头族。在专业知识的深度与其他事物的广度上我都去探索，去发现自己擅长的和自己不擅长的，长处努力让它成为闪光点，短板努力去克服。大大小小的比赛我都会去涉猎，在竞赛中锻炼自我。我非常享受每一次比赛的过程，并不在乎我最后能够取得什么样的成绩，而在乎在这个过程中我收获到的友谊以及学习到的宝贵经验，这些都是在课堂里学不到的东西，都是自己综合能力的提升与锻炼。

在校期间我共荣获荣誉奖项70余项，其中，国家级奖项7项、省市级奖项15项、院校级奖项48项，分类列举部分如下：

专业技能类：2018年（第十一届）中国大学生计算机设计大赛二等奖；第三届"中国高校计算机大赛——团体程序设计天梯赛"三等奖；2019年广东省计算机设计大赛三等奖；2019年广东省大学生计算机设计大赛校内选拔赛二等奖；2019年广东省大学生计算机设计大赛校内选拔赛三等奖；2018年广东省计算机设计大赛三等奖；2018年广东省大学生计算机设计大赛校内选拔赛一等

奖；2018 年广东省大学生计算机设计大赛校内选拔赛优胜奖；第六届 C 语言程序设计挑战杯三等奖。

创新实践类：第四届中国"互联网+"大学生创新创业大赛广东省分赛创意组优胜奖；第三届 OIE "三创杯"创意创新创业大赛银奖；第四届 OIE "三创杯"创意创新创业大赛银奖；第三届全国环保知识竞赛优秀奖；2018 SAP 青年责任梦想+大赛二等奖；箭牌"垃圾投进趣"校内赛三等奖；第十三届策划书大赛优胜奖。

文艺创意类：2018 广东省首届高校防范非法集资海报设计大赛一等奖；2018 广东省首届高校防范非法集资海报设计大赛二等奖；第十二届珠海大学生文化艺术节"创意青春"新媒体创作大赛三等奖；"平安高校安全防范微信作品大赛（图文类）高新区"二等奖；"学习贯彻党的十九大精神　弘扬社会主义核心价值观"诵读大赛优秀奖；维璟杯新媒体艺术创意大赛二等奖；维璟杯新媒体艺术创意大赛优秀奖；"我心向党，伴我成长"演讲比赛优秀奖；计算机学院第十二届简历制作大赛二等奖；第九届计算机学院运动会女子 200 米第二名；第九届计算机学院运动会女子跳高第三名。

广泛涉猎，科技创新，自立创业

从一个人参赛到和团队参赛，从一个什么也不知道的小白，自己去上网百度搜索相关资料，我的成长都记录在了这些奖项里。当我有了经验之后，我很乐意将这些经验分享给其他同学们。我与志同道合的伙伴一同成立了 Laplace 团队，有创新、有想法、有能力、有远大抱负的年轻人们在此汇聚。自 2018 年成立以来，团队在校选拔优秀学生加入一同完成各项科研项目、社科项目，先后多次开展社会实践活动，贯彻"在活动中实践，在活动中成长"的团队理念。团队获得科研项目、社科项目国家级奖项 1 项、省级市级奖项 5 项、院校级奖项 11 项。同年 12 月，我们注册成立了公司，入驻了学校为初创团队提供的孵化基地创业工场，在每一年的创意创新创业比赛中我们都取得了傲人的成绩，也获得了珠海市的小微企业资助。公司正在逐步地开发和完善产品，致力于研发出更好的产品惠及同学。如今，团队已和学校的自媒体平台达成合作。

知行风向标 — 102位大学生的青春故事

榜样力量，集体往往比个人更聪明、更有力

在班级里，我担任班级的组织委员，在平常的工作中辅助班长、团支书做好上传下达的工作，在活动中组织维持班级秩序。除此之外，我还作为2018级计算机大类7班同学们的副班助，给予他们学习上和生活上的帮助。刚进入大学的他们无疑是茫然的，希望我能做一盏明灯，帮助到他们。

在各个社团中，我有着很强的组织管理能力，曾任计算机学院传媒中心秘书长兼采编部部长、计算机学院科技协会副主席以及北京理工大学珠海学院社团联合会办公室副主任。

担任传媒中心秘书长期间我主要负责审核学院每天的推文以及院网的更新，平日组织同学们拍摄微电影宣传片、制作海报等去投稿各类比赛，并且都取得了优异的成绩，在2017年高新区高校"平安校园 邀您参加"安全防范微信作品创作大赛中获得市级二等奖和校级二等奖，在广东省首届高校防范非法集资海报设计大赛中获得一等奖一项、二等奖两项。

从大一入学开始，我便加入了计算机科技协会。在程基小课堂，我从从前去听师兄师姐授课，到现在自己成为师姐去给师弟师妹授课。受专业优势影响，我开始接触ACM，刚开始抱着试一试的态度我参加了第六届C语言挑战赛并获得三等奖。随着专业知识的深入，我在算法上取得了很大的进步，多次参加ACM竞赛，在2018年的团体程序设计天梯赛中获得了广东省三等奖的成绩。在不甘社我认识了学院里很多的技术大牛，并与他们擦出了技术的火花，我们共同制作的游戏Dimension of AI在2018年计算机设计大赛中取得了校级一等奖、广东省三等奖、全国二等奖的好成绩。除此之外我也非常注重创新能力，我所在的团队共同开发出的游戏编辑器在第三届与第四届"三创杯"创意创新创业大赛中均获得了银奖，团队的项目获得了校级大创立项两项。

热心公益，投身实践

千里之行始于足下，我多次作为队长带领团队开展社会实践活动。2018年，赴海陆丰革命根据地追寻红色记忆，聆听党员讲述改革开放以来生活的变化；去福利院送温暖，实践取得的成果获得了广东省主题教育活动优秀奖；寒

假回到母校为莘莘学子解答疑惑,分享大学生活,为即将高考的同学们加油助威。2019年,远赴甘肃酒泉、敦煌领略航天精神,丝路文化,并举行十九大精神与习近平新时代中国特色社会主义思想理论宣讲会数余场,获电视台报道。我也多次荣获共青团暑期社会实践"优秀个人"称号。

善意需要发自内心,用爱回报社会,传递社会正能量。我每学期都坚持参与公益,积极参加校内外的公益活动,如清扫校园、图书馆上架整架、圆明园清洁、烈士陵园扫墓等。我希望在我力所能及的范围内去回报社会,去关心他人。从一开始的参加公益活动,到后来我主动发起为盲人的线上募捐线下有声读物征集,提高人们对盲人的关注度。我参与策划的关爱盲人公益活动"你是我的眼"在 SAP 公益梦想大赛中入围了全国 30 强。

尔尽尔心终将无悔,以梦为马不负韶华

我所取得的这些成绩和荣誉背后,离不开我自己的努力,但是更是学校的发展给我创造的良好条件,离不开老师的悉心指导与同学们的默默支持。一件事,要么就不做,要做就做好。优秀是一种习惯,一直是我工作、学习、生活中所践行的宗旨。这些成绩的取得,是我一点一滴的沉淀,它们见证了我的成长,但并不意味着成功。过去的辉煌只属于过去,每一个明天都是崭新的,知来者之可追,直到现在我也依然会参加各种各样的比赛,不断地去挑战自己。今后我会更加严格地要求我自己,立己树人。有的人是嘴巴的巨人,行动的矮子,有了目标后只会空喊口号不会付出实际行动,但是桃李不会说话,只会默默地开花结果,待到花果飘香时人们自然而然地会到树下赏花尝果。于人,桃李不言下自成蹊,于己,只有脚踏实地才能仰望星空。

知行风向标之生涯导师说一说

"去发现自己擅长的和自己不擅长的,长处努力让它成为闪光点,短板努力去克服。"她每学年的成绩均保持在年级前 10%,获 2017—2018 学年校光大奖学金(金额 1 万元),获 2018—2019 学年国家奖学金。她始终坚信只有意志坚强的人,才能到达彼岸,只有打好基础,才能筑起属于自己的高楼。对于她来说,优秀是一种习惯,一直是她工作、学习、生活中所践行的宗旨。她在校

期间共荣获荣誉奖项 70 余项，其中，国家级奖项 7 项、省市级奖项 15 项、院校级奖项 48 项，这些成绩的取得，是她一点一滴的沉淀。她深知过去的成绩只属于过去，每一个明天都是崭新的，知来者之可追。

077　曹靖洋：拾光岁月，且行且珍惜

时光匆匆，眨眼间，大学时光已步入尾声了。四年美好的大学时光转瞬即逝。听着关于时光的纯音乐，闭眼回想最初来到北理珠的情景，仿佛发生在昨天，我依旧清楚地记得父母送我到宿舍楼下跟我挥手告别的模样。还记得当时刚来到大学的时候，对一切都感到非常新奇，没有了老师的约束，没有了家长的唠叨，当时我脑海中只有一个问题：我的大学生活是怎么样的呢？四年后，时光给了我答案，它告诉我，在大学的学习经历，在大学校园内的每个角落发生的故事，在大学中认识的所有朋友、同学、老师，都是我人生中美好的一段回忆，也是值得我铭记终生的事情。

大一的时候，我在认真完成学业的同时，加入了两个社团：团学会外联部、计算机学院篮球队。现在回想起来，我依旧可以清楚地记得每一次篮球训练时的挥汗如雨，我也还记得圣诞节外联部的三位部长精心给我们准备的圣诞节礼物。如果以后新一届的大一小朋友能看到我的回忆，我想跟你们说一句话：请相信我，加入你喜爱的社团一定会是你永远都难忘的一段经历，你结识的一些志同道合的优秀伙伴也可能会在你未来的道路上留下足迹。在大一期末的时候，结果告诉我，我的选择是正确的，这两个学期我分别获得一次一等奖学金、一次三

等奖学金，并且也收获了未来会参与我的生命的许多伙伴，很开心能认识你们，也很幸运大学的四年有你们的陪伴，我们一起哭过、笑过、努力过，很感谢你们出现在我的生命里。

大一的生活告一段落了，让我们走进充实的大二学习生活。大二是我大学生涯中学习任务最充实的一年，在这一年里面我选了非常多的学分课程，基本上已经把周一到周五的时间排满了。在这一年里面，我努力学习，也会积极地参与社团活动，整个生活节奏是充实而又开心努力的。我大二不仅担任了北京理工大学珠海学院计算机学院辅导员助理，也积极参加各种比赛，获得了几个奖项，并且大二的两个学期也获得了奖学金。现在反过头来想一想，充实的时间好像也特别快就已经过去了，以前总是觉得时间不够，害怕学习工作不能完成，其实你会发现，只要你对自己有信心，合理安排时间，努力地学习进步，那么时间就一定会给你一个满意的答复的。

到了大三这一年，也算是记忆最深刻的一年，在这一年中我担任了北京理工大学珠海学院计算机学院 2018 级计算机大类 5 班的班主任助理。在这一年中，有过和小朋友的欢笑、严肃的主题班会，他们军训时的样子好像就在眼前。转眼间，过了这个暑假之后，他们也即将步入大三，但是在我眼里，他们始终都是初进大学的稚嫩的模样，他们也永远是属于我的小班集体。这一段经历让我成长了许多，也带给我许多责任和欢笑，相比于我的付出，我觉得我的收获更大，选择做他们的班主任助理，也许就是我一生中永远不会后悔的决定。

在大三这个暑假，结束了我的班主任助理的任职，也开始了一段新的故事。我在金山办公软件有限公司的实习生活已经结束，回顾这段时光，感触很深，收获颇多，在这里记录下来，以期待看到自己的进步。实习时间虽然短暂，但收获良多。这是我步入社会的第一步，也是我人生新的起点，在这里不仅需要大学中学习到的理论知识，还需要我慢慢地接触社会，一切学习到的人情世故和人际交流方式都是我的收获，也为我未来的工作之路打下基础。也就是凭着这些东西，我找到属于我的工作地——三七互娱，在这里我即将开始新的旅程。

2020 年 6 月份马上就要毕业了，可能这是我美好四年大学时光的一个句号，但绝对不是我青春的结束。在未来的日子里，希望我可以继续奋斗，努力去追寻自己想要的生活方式。拾光岁月，珍贵无比，请且行且珍惜。翻滚吧，后浪们，美好的青春需要用我们的双手通过不断的学习和拼搏去实现！加油！

知行风向标之生涯导师说一说

曹靖洋是2020届（2016级）毕业生，经历了特殊的寒假、线上答辩、特殊的毕业离校形式。各地为进一步落实党和国家对新型冠状病毒感染的肺炎疫情防控工作部署，打赢疫情防控阻击战，借助网络平台更好地为广大用人单位和毕业生提供不间断的就业服务。广东省2020届普通高校毕业生系列供需见面活动线下招聘活动暂停举办，全部改为线上开展，各单位也开启线上简历投递和面试。线上招聘活动的第一步是简历投递，对于每一位想在竞争激烈的应聘环境下拿到心仪公司Offer的毕业生来说，简历的重要性毋庸置疑。

078 陈树锋：勿忘初心，方得始终

陈树锋，2015 数字媒体技术 1 班学生，2019 届优秀毕业生。在校期间获得优秀学生一等奖学金 5 次、优秀学生二等奖学金 1 次，现在珠海市四维时代网络科技有限公司担任 Unity3D 技术美术开发工程师一职。

2015 年 9 月，我来到了北京理工大学珠海学院，正式开启了我的大学生涯。我所在的专业是计算机学院的数字媒体技术。还记得我当时怀着一颗成为一名数字化开发员的初心选择了这一专业。这一颗初心至今未变，正所谓不忘初心，方得始终。

在这四年的大学生活中，我的初心一直是推动我努力学习的动力。

在大一的学年里，对于一切还不大熟悉了解的我，就没有想太多比较远的目标，专心专注于眼前的东西。在学业上稳扎稳打，一步一步学好基础理论知识和比较简单的代码。因为我之前从来没有涉猎过计算机这个领域，所以我花了很多时间在这些代码的学习上，也取得了巨大的进步，最终在大一这一年里拿了一次优秀学生二等奖学金、一次优秀学生一等奖学金。同时我在班级里担任了班长一职，为班级工作做出了较大的贡

献，同学们对我的评价也十分高。而在课外的生活上，怀着对大学的好奇心，我也面试参加了各种学校社团。因为在大一这一年里我对数字媒体这一专业的认知就是做影视后期特效剪辑和海报图片设计，所以我进入了计算机学院团总支学生会的宣传部、校园广播台设计部等社团，主要是负责社团活动海报宣传和视频剪辑的工作。在社团里我额外学到了很多 PS、PR、AE 软件的使用。正是因为如此，我为参加学校英语微电影大赛而做的特效片也拿了二等奖的佳绩。这让我充分认识到有付出有努力就会有回报。同时，作为一名新来的大一新生，通过所在的专业、所在的社团以及所在的同乡会也认识到了许许多多可爱的人，人际关系可谓比较好。

到了大二，我在学业上也开始真正接触到了三维软件和数字化开发等专业知识，我更加努力地去学去做，毕竟对这一方面很感兴趣，所以学习起来也十分快乐，效率也会比较高。在学业上还是保持大一之前的步伐并取得了一些小进步，这一年里拿到了两次优秀学生一等奖学金，一次平均专业绩点在 4.0 以上。而我也成为我所在的社团的部长，带领一群新人一起学习一起进步，一起为社团工作奉献。虽然这个过程不是很轻松，但最终大家都熬了过来，并各有所得。我也在最后的换届大会上获得了"优秀社团部长"的称号，对此我还是感到很满足的。而在我成为部长的这段时间，结合我在班里担任班长这一职位，自我的各项能力有了巨大提升。如处理人际关系、办事效率、办事效果、集体责任感和荣誉感、待人处事等方面相比之前都有了更大的提高。因为职位的缘故，我在学校的人际关系圈也进一步地扩大，最明显的表现就是在路上经常可以遇到熟人打声招呼，毕竟人是一种交际动物，人际关系好对自己百利无一害。大二这一年可谓硕果丰收。

时间飞逝，已然到了大三这一年。这一年也是我人生的一个重要转折点，因为大三距离大四也只有仅仅一年的时间了，除了平时的学业生活，还要好好考虑一下今后毕业的出路。大三是我自我思考自我反省确定今后道路的一年，因为数字媒体这个专业涉及的专业技能和范围都特别广，游戏编程、游戏策划、三维动画、影视特效、视觉 UI 设计，等等，让人不得不思考选择今后要走哪一条道路。在这一年里，我也从所在的社团"退休"，全身心投入专业知识技能方面的提升中，一边完成学业一边思考人生方向。经过第

知行风向标　102位大学生的青春故事

一学期的摸索我最终确定了我的人生发展方向，做一个数字化项目技术美术开发工程师。我也为之而不断努力，除了学习了解当前学业知识，在课外我还自学了很多其他的专业软件知识，在这一方面可算是全方位提升自己的能力和经验。这一年里，经历了很多，我跟同学一起参与过对外的 AR 和 VR 项目制作，还有自主制作的独立小游戏和软件 App，等等，积累了很多实战经验和能力。同时我也去面试了几家专业相关的公司，也了解了公司实际所需要的专业方面的知识。在大三这两个学期，我又拿到了两次一等奖学金，绩点又一次获得了 4.0 以上。大三可以算是我在这个专业领域获得快速发展和巨大提升的一年。

　　终于到了最后的大四这一学年。在大三的第二学期末，我成功通过面试进入了珠海四维时代网络科技有限公司，担任 Unity 3D 技术美术开发工程师实习职位。我在四维时代度过了我大学的最后一年时光。在本次的实习期间，我认识了公司里很多技术大咖，从他们身上学习众多经验技巧。我也参与过公司大大小小的三维数字化项目的制作，例如 AR 增强现实、VR 虚拟现实、数字化实景、手机端 App 软件、PC 端软件等等。经过我这一整年来的实习，我的专业能力得到了进一步的提升，这种提升是有针对性的，提升的是能够实际在公司里在市场上应用的专业技能，同时也获得了许多宝贵的开发经验。最后我的个人毕业设计也圆满完成，目前成品正展示在数字媒体技术毕设展上，赢得了众多好评和赞扬，本次的毕设也正是我对这四年来的大学生涯交出的一份完美的答卷。

　　时光弹指一挥间，我的大学生涯就此即将结束，"勿忘初心，方得始终"这一句话始终是我的人生信条。从大一的打好基础，到大二的全面提升，到大三的抉择目标并到最后大四的针对提升，不管是从学业上、生活上、工作上，本人各项方面的素质和能力得到了全面发展和快速提升。虽说还是有许多不足的地方，但我相信在以后的未来我还会继续努力下去，不断完善自我，填补不足。总而言之，到了现在快毕业的这一时刻，我回首过往的种种经历，可以称得上是无怨无悔。而在未来，当我彻底离开校园踏入社会的时候，我也将一直坚守我的人生信条，努力奋斗，成就一个更加完美的自己！

知行风向标之生涯导师说一说

陈树锋,自认为没有太多专业知识上面的积累,因此在学业上稳扎稳打,一步一步学好基础理论知识和比较简单的代码。付出总会有收获,他的毕业设计作品是一款基于虚幻4游戏引擎开发的 ACT 动作类单机游戏,运用了虚幻4引擎的可视化逻辑蓝图、可视化 Shader 着色器、动画通知、动画状态机、骨骼的重定向等动画功能,AI 状态机功能,以及实时光照渲染等关键技术。它最大的特色是连招和核心功能战斗系统,可通过鼠标和键盘的按键组合打出不同的技能连招。这款游戏是单人制作,开发周期较短,他在开发的过程中遇到过很多 bug,有次甚至为了检测定位一个 bug 就花费了一个下午。那段时间是他开发过程中最心烦气躁的时候,曾一度想要放弃,不过最后还是咬牙坚持了下来。努力成为一位用心做出好游戏的游戏开发者,始终是设计者的初心,也是他一直坚持下去的动力。

079　陈王充：我的影视之路

陈王充，2015 级数字媒体技术 2 班学生，2019 届优秀毕业生。在校期间多次获摄影奖项，如北京理工大学珠海学院首届网络媒体展示节之"微拍校园"视频作品展示活动一等奖、广东省教育厅主办的广东省第五届大学生艺术展演活动（艺术作品类）二等奖，并获优秀奖学金 5 次。现就职于视像网络科技有限公司。

在我人生的前 15 年，我不认为我的人生与"艺术"这个词能搭上边，但当我第一次摸到单反相机的时候，便开始了对梦想的追逐。

我的名字陈王充是父亲取自东汉哲学家王充之名。我非常欣赏王充的著作《论衡》里的一句话：精诚所至，金石为开。它的意思是人的诚心所到，能感动天地。进入大学，我以这句话作为座右铭。有人说，你是怎么样的人，就会吸引怎么样的人，自从喜欢影视创作，不知不觉认识了很多热爱影视创作的同学，加之老师的教导，我们之间的缘分，如植物的生长，自然而然。

身为广州人的我，经常想展现我的家乡，于是我与同是数媒专业的陈刚毅同学在大一暑假拍摄了一部叫《变化》的微电影，呈现出广州这些年来的改变，让广州在镜头中沉淀发酵，以一种心情漫出想念来。

这一年，我加强了对视频制作的学习，虚心向师兄师姐们请教，并加之以刻苦努力实践，我的视频制作水平有了进一步提高。紧接着，参与拍摄我校《形象北理》系列宣传片、北理珠第六部学生原创电影《所谓青春》，并创作了各类的微电影，这些作品都得到了人们的好评。

在每一代人的心中，"红"所代表的中国传统文化都给予了他们不同的生活感悟。中国现代社会，在西方文化的冲击下，传统文化日益不被重视，所以我出品了《中国红》公益视频，希望借助"红"这一典型中国意象，唤起人们心中对传统文化的热爱。该片也获得第三届全国平面公益广告大赛暨全国大学生公益广告征集活动大学生在线组别视频类三等奖、广东高校网络媒体展示节二等奖。

2017年5月，我担任《毕业季》视频的总策划。为了让已经毕业的前辈们能再次听到学校的声音，我们对小白师傅的喊声、荷塘旁的青蛙叫声……都进行了录制，配上精美的画面与动听的音乐。视频《毕业季》因优良的制作，成功在2013届毕业典礼上播放。

自改革开放以来，潮汕祠堂文化再次兴起，一大批名祠、古祠获得整修重修，与众多新建祠堂交相辉映，但还是有部分祠堂因年久失修、无人打理而败落。我们应通过网络、图片、文字展示等的宣传，让民众加深对祠堂历史、文化的认识，增强人们对祠堂文化旅游的兴趣和欲望。这样一来，既有利于保护我们珍贵的历史文化遗产，也有利于带动农村经济的发展繁荣，同时也为祠堂文化的发展注入新的生机和活力。

所以在大二的暑假，我参与了北京理工大学珠海学院2017年共青团暑假社会实践重点项目"家国同梦"——"宗祠·家族·社会"潮汕宗祠文化与弘扬社会主义核心价值观的调查研究。在7天的时间里，我与我的团队走了一段1800公里的调研路，在潮汕三地探索潮汕地区宗教、文化、历史与社会之间的联系。我在团队里负责摄制与后期的工作，每天在探寻宗祠时，我们摄制组都会拿起相机，记录这一天的所见所闻，并制作出同名微纪录片《家国同梦》。通过这次的实践项目，我们的团队获得了"全国百强大学生优秀实践团队"荣誉称号与"广东省三下乡优秀团队"称号。

而在大三开学的时候，我带领团队制作了《北理快闪》迎新宣传视频。视频推出后反响热烈，并成功在2017年北理珠迎新晚会上播出，网上点击量也达1万次。此外，我担任了北理珠学生电视台台长，负责2017年迎新晚会直播等校内外各类大型活动的直播工作。

大三的两个学期，我作为导演进行学校官方宣传片《形象北理·校友篇》的拍摄。长达数月的制作，不知道通了多少晚宵，最后成功在腾讯视频网站独家线上首发，学校官微和京涛汇微信号同步推送。此宣传片受到了广大校友、在校师生的好评和广泛传播，发布仅24小时，学校官微和京涛汇微信号阅读量就飙升至8.7万。

我的大学生活除了一直不断积累经验拍作品，还不忘学习，拿学院奖学金是手到擒来，在大三下学期我更是获得了一等奖学金。正如课堂上老师所说的，在课堂上学到的也只是皮毛，一定要把学到的东西与实践相结合，这样才会有用。我觉得我做到了，我的成绩一直在专业里的上半区，并且通过学到的知识用在我日常的视频制作当中，这非常感谢我的老师。

在大三的暑假，我加入了广东亿航白鹭传媒有限公司。在这里，我见证了千架无人机在空中齐飞、数万名观众欣赏着科技带来的天幕光影表演，这正是改革开放40年所带来的成就。在公司短短的几个月，我拍摄了多部无人机编队表演，这增长了我的见识，同时公司的发展史也让我懂得了：成功并不是必然的。

大学四年以来，我一直拍自己最想拍的东西，做自己最想做的事情，唯有初心不变，我与影视创作将会一直相伴而行！

知行风向标之生涯导师说一说

2018年8月，习近平总书记在全国宣传思想工作会议上强调，要不断增强脚力、眼力、脑力、笔力，努力打造一支政治过硬、本领高强、求实创新、能打胜仗的宣传思想工作队伍。对于一名新媒体人，同样需要牢记嘱托、勇担使命，在增强"四力"实践中学在前、走在前，书写新时代的精彩答卷。陈王充从大学生的角度去解读专业认知，将它与自己家乡、中国文化、社会实践、校园风景等结合起来进行创作，在增强"四力"中着力深入基层、深入实践、深入群众。大一拍摄《变化》，呈现出广州这些年来的改变，让广州在镜头中沉淀发酵；大二的社会实践重点项目是"家国同梦"——"宗祠·家族·社会"潮汕宗祠文化与弘扬社会主义核心价值观的调查研究，并制作出同名微纪录片《家国同梦》；大三《形象北理·校友篇》的拍摄，发布仅24小时，阅读量飙升至8.7万。

080　高　远：3 次被捞，5 次面试，我拿到了鹅厂（腾讯）Offer

高远（Harris），计算机学院 2017 级网络工程专业学生。曾任 2018 级计算机类 8 班副班助，现任 2019 级数字媒体技术 2 班副班助。

第十七届全国大学生机器人大赛 ROBOMASTER2018 机甲大师总决赛二等奖；大学生创新创业训练项目省级立项 1 项、校级立项 3 项；在 IEEE ICKII 2019 以第一作者发表论文 SVM-based Connection Classification and Load Balancing Mechanism，并获最佳论文奖；2019 年全国大学生数学建模大赛广东省分赛二等奖；2018 年全国大学生数学建模大赛广东省分赛优胜奖；2019 年暑期社会实践指北针团队成员，团队荣获"省级重点实践团队""校级重点立项""灯塔团队"和"三下乡团队"称号。

截至本文撰写时，鹅厂（腾讯）Offer 已经收到，入职部门为 TEG 技术工程事业群——网络平台部，该部门主要从事网络技术研究、设计研发和网络运营工作。

写在开始

感谢

陪伴在身边的朋友们，风风雨雨一路走来，属实不易，感谢支持，感谢有你（们）。

阅读更多

本文对本次求职经历进行了记录，并对打算走网络方向的同学们提出了一点职业规划的建议。我前前后后共经历了 3 次简历被捞、5 次面试，这些内容都在我的博客上有详细记录和总结。同时，我在面试过程中结合自身情况改版出了独具特色的锚点式简历，恰到好处地平衡了简历不能过长和实践经历写不下的冲突。

特别注意

各大公司的实习面试流程可能并不相同，且随着部门和职位不同可能也会存在问题不同的情况，本文站在我自己的角度上看待本次实习申请过程，请各位阅读时结合自身情况综合考虑。

勇气比智慧重要

在《富爸爸穷爸爸》一书中有这么一句话，"在现实生活中，人们往往是依靠勇气而不是智慧去取得领先的位置的"。想提醒各位同学们，机会就在眼前，有人敢豁出去，机会可能就到手了，而那些总是不敢尝试的人们，在保守中逐渐失去了很多锻炼的机会，长期以来差距会越拉越大。

求职经历

提前批

我走的是提前批，当然我也建议不论有无条件的同学们都去尝试一下提前批，相当于在正式批之前的额外的一次机会。提早感受面试，和面试官可以做一些技术上的交流，更有助于自身查漏补缺，了解行业方向，同时也会大幅度缓解后续面试紧张的情况。腾讯的提前批需要有朋友内推，然后简历会被投入系统中，如果筛选过程中觉得合适，将会发起面试。面试总共三轮，分别是初试、复试和 HR 面试。初试和复试以技术面为主，初试偏基础，复试偏实践，HR 面试以评估人的性格、上进程度和是否合适岗位等为主。

面试前准备

建议同学们在面试前提前准备好录音录像，因为很多情况下面试过程中你是来不及记录的，这样一来就给面试后总结问题带来了不便。推荐同学们在电脑里安装一个 Snagit，不仅可以截屏，还可以录音录像，这样一来我们可以更好地在事后总结问题并整改，为下一次做准备。当然，也需要特别提醒一点的是，有些公司的面试内容是要求保密的，请提前留意面试要求中的内容，如是保密要求，建议就不要录了。

初试

初试环节一般半个小时左右，我在面试中的内容主要有这些：

- 面试官问简历中的一个项目
- 流量分类和策略路由
- 对突发流量的认知
- 对 SDN 的理解
- 对 NFV 的理解
- 描述下报文到网络设备，从一个端口进来到另外一个端口出去这个过程
- 数据包进来时为什么先 L2（指 OSI 七层中的 Layer 2，下同）再 L3
- 对 IP 地址掩码的理解，问/24 的地址池、广播地址、网络地址
- 广播的过程
- IP 地址的分类，问 A/B/C 地址的区别和作用
- 两家企业内网互通，私网地址冲突如何解决
- Python 和 Go 区别
- ……

复试

复试环节大约 15 分钟，内容如下：

- 自我介绍（2 分钟）
- 开发主要用的语言
- 对 SDN 控制器的了解
- 对于较为突出的实践能力早些时候是怎么看待的
- 毕业之后的计划
- 介绍研发生命周期的三段，开发→测试→运营部署和维护
- 有没有面试其他公司

- 人在哪里，实习时间能否加长
- 自己如何评价自己性格

HR 面试

内容如下：
- 自我介绍
- 问简历上的一个项目
- 为什么来广东读书
- 爱好
- 入职时间

HR 面试完成后当晚就到了 Offer 报批环节，隔了一天后就已录用，然后后续收到 Offer Call 了，确认之后当天收到了邮件 Offer。

职业规划

网络工程的趋势

我本人是做网络技术这部分的，早些时候从事路由交换技术这部分内容，线上线下也收到过一些相关的兼职工作，带来的收入还是较为可观的。不过仍然提醒从事这行业的同学们：只是掌握传统的路由交换技术，不足以应对未来可能产生的巨大变化。现在推广的 IPv6，再加上物联网和边缘计算等相关领域的需求驱动，使得 IPv6 的优势越来越大，从 IPv4 逐渐向 IPv6 过渡，不论是园区网还是数据中心，必将存在这样一个过程。未来不仅仅会有 IPv6，随着 SD-WAN 在运营商落实的深化，传统的 MPLS 会被 SDN 和 Segment Routing 取代，流量工程借此变得更加灵活和细致，参考 Google B4 数据中心和近些年来国内各大数据中心的实施情况我们就可以看到了。未来的网络正在逐渐被软件定义取代，编程能力正在慢慢成为硬性要求，基础内容（计算机网络）的要求也逐渐提高，并且随着趋势，未来的网络管理将会更加趋向智能化——深度学习实现的故障诊断和自动恢复，更少的人力即可实现更复杂的网络管理和维护工作。

新网工应当具备的素质

掌握传统路由交换技术的同时，多多实践 SDN 及其相关内容，提高自身竞争力，对这些新技术、新思想保持开放和包容的态度，能够洞察到行业风向并不断学习，树立终身学习的意识。正如未来学家阿尔文·托夫勒那句话所述："21 世纪的文盲不是那些不能读和写的人，而是那些不能学习、忘记、再学习的人。"

初学者如何高效入门

我建议同学们在学习路由交换技术时，结合 Linux 或者 MikroTik（以下简称 MT）的硬件设备会更好。MT 的设备是基于 Linux Kernel 改的，因此很多特性都和 Linux 比较类似，尤其是在防火墙的支持上。再加上 MT 的设备，百元的设备就能支持 BGP 和 MPLS，对于初学者来说确实是一个较为划算的实操平台，当然为了避免打广告的嫌疑，我就不再过多阐述了。Linux 的防火墙依靠 Netfilter 的钩子函数，把流量分为了各大表和链，通过用户态的 Iptables 不仅能实现防火墙，还可以实现 NAT、流控、策略路由、状态防火墙等操作，结合 L7 Filter 可以实现定向的应用屏蔽，对于初学者来说细致了解网络是一个较好的途径。同时由于 Linux 本身提出了很多虚拟网卡类型，好比 IPVLAN 和 TUN/TAP 等，在很多企业设备上也广为应用，因此我建议一定要额外学习和摸索 Linux 的使用和实现细节，不仅对维护有帮助，在开发上相比 Windows 也能减少很多不必要的麻烦。

有学习价值、由需求驱动的实践固然重要

我建议一直在学理论的同学们，尽可能多实践，多参加比赛，最好是多参加项目。个人建议项目要呈阶梯性——即我总是在不断朝着更高的目标去，而不是始终停留在当前水平做着重复的工作。我建议多实践一些需求驱动的项目，从实际需求的角度去落实，比自己凭空创造需求要更有价值，这也就回归到了我们学习和工作的本质是什么——为了用户需求，然后创造商业价值。引用腾讯给实习生的材料上的一句话——"腾讯以通过互联网的先进技术提升人类生活品质为使命。从 QQ 到微信，腾讯深刻地影响着广大用户的沟通习惯和生活方式。未来，腾讯还将以开放共赢的心态，继续与互联网行业共同成长。"

（高远博客链接：https://blog.xuegaogg.com/archives/1443.html）

知行风向标之生涯导师说一说

高远，典型的理工学生，体型偏瘦，以实验室为家。在小学时受家人影响

接触电脑，但不沉迷游戏，而是热衷于编程、创造。他因偏科考入北京理工大学珠海学院，高中同学不乏考入重点大学，他保持与他们的交流和专业探讨。他的目标非常清晰，有极强的自学能力，对自己的专业保持深度研究，这也是他能够在腾讯重重面试中脱颖而出的原因。

081 赖远文：你相信努力可以改变一个人吗？我相信

赖远文，2014级软件工程专业学生，2015年不甘社会长，目前就职于美团，负责 Android 开发。

从进入大学到毕业，让我体会最深的是，大学是一个公平的起点，每个人都可以用这四年的时光，弥补以前的不足并且超越别人。记得刚进入大学的时候，跟着班助去机房学习、写代码，在班助的宣传下，知道了程序设计基础协会。在程基的课堂中，不断接触算法，自己的能力逐渐提高。很幸运，在大一下学期加入了金山软件俱乐部。在这个社团里面，我的学习方法、对待课程成绩的态度有了巨大的改变，换句话说就是终于从高中生蜕变成了大学生：我已经不是为了考试而学习的高中生，而是为了学习而学习的大学生，也不是为了追逐分数的高中生，而是为了提高专业能力的大学生。

大三下学期，在结束了忙忙碌碌的社团活动之后，开始了自己的笔试面试之旅。我拿到的第一个面试机会来自阿里。怀着激动而紧张的心情打开视频面的界面，没有太多的准备，面试就开始了。在这十几分钟里面，我被问了 Java、Android 和一些项目的问题，因为没有准备，所以面试毫无意外地"挂了"。

不过这次面试也告诉自己，平时学习中容易被忽略的内容，正是一些面试官喜欢问的问题。

阿里的面试我只是走个过场，当时的自己没有太强的实力，所以得知结果之后很平淡，继续着自己在拉钩的广投。当时的我也和很多人一样，觉得能找一份实习就已经很不错了，不会考虑公司的类型和技术等问题。抱着这样的心态，我拿到了广州一家外包公司的实习 Offer。也在这个时候，通过辅导员和师兄的内推，我拿到了美的智能研究院的 Offer，美的怎么说也是家喻户晓的公司，于是我拒绝了其他公司给的 Offer 和面试邀请，准备着入职和找房子。

当时觉得自己很幸运，可以进一家大公司实习了。更幸运的是，竟然收到了欢聚时代的面试通知。在之前面试了几家初创公司，体会到了拿 Offer 带来的喜悦，同时也积累了一些面试经验。所以参加欢聚时代的面试心态已经不像阿里那样是走个过场了。下午两点，准时来到珠海欢聚时代的大楼，一直面试到了下午 4 点半，其间经历了四个面试官，问了各种各样的问题。在最后等待结果的过程中，自认为答得不错，问的问题都答出来了。但是希望越大失望越大，这次面试"挂"啦。好吧，虽然当时想不通为什么会"挂"，但是"挂"了是事实啊。 在回去的路上，还收到了美的 HR 的拒信，因为某些理由，美的研究院收回了 Offer。这真的晴天霹雳啊，还以为是幸运女神眷顾自己，其实是老天和自己开了一个玩笑。

但是那段时间的事情也告诉自己，机会是留给有准备的人的，同时幸运也只会眷顾有准备的人。在这些事情的影响下，大三的暑假我没有将时间花在实习上，而是查漏补缺，继续准备面试，同时在各种途径找内推，能参加的内推笔试都参加。但是在暑假期间都没有消息，所有的内推几乎"挂"了。或许自己的能力匹配不上大公司的岗位吧，在这样消极的情绪下，当初想去大公司的想法被一天一天地打消了。

最终，在大四开学前找到了一份在珠海的实习。实习的第二天我就知道这家公司不是我以后的归宿，我还是不能放弃进大公司的念头。我记得那段时间早上早早去上班，傍晚下班之后，如果有网申笔试，就到公司附近的麦当当用手机开着热点做在线笔试。每天都很忙碌，但是没有忘记自己要去大公司的念头。在这公司只实习了一个月，但是让我深刻地体会到了，加入一个好的团队，是自己成长最快的方式。

或许是老天看到了我的努力，9月底开始，分别接到了腾讯、百度、美团等11家公司的面试邀请。在这些面试中不断地学习，积累面试经验，最后也拿到了自己满意的Offer。

在这些日子里，让我一直坚持下去的是一颗平常心。调整好心态，每次面试都是一次进步，都能让我知道自己的不足在哪儿，从而更有针对性地学习。还有一点就是有坚定的信念，我时常会问自己，你相信努力可以改变一个人吗？我相信，并且我会用自己的行动证明我的答案。

知行风向标之生涯导师说一说

"专注自己的梦想，不甘落于人后"，他曾任计算机学院不甘社会长，会不定期举办各种专题分享活动，希望通过技术分享、技术实践的方式培养贴近企业的技术型人才。他从未停止过向前的脚步，并展示了自己一路求职的历程，从原先师兄的内部推荐获得大企业的Offer，因一些原因而失之交臂，到不断准备、不断尝试、不断学习，积累面试经验，最终获得满意的Offer。

082 李锻俊：思考人生，把握方向

李锻俊，2015年7月毕业于北京理工大学珠海学院软件工程专业，曾获得过国家奖学金、光大奖学金以及多项全国竞赛奖。

选择

2014年对于我来说是不平凡的一年，那一年刚好大四，虽然在学校成绩优异，但是出来找实习的时候却感到比较迷茫。

当时由于是软件工程专业的，在学校接触得最多的也是Java web，理所当然地也找了份相关的实习。一开始实习时没太去在意其他的，只是打算通过实习学多点新知识；然而在实习了一个月后，却感到很迷茫，难道这工作就是我想要的吗？这样的感觉越来越强烈，随后没多久我便辞职了。后来又找了份同样的工作，没干多久再次辞职了。最终发现，这并不是我所喜欢的工作，我不想做跟Web有关的工作，我喜欢的是Android开发。虽然在学校期间只接触了一学期，但是我却对Android开发情有独钟。

最后，我自己做了个大胆的决定，放弃Java web，全心全意投入Android中。我放弃去找实习的想法，虽然实习对于大四学生来说是积累经验的重要阶段，周围的同学也都一个个找到了实习工作。相比其他同学，平时学习就比较好的我，此时却没有找到实习，而且还在学校学习，压力也是比较大的，当时也会在意别人对自己的看法。最后，我还是静下心来自己花了一个月时间学习，在那一个月里除了学习还是学习，好在基础扎实，学起来也比较快。

实习

一个月后，我一个人离开了珠海，来到陌生的深圳，找到一份实习工作。当时实习工资很低，除去生活费、住宿费、杂费等，基本勉强生活。

当时目的很明确，在能养活自己的情况下，能积累经验、不断进步即可，工资待遇暂时不考虑。我进的是一家刚创业的公司，条件比较艰苦，办公场所也在一个居民房中，除了电脑、桌子、椅子，可以活动的范围也只有那样的一个小房间了。

公司的人员大多来自华为以及汉王的高层，个个都是技术大牛。由于刚创业，人手也不够，当时 Android 开发也只有我一个，对于还未毕业、没有任何经验的实习生来说压力可想而知，很多知识只能边学边用，强迫着自己去学，除了 Android 开发，还要兼顾测试、技术讨论、宣传方案制定等，能想象当时大半年的工作时间是怎样的吗？6×14，一星期 6 天班，每天工作 14 个小时，晚上 10 点多算正常下班，最晚也有 1、2 点的时候才下班。

当时有同学为我抱不平，说我拿着 3000 元的薪水，干的时间那么长，时薪比个做兼职的还要少得多。我那时也就一个想法：还没毕业，工资不用太计较，不管工作再累，能学到东西，能成长才是最重要的。通过这次实习，我不仅经验积累了很多，同华为的员工一起工作，还渐渐形成了一种执行力：没有解决不了的问题，只有找不到方法的问题。同时也让自己的沟通能力以及独立思考解决问题的能力得到了提升。

毕业

2015 年 7 月，我毕业了。当时回公司前，公司给我提了工资：10000 元。从原来实习的 3000 元到毕业后的 10000 元，对于一个刚刚毕业的人来说，这可能是一个相当不错的待遇了，我惊讶与高兴的不仅仅是待遇的提高，同时也说明了自己的努力得到了认可，相比实习期能力得到了很大的提升。后来继续在公司工作，除了进行开发工作等，有时还帮忙面试一些来应聘的人。

在那家创业公司干了将近一年半，虽然很不舍，但我还是选择了辞职，主要原因是公司发展与个人职业规划不符。花了一个星期时间到处奔波面试，收到了好几个 Offer，最终选择了一个富有挑战性的大公司。

总结

从大学到现在成为职场工作人员，不仅仅是角色的变化，心态也要跟着调整。

选择，比努力更重要，只有把握好了方向，才能正确前进。任何时候决定都不晚，选择一份工作，同时也是选择了一种生活；任何时候学习都不晚，而学习，需要静下心来。在职场中，除非你有硬实力，否则没有一个公司的老板会傻到给你高工资却干着轻松的活，你要做的是拿着 3000 元的薪水，努力去创造 10000 元的价值。

知行风向标之生涯导师说一说

我们经常听到 996、007，这是对于工作时间的总结。而李锻俊是 6×14，一星期 6 天班，每天工作 14 个小时，晚上 10 点多算正常下班，最晚也有 1、2 点的时候才下班。从实习的 3000 元到转正的 10000 元工资，这是他努力付出的结果，不管工作再累，能学到东西，能成长才是最重要的，最后总是有回报的。

不少大学生因为实习工资没有达到自己的预期，要么一直等待那个所谓更好的单位出现，要么入职公司做着自认为与薪酬对等的工作，从不考虑自身的成长和自身能够给企业带来的效益，导致眼高手低找不到工作和无转正机会。这也是高校通过就业谈话、就业讲座、就业相关活动等方式，树立当代大学生正确的择业观的目的，先就业再择业，认真对待每一份工作。

083 李嘉铭：培养兴趣，磨炼意志，追逐目标，不忘本心

李嘉铭，计算机学院2014级软件工程4班学生，目前就职于腾讯。

在大一对校园生活充满好奇和向往，我积极参与不同类型的社团活动。比如：网络管理协会，担任网管的小跟班，学习相关的网络维修知识；学生会的技术部，负责维修电脑，协助公众号的推送；计算机科技协会中的程序基础协会，参与课堂活动。在丰富自己校园生活的同时，我并没有懈怠自己的学习。我自觉遵守学校的各项规章制度，积极进取，脚踏实地。参评奖学金5次，其中一等奖学金4次、二等奖学金1次。在自己努力的同时，我也不忘带动和协助身边的同学，吸收和接纳学习知识的同时，提高自己的技术能力，把超越他们作为我的目标。

进入大二后，我很幸运地进入北理小报中担任技术指导。在这期间，我负责起床争霸赛的开发工作，活动期间最高使用人数达到3000多，日均使用人数有500多，累计使用人数超过10000，带给我良多的收获，促使我更加努力。另外在家成师兄的带领下，我负责了码上寻物的开发工作。在文茂同学的带领下，荣获了多个省级、学校级的奖项。我从中学习到工程化编

码、编码的风格等,这些都是在课堂上难以获取的。

在大三有两件事情对我有很大影响。第一件事情就是,自己独立完成的小程序正式上线,第一天的流量达到 6000 多,同时也是我们学校的第一个小程序。这个小程序的制作经历了 3 个月,其间经历不少的挫折,曾经想放弃,但是最后还是坚持下来。第二件事情就是,成功收获得某公司暑假实习的 Offer,这对我来说完全是一个人生的转折点。进入公司实习,能够让我认识更多的大牛,向他们请教问题,收获更多的知识和体会。在实习过程当中,我体会到大公司的文化,每一个人都乐于分享自己的知识,在交流中进行知识的碰撞,激发更好的方案。

光阴如梭,不知不觉已经毕业。我现在拥有的能力离不开师兄师姐的教导,希望这种传承能继续传递下去,我将利用闲暇时间指导师弟师妹们学习编程项目知识。这也是对自己有没有真正学习到知识的检验,当你教会了其他人之后,你就基本掌握它了。

知行风向标之生涯导师说一说

李嘉铭,对于专业学习,面对技术问题,他认为要有"自己去动手"的觉悟以及"折腾的决心和毅力"。他大学的最后一个暑假获得了腾讯的实习 Offer,这离不开他在校时期的深度专业实践。他在文中提到了积极与同学们交流,能够进一步开拓自我成长和检验知识学习情况。一步一个脚印踏实去做,不被自我主观设想的困难打倒,这也是寄语当代大学生群体,捋起袖子加油干。

084 李霖锋：积极进取，做时代的奋斗者

李霖锋，2015级数字媒体技术2班学生，现就职于珠海电视台。在校期间曾获优秀学生三等奖学金3次，"暖心杯"社会实践策划书大赛三等奖，"学习贯彻党的十九大精神，弘扬社会主义核心价值观"朗诵大赛优秀奖和"优秀干事""优秀学生""优秀学生标兵"、计算机学院"生涯导师"等荣誉称号。

时光荏苒，大学四年学习生涯，我有过欢笑，有过泪水，有过为实现目标而奋斗，也曾有过迷茫。作为一名准毕业生，回首大学四年时光，此刻，我感慨万千。大学四年，有老师们对我孜孜不倦的教诲，有朋友们对我奋不顾身的支持，有同学们对我雪中送炭的帮助。

我从一名懵懵懂懂的少年，怀着兴奋却又紧张的心情，于2015年9月14日开始了一段全新的路途。直到现在，大学四年，我愈加成熟，不断提升自我，希望让自己变得更加优秀。

大学期间，我由于受到老师和同学们的积极影响，确立了正确的世界观、人生观，积极学习毛泽东思想、邓小平理论和马克思主义，并积极地向党组织靠拢，于2018年3月正式向党组织递交入党申请书，现在，我已成为一名光荣的中共预备党

员。我努力提高自身的思想道德水平，作为一名预备党员，我要以一名优秀中共党员的身份时刻严格要求自己，积极向上，刻苦学习，做好同学们学习的榜样。

在学习上，我刻苦学习，积极探索新知识，曾多次荣获三等奖学金。大学所学专业为数字媒体技术，主要从事的方向为动画、后期、特效等。随着科技的不断发展，技术的发展也日新月异，因此，我必须不断地学习，了解行业发展的方向，积极学习，不断提高自身的技能水平，不断充实自身理论知识。作为大学生，学好自身专业知识，不仅仅是我们的责任，也是为将来工作打好坚实的基础。因此，我严格要求自己，按时完成老师布置的作业任务，认真对待每一次的课堂作业，希望自己能在大学四年好好学习，天天向上。

在工作上，我兢兢业业，按时按质完成自身的工作任务。在大一期间，我加入了计算机学院团总支学生会办公室并在下半学期担任办公室主任助理。在大二期间，我担任了计算机学院辅导员助理。在大三期间，我担任了计算机学院2017级数字媒体技术2班的班主任助理。在大学四年的工作经历中，我不断成长，不断提高自身工作能力水平和处理事务的技能水平。在工作期间，我的工作表现不仅得到了老师和辅导员们的认可，也得到了同学们的支持与理解。往后，不管是在学校，还是在工作岗位，我都会时刻严格要求自己，按时按质完成工作任务，不断提高自我，促进自身发展，为实现梦想而奋斗。

在生活中，我积极开朗，热爱生活。对于生活，我养成了良好的生活习惯，生活充实而有条理，有严谨的生活态度和良好的生活作风，为人热情大方，诚实守信，乐于助人，拥有自己的良好处事原则，能与同学们和睦相处。同时，我又积极参加班集体活动，不断丰富自身的大学生活。我也热爱体育运动，比如篮球、羽毛球和乒乓球等。体育运动不仅能丰富课后生活，更能锻炼自我的身体素质。热爱生活，积极进取，这是我的生活态度。

对于即将结束的学习生涯，我相信这在我人生的道路上不是句号，只是一个小小的逗号。相信在我即将踏上的新征程里，一定会具有更多的可能性。我希望自己对于未来的发展具有更长远的目标，积极向上，不断进取，为实现自我的人生目标而奋斗。

知行风向标 102位大学生的青春故事

知行风向标之生涯导师说一说

李霖锋是一个喜欢体育的 boy，篮球、羽毛球或者乒乓球他都热爱。他在工作中认真负责，不管是大事还是小事，他都希望可以尽力做好。同时，他在校期间虽然同时担任学生班助和辅导员助理，但能够协调好两边的工作。他认为作为一名学生，首要任务当然就是学习，虽然大学不像高中那样紧张，但是也需要合理地安排自己的时间。在不耽误学习的前提下，可以多参加一些社团活动，而不应该宅在宿舍。大学的学习方法同样需要，上课前预习，上课时认真地听课，下课后巩固和交流。

085　林陆展：行动是成功的阶梯，行动越多，登得越高

林陆展，计算机学院2016级计算机科学与技术2班学生，2020届优秀毕业生。

在校期间获得第九届计算机学院运动会4×400米第一名、4×100米第二名、1500米第二名；第十二届北理珠足球院联赛第一名；第六届校园学术科技节之文化节——"策划书大赛"第一名；美国大学生数学建模大赛国际一等奖；北理珠第三届物理实验设计大赛三等奖；第十九届广东大学生物理实验设计大赛三等奖；第十四届北理珠足球院联赛第三名；优秀学生一等奖学金2次、二等奖学金4次。现就职于珠海格力电器股份有限公司。

回首即将结束的大学生涯，带着对学业的追求和家人的期盼，我在思想、生活、学习和工作中严格要求自己，在老师和同学的帮助下，加倍努力地学习，同时积极参加各项活动，取得了一定的成绩，不断提高和不停挑战，争取更好地做到全面发展。

在思想方面，作为一名团员，我处处严格要求自己，按时缴纳团费，提高政治思想觉悟，坚持团员的先进性要求，争取

起到团员的模范带头作用。我积极地参加团组织的活动，并积极地协助团支书的工作，同时关心时事，跟着团组织的步伐走，积极关注时政，用社会主义核心价值观武装自己，在思想行动上虚心求教，树立正确的人生观、世界观和价值观，并且被评为"优秀团员"。

在生活方面，我有良好的人际关系，积极参加各社团的事务工作，担任过团学会组织部干事和青年志愿者协会访老队干事。我负责学院团组织的事务，管理学院内团员的信息资料，监督团员的思想觉悟，开展院运会与校运会的辅助工作，并举办团日活动，不仅丰富了同学们的课余生活，还提高了同学们的实践能力。我与整个团学会之间密切联系，积极安排、积极沟通，了解同学们对自己工作所提出的意见，并认真改善。作为访老志愿者，我带队前往养老院，与老人们聊天互动，协助老人们做运动，不仅仅是帮义工做一些力所能及的事情，更多的是作为一名倾听者，倾听老人们的内心，让老人们的心灵有一份慰藉，为社会的需要付出自己的一份力，享受当志愿者的时光，帮助需要帮助的人。我非常喜欢参加体育活动，并加入院足球队和院田径队，不只是为了能够获奖，还能为自己劳累的学习氛围增加乐趣，丰富大学生活。

在学习方面，我学习态度端正，取得比较优异的成绩，多次获得优秀奖学金，综合绩点为3.61，本专业名次排在第12名，考取大学英语四级证书和软件设计师中级证书。在四天四夜的美国大学生数学建模大赛中，尤为突出的是团队协作能力，我与队友分析沟通，明确分工，最后收获了美国大学生数学建模大赛国际一等奖；在学校的带领下，我前往广东海洋大学参加第19届广东省物理实验设计大赛，不仅收获了三等奖的成绩，更重要的是与广东省各大高校的老师和同学们交流竞赛经验，学习其他参赛者的优秀作品；我学习制作策划书，并在第六届校园学术科技节之文化节策划书大赛中荣获第一名的好成绩。这些奖项在丰富学业知识的同时，也积累了我在其他领域的知识。

在工作方面，我兼职担任教师助理，协助老师处理文档等工作。在IEET工程及科技教育认证暨大陆、台湾、港澳工程教育的认证工作中，按时工作，积极完成助理工作，对各个年级各个专业的资料进行规划整理，上报所需材料，助力学院认证成功。我在校外珠海维格锐智能设备有限公司研发部实习，协调前端开发工作，根据客户要求，搭建Web前端交互平台，主要对管理机采集的数据进行解析，存入数据库，调用后台数据在 Web 端显示数据，为客户提供全套的软硬件设备；负责前端开发的协调工作，根据客户要求，搭建 Web 前端交互平台。实习是体验社会实践的重要渠道，了解企业的运行模式、工作流程，收获课本以外的经验，为自己的履历添上一笔。

通过四年的学习与工作，我在各个方面都取得了卓越的进步，尤其是在与人社交方面，我积累了许多宝贵的经验，不断地提高我的团队协作能力、组织协调能力、交际表达能力和应变处事能力。"行动是成功的阶梯，行动越多，登得越高。"在学院的栽培、老师的帮助和同学们的支持下，我已然步入了社会的阶梯，目前拿到珠海格力电器股份有限公司的 Offer，秉承"让世界爱上中国造"的宗旨，能够在公司发展自己。路漫漫其修远兮，吾将上下而求索，在今后的学习和生活中，再一次行动，我会更加严格要求自己，把握好每一天，向更高的阶梯迈进。

知行风向标之生涯导师说一说

企业专场招聘会是应届毕业生求职的途径之一，宣讲会介绍公司的产业布局、科研实力、企业文化、薪酬福利、职业发展等，宣传片中大学生表达着对企业的美好憧憬，对企业所在的地理位置、气候、风景和民风的美好印象。例如：格力企业 2020 年北京理工大学珠海学院专场宣讲会，介绍了在疫情时期全体格力人在行动——助力打赢疫情阻击战，介绍应届生所关心的薪酬问题，并强调格力电器一直致力于为员工提供有竞争力的薪酬福利待遇，且具有完善的福利体系，员工的业绩与他们的薪酬相挂钩，有能力就有应得的报酬。

企业专场宣讲会为毕业生了解企业提供了一个宽广的平台，紧密地联系了校企，有助于毕业生了解市场需求，为毕业生实习、就业提供了更多的机会。

086　刘家祥：目标确定，一次就行，我成了七牛人

刘家祥，2017 级网络工程专业学生，曾任计算机学院团总支学生会技术部干事、部长。参与学院运动会实时成绩系统 IceRTRS 的研发、运行与维护工作，组织参与学院的 IT 文化节、义务维修等活动，获第七届校园学术科技节之装机擂台挑战赛二等奖，"优秀团干""暑期社会实践优秀个人"等荣誉称号。现在七牛云实习。

前言

我原本计划这个寒假只有 26 天，万万没想到，获得了一个超级加倍。为了不让这 15 年来上学学到的知识全部被替换为"与妈妈的抬杠技巧"，我计划去公司实习。

选择

通过网络招聘渠道，我看了好多家公司的校招官网，找寻着自己适合的岗位和心仪的城市（求职地域、求职岗位选择）——我看到了七牛。七牛是一家云服务公司，与我所学的网络工程专业也对口，所在地域上海，也是我的求职目标地域之一。

目标明确，专业对口，面试顺利，拿到 Offer，看似简单容易，最后的结果，用"水到渠成"来总结，离不开大学期间的积累和目标一致。

我认为在大学生活中有很重要的两点：

一是选择——选择很重要，不管是大学志愿的选择也好，社团的选择也好，必定有很多选择会影响到你的人生进程。试着将你当前面临的选择带入时间的推移，加上你既有的长远目标（你不会没有吧？不会吧？不会吧？不会吧？），多思考你的选择和你未来的目标的关系。

二是经历——大学很忙？大学很闲？每个人有每个人的过法儿。很忙？忙得是否有价值？很闲，闲得是否很空虚？大学供我们自主掌控的时间是我们学生阶段最多的，多利用这些时间，选择自己认为值得的路，做我们值得做的事。只要不是方向错了，这些事情都是将来的积累与经验。社会的各行各业对于我们都是个黑匣子，只有"经历"才能让那黑色外表渐渐褪去。

面试经历

第一次面试往往不会问专业上的知识，面试官已经从你的简历中了解到你的事迹，那么他要做的就是通过交谈进一步认识你的人格。

Leader 让我以我的分工、能力和结果为切入点讲了关于简历上的一些项目、大学经历等；讲一讲我关于此岗位熟悉的技能和掌握的知识等；未来想做什么，现在在做什么，还有什么在面的其他公司，我的意愿是什么。

通过这 30 分钟左右的谈话，面试官对你基本上已经有了一个较为清晰的判断。

到了第二次面试，问题就以专业或岗位技能为主了。以操作系统为例：

· 并发与并行

· 进程与线程

· 文件系统认识哪些

· 造成锁死的原因

· 进程间的通信

· ……

· 计算机网络

· OSI

- 五层
- 三次握手/四次拜拜（重要）每一个阶段的控制位状态，和 C-S 双方的状态
- IP 地址的分类，一些特殊 IP 地址，又问了一些关于广播的问题
- 掩码的作用，子网的划分，超网的划分，网络地址是什么

另外还问我一些代码相关的东西，我都不会也忘了（我的岗位并不需要写代码技能）

再后面 Leader 对我未来的计划提出了些许建议，关于在实习阶段，后面的工作方面，包括如何了解行业、如何顺应发展、如何提升自己。看得出来"大人们"对实习生的关怀和照顾都是存在的。

知行风向标之生涯导师说一说

实习要求并不算高，真正要求高的岗位就直接通过社会招聘了。向着目标去前进，职业规划非常重要，一个阶段一个阶段地积累，大胆去尝试，很多时候就是水到渠成了。

这里谈一谈校招和社招的区别：顾名思义，校招招聘的大多数是公司可以培养的新人，即大家所知道的，校招一般以管培生岗位和实习生居多；社招一般都是要有经验的，能够上岗即产生效益的，一般需要一定的工作年限，岗位要求更高。①招聘对象不同：校招面向应届生，最主要关注的是学生已具有的专业技能、综合素质和培养潜力；社招主要招的是往届的有工作经验的人群，比较关注的是应聘者所具备的专业技能，与所需求职位的匹配度（当然对于特别优秀的应届生也会考虑）。②招聘方式不同：校招采取的是前往各院校现场招聘的形式，对企业进行全面宣传，现场进行笔试或者面试，周期较短；社招主要通过各大招聘网站或人才市场以及猎头公司进行招聘，周期较长。③招聘周期不同：校招每年时间比较固定，即春季校招（三四月份）和秋季校招（九到十二月份）；社招则是依据全年招聘计划以及临时性需求，持续保持招聘状态。④招聘目的不同：应届生主要基于培养而招聘（后期培养成本也是校招成本的一部分），社招的成熟型人才通常都是即招即用。①

---

① 应届生求职网，https://www.zhihu.com/question/22134903/answer/628467159。

087　庞仁和：成长，是一场冒险

庞仁和，2015 网络工程 2 班学生，2019 届优秀毕业生。在校期间曾获得计算机学院第十届新生杯辩论赛最佳辩手奖、"自强之星"演讲比赛三等奖、中外服美邦国际暑期带薪实习项目优秀实习生等奖项。

回首四年的时光，在一张张的照片里感受着自己的成长，意料之外却是情理之中。临近毕业，作为一个马上步入社会的小白，对象牙塔的理解越发深刻。马上就要开启人生新的一段冒险了，总结看来我还是很幸运的。这四年来陪伴我成长的同学和老师都会包容我，帮助我成长。四年，要是时光会倒流，从大一开始我会怎样弥补留下的遗憾？但我又愿一件事情不想更改。

跨越整个中国，从北方的边境小城来到珠海，五千公里的路途让北京理工大学珠海学院在我眼中有着一种使命和神圣感。大学的第一年，积极参加学院辩论赛，虽然止步于八强，但也收获了"最佳辩手"的荣誉。

作为班级的一员，班级心理剧取得了学院第一、校级第三的好成绩，这背后离不开我们的认真打磨和创作，很好地培养了我们的团队合作能力。最重要的是为我的友情埋下了伏笔，认识了对我影响很大的几位同学。学院组织部很好地锻炼了我的社交表达能力。作为小组长,领导五名成员收集学院四个年级共 48 个班级的团员档案资料及团费;编写社团活动策划书;参与组织学院相关活动十余场,张贴横幅、海报(三十余份),完成后勤签到等环节。在团学会,学会了如何写策划书和融入一个集体。

我对北理工的记忆应该是踏着小绿穿梭在拥挤且回环的宿舍区,6 月闷热的风夹杂着夜来香的气味,我在阳光透过树叶在地上洒下的片片光斑间骑行,叮叮的自行车铃伴着嘈杂的下课队伍。大二我做了一次很有勇气的尝试,参加了赴美带薪实习。像是一次冒险,从准备到第一次踏到地球的另一端,基本上是自己完成的。这次的冒险遇到了很善良的一对夫妇,邀请我到他们的家里体验了当地人的生活。在异国结识了三位伙伴,都知道在异国工作打拼的不容易,很幸运遇到了同样很勇敢的人在做着有趣的事。在三个月的实习时光里,我会利用闲暇时间到当地小镇的教堂做志愿者,帮助那里的工作人员整理捐赠的生活用品,废物循环利用的理念很感染我。这段冒险让我看到了世界是一片草原,而我之前的认识只局限在一条单行线里。美好的时光总是感觉不够用,转眼大三。很幸运能够在魅族实习,作为一个职场小白,公司里的同事非常照顾我。项目组长每星期四、六加班为我们实习生培训,解决我们上课与工作的时间冲突。通过这次实习,我不仅学习到了手机系统测试的流程方法,还学习到了应对危机时需要的从容冷静。虽然只是短短的几个月,但是感受到了新兴科技企业的氛围和魅族的企业文化。

我认为一场冒险应该有起伏有转折,丰富的见闻是最能帮助我在旅程中成长的要素。为了更好地面对下一场冒险,我沉下心好好学习,通过一学期的努力终于拿到了奖学金;参加华为培训班,拿到了 HCNP 认证;通过博览会志愿者锻炼自己的口语表达。赶在大三的尾巴,开启了新的冒险——参加国际义工活动,前往斯里兰卡参加了当地相关活动。我们给当地聋哑的孩子带去了趣味课程,清扫海边的塑料垃圾,参观大象孤儿院,了解偷猎者的残酷。作为一个普通人我们能做些什么?半个月的时间感受了岛国人民的热情友好;同时也认识到了世界上还有很多问题,性别平等、海洋环境、社会残障设施、生态环境和贫富差距,等等,这些似乎离我们生活很远的事情,就发生在世界的某个角落,就发生在我的身边,作为"90后"我们这一代需要担当起我们的社会责任。

时间像是一把刻刀,我们是独一无二的艺术品,一气呵成,无法更改,无可替代。人会把无法解释的事情称作"命运",那么我想是命运把我们带到彼此的生命中,很幸运在这一路的成长里有善良和包容的人相伴左右。一场新的冒险即将来临,做自己生活的冒险家!探索,成长,生活还有很多新大陆等着我去发现……

知行风向标之生涯导师说一说

"努力的你,终将活成你期待的样子。"

庞仁和,一路冒险,一路成长。大一,他开启大学校园冒险,担任班级心理委员,牵头完成心理剧作品,获学院第一、校级第三;大二,他开启世界冒险之旅,参加赴美带薪实习,接触不同的文化,进入完全陌生的环境,他能够很快融入新的工作,收获友谊;大三,他开启企业实习冒险,魅族的实习、华为的项目让他从一个平台到另一个平台不断提升自我,他参加国际义工活动前往斯里兰卡,帮助那里的人们,他认识到作为"90后"这一代需要担当起相应的社会责任。

088 邱文进：Do the right thing and do the thing right

邱文进，2014级软件工程专业学生，曾任程序设计基础协会副会长。

曾获2016年第七届"蓝桥杯"C/C++程序设计全国总决赛二等奖，2015—2016年北京理工大学珠海学院光大奖学金。目前就职于深圳极光。

小编：实习做的工作会很繁重吗？

进进：实习初会有很多工作，而且要学很多东西。刚刚进去的时候主要还是做一些简单的维护、写写脚本之类的。后面看看跟进的项目是什么，如果项目要求的知识不会，就要立马去学，学习的同时跟着项目一起做。

小编：如果在项目当中遇到了自己不会的问题要怎么办呢？

进进：如果是技术问题，一般是搜索引擎搞定；如果是业务问题，比如一些业务需求，我首先会去自己解决，还不懂才去请教组员或者组长。

小编：那你会有写博客之类的习惯吗？

进进：博客暂时还没有，自己会写写笔记和周报，用为知 App 来管理，它有云服务器的功能，宿舍和公司的电脑就能同步数据了。学过的大部分知识是会遗忘的，但是你写过的笔记肯定不会忘记，内容可能记得不清楚，但是至少知道笔记在某个地方。所以说记笔记是一种学习态度。

小编：平时学习常泡图书馆还是选择在宿舍看书呢？

进进：现在基本会在宿舍看书，因为要用到电脑，去图书馆也是借书。大一大二的时候会更勤奋一点，所以会经常待在机房。

小编：平时学习不知道该如何学下去的时候可以怎么办？

进进：这个时候，你可以试试广度扩展。你可以选一些学习领域的新知识去学习。其实学计算机，有必要涉及多方面的知识。比如说，前端 Html，CSS 和 JS 这算是入门，如果再提高，其实后端也得懂一些。然后你发觉，基础部分都是差不多的，所以学新知识的同时就会反过来继续去补基础。

小编：遇到一些难以理解的概念，有的时候会越看越不懂，那要怎么办呢？

进进：那你有没有尝试去用搜索引擎解决呢？那些概念性的东西，有没有尝试去动手实践呢？主要是自主学习的能力。

小编：有的，就会发现越查，就会有越多新的概念，小小的问题都会做很多笔记。

进进：这就对了，然后再去实践，写个 Demo。

小编：最后，有没有想对小师弟小师妹说的话呢？

进进：多动手实践，多折腾。

知行风向标之生涯导师说一说

"多动手实践，多折腾"，大学生活不能"养老"，大学生应最具青春活力、刻苦钻研、创新创造的精神。他分享了自己实习的经历，分享自己学习的经验。他的日常学习有记笔记的习惯，用为知 App 来管理，它有云服务器的功能，宿舍和公司的电脑就能同步数据了。因为人的精力是有限的，学过的大部分知识是有遗忘规律的，可以通过记笔记的方式帮助自己学习，定期查看自己近期的笔记内容，帮助自己加深记忆，而无须再去查找厚厚的书籍。

089 翁灿彬：我与软件测试的爱恨情仇

翁灿彬，2015 年 9 月加入北京理工大学珠海学院计算机学院软件工程 5 班，2019 年 6 月大学毕业。

我与软件测试的爱恨情仇

就我自己而言，一直相信缘分的存在。还记得第一次见到它是在学院网站上面，对软件工程这一专业做的几个大概方向。或许是由于自己平时做事比较谨慎，看到软件测试这一方向的时候，就已经深深地被它给吸引了呢。无数次幻想过软件测试，到底是一个什么样的工作，是不是要求每一个测试人员格外仔细认真，不放过任何一个微小的细节，即使很多时候大部分人会觉得这不是问题，也没关系。带着这样的想法与好感，我与它，缠上了。

还记得第一次接触黑盒测试，第一次接触白盒测试，第一次接触自动化测试……一个个场景是那么清晰，宛如都发生在昨天。就这样，通过课外的时间，自己在大二就已经了解并掌握了软件测试自动化比较热门工具的使用，比如 Rational Robot、WinRunner、Loadrunner 等。

毫无悬念，在选修课分方向的时候，我毫不犹豫地选择了软件自动化测试方向；并于 2017 年 12 月参加了第三届校园软件测试大赛，其中分析了餐馆管理系统的测试需求，编写测试计划及用例等，最后获得了比赛的二等奖。

我变了

有人说，大学就是一所美容院，甚至整容院。确实啊，四年下来，我们都变了。就我自己而言，毋庸置疑的是，我老了，沧桑了。更重要的是，以前高中时候一个胆怯、畏首畏尾的我，再也不存在了；相反的是，我现在是那么自信，不怯场，也会很勇敢地去说出我要什么，我内心真正的想法。当然，这种种的变化，现在看来，真的很感谢当时我的一次次校外兼职经历。

2016 年 12 月万圣节期间，我在圆明新园兼职了一个月。这一个月，我的主要工作就是负责推销各种各样的妆容。想一想，这对于一个胆怯的小男生而言，无疑是一个巨大的挑战。但这不就是我要的吗，就是要挑战！最后，很成功地完成了任务并获得领导的好评。

2017 年 5 月五一节期间，我在南屏 OPPO 手机专卖店，尝试作为一个销售，从刚进入时很不自在到最后卖出十余台手机，我想，真的收获挺大的。

2017 年 10 月国庆节期间，我在唐家湾华策帝景湾售楼部，担任了为期七天的销售助理，主要工作包括负责陪同客户去看房等等……

这一次次的校外兼职经历，我想真的是从课堂上、课本里学不到的，我知道或许你们会觉得，这些都跟专业没关系，不就是所谓的廉价劳动力嘛。没错，但我很多时候跟自己说，酬劳真的不重要，重要的是通过这些经历，我获得了什么，我是否不再怯场，不再畏首畏尾。现在回过去看，我发现我真的变了，感谢这些校外经历，是它们让我变了。

对软件测试，我超专一

大三第二学期开始的时候，无意间看到了魅族招聘测试实习生的信息，当然是很果断地就报名参加了。最后，于魅族集成验收部实习了六个月。这六个月，真正地做到了理论与实践相结合，学以致用。最后，感谢导师及领导对我的肯定，获得了魅族"优秀实习生"称号及些许奖金（当时挺意外的，没想到

自己六个月的时间就能获奖）

2018年9月，或许由于年少轻狂，总想着去看看更多的东西，所以我就去了远光软件股份有限公司，于系统集成部实习，接触并学习基于Python语言的Selenium自动化测试，并应用于公司产品发票协同系统上。

2019年2月，我入职广东佳米科技有限公司，目前担任初级测试工程师岗位，负责客户端及平台的维护，对公司产品——办公聊天软件工作宝的各个功能进行功能保障测试及优化。入职培训期间，多次受到领导的好评，其间两次考核，成绩均第一。

过好自己，生活超甜

生活中，我喜欢运动，坚持跑步，参加过全马、半马。每次跑步我都把它当作对自己的一个反省，做对了什么、哪方面需要改善提高等。我还喜欢旅行，开阔视野。在2018年的年尾，抓住了尾巴，去了云南游玩。

谢谢你，北京理工大学珠海学院，让我度过了这么美好的四年，谢谢！

知行风向标之生涯导师说一说

大学是一个"美容院"，美化心灵、丰富知识、锻炼身体，它让高中的一个胆怯、畏首畏尾的"我"，转变为自信、不怯场，能够勇敢地去说出内心真实想法的"我"。

凭借科幻小说《北京折叠》荣获雨果奖的作家、教育工作者郝景芳认为：一个人的自信心，关键在于如何定义自我。同样，我们需要帮助大学生重新定义什么是成功，建立一种正确、健康的"成功文化"。成功与输赢无关，人生最重要的是"体验与过程"，才会拥有牢不可破的自我，以及更深层次的原动力。

在教育中，强调合作，而非竞争，其实对应的也是两种截然不同的思维。一种是追求眼前输赢、看重短期利益、重在和别人一较高下的"有限思维"，而另一种是超越短期输赢，看重长期目标，更追求自我提升的"无限思维"。

090　徐秋冰：水滴能穿石，铁杵能磨成针

徐秋冰，2015级软件工程国际合作班学生，2019届优秀毕业生，在校期间曾获得一等奖学金2次、二等奖学金1次、三等奖学金1次，在第二届OIE"三创杯"创新创意创业大赛中获得优秀奖，在2016—2017学年度荣获"优秀学生兵"称号。

2019年4月13日，是学校春招的日子。黄河江水绵延流转数千里，时间日月斗转星移，忽的一下，自己快要毕业了。有时候在上班空闲之余，会突然回想起那会儿刚上大学的日子。那是2015年9月，我一个人拖着行李箱走进校园，看着校园里人来人往、车水马龙。那时还正值盛夏，湛蓝湛蓝的天空挂着娇纵热情的大太阳，日光猛烈，晒在脸上火辣辣的，就如同自己心中慢慢燃烧起来的火苗。当时我就对自己说：我一定要在这四年时间里，创造出属于自己的价值！

于是乎，大学第一年，我心潮澎湃、锋芒毕露。在班导的支持下，我参加班上的班干部竞选活动，最终收获了同学们的信任与支持，成为班长，而自己也一直对班级事务尽心尽力，负责到底。同学们有任何问题，我都热心积极上前给予帮助。大一大二那会儿，为了更好地管理班级，尽量了解班上每一位同

学的情况，我会组织班级同学每半学期开展一次班会；平时也会在空闲之余找同学单独交谈，了解他们的近况，看是否遇到了难题等。除此之外，我还积极参与学校社团纳新活动，大一上学期加入了校学生会组织，在校学生会学习部担任干事一职。担任干事期间，我以志愿者的身份，参加学校举办的"定向越野"活动大赛，在此期间和其他小伙伴沟通协作，互相配合，让活动能够顺利进行，最终圆满结束。同年，我还和几位校学生会的小伙伴报名参加了学校举办的第一届"十大提案"比赛。如今仍记得，初赛时我们为了讨论一个细节问题，从线上讨论到了线下，甚至去实地考察，分析我们的想法是否合适、是否合理。功夫不负有心人，我们激烈讨论出来的提案在比赛初期一路过关斩将，得到了比赛评委的认可，最终挺进决赛。这次比赛，让我明白了团队协作是何其重要，一个人的力量是有限的，多个人的力量便是无穷的。除了前面谈到的这些，我还参与了校迎新活动、迎新晚会等这些志愿者服务工作，这些经历，渐渐地让我明白了一些道理。所以说，一个人的成长，是在不断犯错与不断总结自己的道路上练就出来的。

到了大二，我早早确定了以后的职业发展方向，于是乎，除了每天上课、吃饭、睡觉，去的最多的地方便是图书馆。一年四季，春夏秋冬，图书馆几乎每天会有我的身影出现，或者完成上课时老师布置的作业，或者复习老师近期的授课内容，又或者自我充电，学习必要的专业基本知识。忘记有多少个暴风雨和凛冬严寒的夜晚，我依旧坚持去图书馆，完成每日计划的任务。或许在旁人看来，一个人上课、吃饭、去图书馆是孤单的，但扪心自问，成长的路上，哪里有人会一直陪伴走到最后？那个一路咬牙坚挺，走得坎坎坷坷熬过来的人，最后都还是自己。而自己与自己相处久了，就会活得越来越率真，不会人云亦云，遇到事情，就会自我分析、自我考量。我想，这是独处带来的最大好处，它让你自己意识到，身边没有谁可以依靠，你能做的就只有靠你自己，什么事都要靠自己，于是你开始会变得很认真地对待每一件事。你会对自己的事很负责，对自己的未来负责；你会开始做出规划，然后你会真的因为要实现一个短期或者长期目标而奋斗。独处影响着我的一生，指引着我未来前进的方向。

大三，离毕业还有一年。仍记得大三下学期，当时为了在将来毕业后能够

知行风向标 102位大学生的青春故事

快人一步找到就业单位,那个暑假我主动去外面投递简历,四处奔波四处面试,只为了能获得一个令人满意的实习安排。功夫不负有心人,凭着自己之前努力学习取得的好成绩以及在专业知识方面的较好积累,那年暑假拿到了 OOCL 的实习 Offer,在 OOCL 开始了为期半年的实习生活。实习期间,我辛勤工作,与公司部门同事一起商讨项目解决方案,相处融洽,既收获了宝贵的实习经验,也得到了部门领导同事的一致赞赏。实习结束,也意味着自己即将面临毕业,而之前几年我所做的一切,便是为了在最后一关——毕业面前,能够交出一份令人满意的答卷。

沧海蜿蜒,星河浩瀚,时间又拉回到现在——再过两个月,我就正式毕业了。在此之前,我也已经拿到了一份令人满意的工作 Offer,我想,这便是对自己大学四年来每日勤勤恳恳、踏踏实实做事的一个交代。是啊,努力虽然不一定会成功,但是不努力,就一定不会成功。它是必要条件,不是充分条件。大学四年,经历过班级事务、学校活动、个人成绩与实习经历,可以说,里面充满了酸甜苦辣、欢笑与泪水。有时候有人会问,你每天都坚持做这些,不累吗?不觉得枯燥吗?我当然会觉得累、觉得枯燥啊,但或许这就是成长吧,它让我明白:水滴能穿石,铁杵能磨成针,只有不断坚持自己认为对的事情,量变终究会达到质变,到那时,时间会揭晓一切,它将会告诉我答案。

知行风向标之生涯导师说一说

独处,是一种智慧的沉淀,是做回自己。滥交朋友,不如终日读书。在生活中,不少人都在努力让自己变得合群,变得受大家欢迎,却往往忽略了最重要的:如何与自己好好相处。余华在《在细雨中呼喊》中说过:"我不再装模作样地拥有很多友人,而是回到了孤单之中,以真正的我开始了独自的生活。"大一的徐秋冰活跃在各个活动现场,从活动中获得成长,从团队建设中获得成长;大二的徐秋冰活跃在图书馆、自习室、实验室,从独处中实现一个短期或者长期目标;大三的徐秋冰拿到了东方海外货柜航运(中国)有限公司实习录用通知;大四的徐秋冰自信满满迈出大学的大门,开启新的篇章。

091　王伊捷：厚积薄发，砥砺前行

每一个你决定努力的时刻，都名为开始。

我叫王伊捷，2011年入读北京理工大学珠海学院计算机学院计算机科学与技术专业6班，2015年获工学学士学位，谢别母校，起航人生。

逆风而行，感知成长。经历许多努力，许多不易，才走到这里。对于学业，从一个差生起步，在所有人惊讶的目光中考上高中，再到大学，这条路我用所能达到的速度走了好久，因为想改变的决心，我选择逆风而行。相比于许多人，虽然离起跑线太远，但我选择开始。忘了累是什么，从走入大学，与所有人一样有着欣喜、好奇、迷茫，而我还多了一样自卑。

自强自立，大胆尝试。值得庆幸的是，因为差距所衍生的恐惧带来了对未来的具体想象，自进入大学，我开始制订努力计划，明确奋斗目标。为了克服最大的自卑，在我作为新生的第一个月就开始在校内超市门口促销兼职，初尝勇敢的滋味；而后是报名诗歌朗诵比赛，虽然因把"我朗诵的是余光中的《乡愁》"中的"朗诵"说成"演唱"而遭嘲笑，但还是因练胆量而开心；报名参加社团，承担各种社会工作，使我感悟到了诚信、责任、爱心的重要性。大学曾担任ACM记录委员、秘书长，院学生会、校勤工助学中心干部以及兼任2013级新生班主

任助理，忙碌着也不忘刻苦学习，继而获奖、考证、比赛、演讲、面试，探索尝试。大一加入外院的早读，通过英语等级考试；刻苦学习专业知识，获光大奖学金、国家励志奖学金、每学期的优秀学生奖学金以及"优秀学生"称号；同时在校内校外的比赛、实践中多次获得奖项；在大二自学课外知识获会计电算化证书，暑假实践获中国移动优秀实习生证书。值得的事情从来没有捷径，只能一步一步去努力，所以，我这样做了。许多同学笑称我为学霸，其实所谓的学霸只是对时间分秒必争，默默努力的一群人。过往的经历让我明白，你只有非常努力，才能看起来毫不费力。

积极锻炼，自我完善。通过在大学里的许多尝试，对于人生的方向也渐渐清晰。大二去学校招聘会，了解工作要求，靠着帐篷听听面试的师兄师姐和面试官的对话。大三装成大四的模样开始参加学校各式的招聘会。在担任新生班主任助理期间，课余时间到公司实习。大三任新生班主任助理带班的经历让我至今难忘，感谢学院，给予学生一个可以去尝试、去分享、去努力的机会。大四开始投递简历，参加校内校外的面试，慢慢地找到更多可能的方向，明白进入职场是我们在大学海洋里航行的终点，为了找到停靠的港湾，在大学里努力一点一点往自己身上点缀光亮，当在漫漫黑夜里，身上的光足够亮，便可以照亮属于你的前方。

角色互换，勇敢向前。因为这些经历，在临近毕业的时间里，许多公司对我的面试给了许多肯定，到了选择的时刻，心里的方向更加明朗。所以我尝试着在陌生的领域踏出第一步，参加教师招聘，通过报名审核、笔试、面试、体检、考察等环节，我顺利地入职，真正成为一名老师。能在未毕业前就找到一份稳定的工作，身边的人都为我高兴。成为招收的9个应届毕业生中的一个，我很自然地以为大家都在同一个起点；入职后发现，研究生毕业也叫应届毕业生，重点大学、师范生的字眼，这些许多你不得不承认的差距根深蒂固地在这个社会的观念里存在着，一股力不从心的压力随即向我袭来。培训中的两次课程试讲环节，以一个学生的心态站在教师讲台，即使带着大学里上台时积累的从容淡定，也明白真正作为一个老师授课时表现最差的结果。可是，大学里所练就的那种努力的惯性，让我顺着这种习惯，即使最差，也是最努力的一个"差生"。抓住每一次机会向有经验的老师学习，不断地输入，再模仿性地输出，继而创新，反思，总结，从而提高。我的导师在学期末新教师培养汇报会上这么说道："我们系里很多老师都知道，除了上课，王伊捷不是在听课，就是走在听课的路上。"是啊，因为知道自己经验的缺乏，因为想做得很好，因为知道努力无论能否带来成功都会让你成长，所以我这样做了。

身肩责任，积蓄力量。走上讲台，角色互换，成为一名老师，教书育人，我更加明白自身肩负的责任，从被许多人负责，到需要负责许多人，其间的过渡告诉了我责任的意义。对于自我，看到前路漫漫，自己选择的路，需要积蓄许多努力的能量，工作中，不断学习，不断进步，教授新课，教育学生，在校企合作的考核中获得联想公司导师的肯定，获得联想培训认证，在新入职的教研人员及应届生教师的新教师基本功比赛中获得奖项。这些都让我看到努力的收获。更让我欣慰的是与学生的沟通，用自己的力量能够激发学生努力学习。对于爱玩不学习的学生，包容他们的小错误，因为心里清楚，他们只是暂时找不到未来的方向而已。因为从小到大被冠以"差生"的名义受到许多异样的眼光与不公平的对待，所以我的耐心与包容代替了对他们的责怪。走进所谓"差生"的世界，我发现了，他们只是习惯缺少关爱的一群聪明学生。学生的进步也让我对未来的教学管理更加有信心，什么事用心去做，都会有收获。

努力工作，快乐生活。这份工作，也让我能够有多一点时间陪陪家人，报答父母。从牙牙学语到展翅高飞，对家的依恋，对远方的向往，想用自己的努力来为这个世界贡献一点点力量，这份工作便是我的梦想，所以这样刚刚好。对于未来，希望能够专业地接受教育学训练，提高教学水平。大学已考取了网络工程师中级专业技术资格证书、高级网络管理员证书，接下来备考国家高级专业技术资格，对于进修，备考研究生，我希望能是北京理工大学研究生，我会努力，因为这让我有归属感。

感谢过去，依然前行。回望四年大学，很感谢那段时光，让我一个努力的人，一直前行。记得在新生交流会上，我对师弟师妹们说：在好的地方，好的时光，做一个努力的人。在最自由的时光，想象自己想要的未来，需要你做哪些努力，当下的你能做什么。如果迷茫暂时无法消散，你无法想象自己未来的方向，那就思考你不希望的未来，现在的你所做的事，所浪费的时间是不是让你离这种未来又近了一步。无论未来怎样，从零出发，勇敢尝试，总结积累，

知行风向标

找方向，去模仿，别忘了努力是一种运气。

知行风向标之生涯导师说一说

王伊捷，温柔的外表下有一颗坚强的心。在大学一年级积极去探索，渐渐有清晰的方向；大二开始已经抓住学校学院招聘会的机会，了解工作要求，不是走马观花似的走个过场，而是在帐篷里听面试的师兄师姐和面试官的对话；大三的她精心准备好简历开始参加学校各式的招聘会；大四的她参加教师招聘，通过报名审核、笔试、面试、体检、考察等环节，成为一名老师，她的同事评价她："除了上课，她不是在听课，就是走在听课的路上。"

这里说一说教师编制：考编制教师条件是要有教师资格证；年龄要求一般是在35岁以下；所学的专业与报考岗位的专业要求相近；幼儿园教师要具备大学专科及以上学历，小学教师要具备大学专科及以上学历，初级中学教师要具备大学本科及以上学历。具体报考时间和要求，关注当地公告。

092　李洁慧：听从本心，卓尔独行

李洁慧，计算机学院 2016 级数字媒体技术 1 班，曾任京涛海纳工作室影视系统总监。

在校期间，获得一次光大奖学金；共参评优秀学生奖学金 4 次，其中特等奖学金 3 次、一等奖学金 1 次。获校级"优秀学生"荣誉称号 2 次、校级"优秀团员"荣誉称号 1 次、"优秀社团干事"称号 2 次。2017 年第三届全国平面公益广告大赛优秀奖；广东省第五届大学生艺术展演活动艺术作品类（微电影）三等奖；第十一届珠海大学生文化艺术节新媒体创作大赛三等奖；第三届大湾区"城市·美好生活"微电影大赛优秀奖；第三届大湾区"城市·美好生活"微电影大赛最佳创新奖；第十二届珠海大学生文化艺术节"创意青春"新媒体创作大赛三等奖；北京理工大学珠海学院第七届大学生文化艺术节"绘声绘影"影视大赛三等奖；2017—2018 学年北京理工大学珠海学院共青团暑期社会实践活动"优秀个人"称号；2018 年北京理工大学珠海学院大学生网络文化节之第六届"绘声绘影"影视大赛特等奖；2018 年北京理工大学珠海学院计算机学院首届"暖心杯"社会实践策划书大赛三等奖；2017 年大学生文化艺术节之第五届"绘声绘影"影视大赛一等奖；2017 年大学生文化艺术节之第五届"绘声绘影"影视大赛三等奖；2017 年北京理工

大学珠海学院计算机学院第一届原创微小说大赛二等奖；2017年度汕头市金平区"展翅计划"优秀实习生。

　　人生就像一个储存罐，你投入的每一份努力，都会在未来某一天回馈于你。这份回馈将有不同的方式，或好或坏，或精彩或平淡，大千世界，不必患得患失，不必执拗于心。生活要懂得顺水而下，正确地选择与取舍，努力读懂真实的自己，驾驭好自己的人生。

勇于尝试，确定方向

　　刚进大学，我从各种途径了解学校的社团组织，开始选择适合自己、可以学习的平台。我喜欢影视创作和与人交流沟通，因此，从一开始我便关注到各个学生组织和校媒组织，对成为其中的一员怀抱憧憬。最后，我加入了学校京涛海纳工作室、校级学生会和院级团学会。身处不同的社团组织中，我体验了不同的工作内容，也收获了别样的成长。在团学会，我同部门成员一起为丰富多彩的活动提供有效的宣传；在学生会，我认真地撰写、整理各类文件，提升组织策划能力；在京涛海纳，我学会了更多软件的操作和拍摄技巧，尽力把握每一次工作学习的机会，感受到影视独特的魅力。因为严谨尽职的工作态度，我在评优中多次获得"社团积极分子""优秀干事"和"优秀团干"等称号。

　　到了大二，我选择继续留在京涛海纳工作室，京涛是发现自己更多可能、提升自我的平台。一年来的工作让我深深地感受到不仅能学到影视创作的能力，还有一份志同道合的情怀，以及加强了独立思考的能力。对我而言，选择京涛，既是机会，又是挑战。拥有了直面压力的意志，才能拥有砥砺前行的勇气。从一个小白，慢慢地，我也开始能够独当一面。作为京涛海纳影视系统的总监，我希望能多花时间与师弟师妹交流，多解决他们的问题，致力于校园文化建设。

找准定位，沉淀自我

　　平时的我，将更多时间放在了社团工作上，这样一来，学业和工作有时就发生冲突，达不到要求的时候，压力也会与日俱增。在某些时刻，我也会怀疑自己所花的时间精力是否值得，但很快地，我马上打消这样的念头。当有没做完的事，我就会放在心上惦记着，努力让自己一步一步来，把事情一件一件完成，比我优秀的人那么多，大家同样都是一天24小时，别人能做到的我也应该努力靠近。平日里多项任务的时间安排，我会为了不赶DDL，压缩自己的睡眠时间，通过熬夜来换取时间做更多的事。跟着团队成员一起熬夜制作视频、一起工作的时候其实不会很累，大家做着喜欢的事情，共同朝着同一个目标努力，会收获到实在的满足。

逐渐地，我也开始慢慢更好地调整自己，提高完成每件事情的效率，充分利用白天的时间。对于工作与实践，我倾注了学习之余的所有时间与精力，在这样的努力过程中，我也渐渐有了自己的心得与体会。我会用日历形式的时间规划表，把无论是学习还是工作的每个任务都记录下来。这样一个看似简单的做法能让我对近期任务有一个全局把控，以防忘记，也能更好地衡量轻重缓急，提前做好规划和利用碎片化时间，让我对自己每天的安排更有条理。

平日里我们的勤奋上心，以及抓住机会学习，都可以一点点变成看得见的砝码。求其上者得其中，求其中者得其下，求其下者无所得。历经磨炼之后，内心的成长与强大会成为我们再次出发的动力，离我们成为一个优秀的人更近一步。

梦想还在，无惧未来

我不希望自己成为一个功利主义者，我期望自己可以把目光放得更远，脚下的路走得更坚实。除了紧张的学习和丰富的工作，在闲暇之余，我喜欢参加公益活动和社会实践，曾参加过大大小小的志愿服务："善行100"公益活动，到福利院看望老人孩子，爱心义卖，毕业送活动。在帮助他人的过程中，我接触到社会的不同方面以及形形色色的人，付出后的满足同样让我感到欣慰。我也分别在珠海电视台、共青团汕头市金平区委员会等做过实习工作，在实习中，我不仅积累了社会经验，也收获到满满的情谊。大二暑假，我跟随京涛海纳工作室团队深入佛山市三区，展开了探访佛山传统工艺文化的调研。以佛山剪纸、彩扎狮头、石湾陶塑技艺、木版年画四项传统工艺为主要内容，在各种独一无二的瑰宝背后，我感受到充满魅力的佛山风情，领悟了佛山匠人的一丝不苟和精益求精。

2019年下半年，我成功通过芒果TV和湖南电视台的面试考核，踏出实现梦想的第一步。从参与平台运营，做节目后期到给《明星大侦探》第五季想方案做宣传，再到做艺人宣传，负责活动对接与跟剧组，在实习过程中，我认识了形形色色的人，拥有了很多不一样的经历。没想到自己会在半年辗转了五座城市，也没想到以前在电视里才能见到的人，如今成为工作伙伴。在半年的时间里，我也经历了实习+外单+两份兼职并行的日子，住的地方搬了四次，不停地遇见不停地分别。很感激身边关心惦记我的人，也很感谢一路上前行不放弃的自己，未来依旧充满了期待，相信努力的人终能够不灭星火，脚踩星辰。

莫泊桑在《一生》中写道："生活不可能像你想象得那么好，但也不会像你想象得那么糟。"人生在于拼搏，生活源于梦想，追寻梦想的道路绝不是坦途，我们应该用心学习和工作。生活的精彩也正在于不断地探索自己，不负美好时光，不愧对我们的青春年华。

知行风向标之生涯导师说一说

在交谈的过程中，李洁慧多次强调自己并没有做得多好。但在我们看来，她平日里的勤奋上心，以及抓住机会学习，都在一点点变成看得见的砝码。求其上者得其中，求其中者得其下，求其下者无所得，纵使高压的情况下，她也没有把学业落下，多次获得奖学金。但在荣誉背后，付出了多少心血心力，只有自己才最清楚。而历经磨炼之后，内心的成长与强大会成为李洁慧再次出发的动力，离她成为一个优秀的人更近一步。

093　陈晓彤：一分耕耘，一分收获

陈晓彤，2015级计算机科学与技术1班学生，2019届优秀毕业生。在校期间获第八届计算机学院运动会女子组4×100米第三名，获2017年全国大学生数学建模竞赛广东省分赛优胜奖，校报通讯社校园摄影大赛优秀奖，第三届中国"互联网+"大学生创新创业大赛北京理工大学珠海学院赛区优胜奖，参评优秀学生奖学金7次。

大学是人生的一个重要转折点，也是人生价值得以初步实现的地方，我相信天道酬勤，所以时刻严格要求自己，踏踏实实地前进着。在四年紧张而又充实的大学生活中，我收获了很多的成果。

作为一名当代大学生，我始终保持着一种积极向上的心态，在各方面都严格要求自己。在这样的信念下，我刻苦学习，认真工作，积极参加各种课余实践，课余时间积极阅读各种各样的书籍，不断提高自己的综合素质。一步步走来，虽然风雨兼程，坎坷伴随，却在自己的青春篇章中踏踏实实地写下了每一页。

思想积极，要求上进，不断提高政治素养

在思想上，作为一名党员，我努力提升自己的觉悟，提高自身政治素质，关注当今的国际政治形势、社会动态以及党中央的指导方针。我认识到"远大理想""奋斗终身的精神"一定要与自己的现实生活紧密结合起来，为远大理想而奋斗。我不断充实自己、提高自己，同时也真切地感觉到了自己所肩负的责任和历史使命，我会严格按照党员标准去要求自己。我积极向党组织靠拢，在大一下学期向党组织递交了入党申请书，并时刻以一名优秀共产党员的标准严格要求自己。同时我遵守国家法律和校规校纪，自觉维护学校的良好秩序。在日常生活、学习、工作中注重道德修养，乐于助人，积极帮助有困难的同学，举止文明端庄，生活简朴，坚持原则，勇于展开批评和自我批评。在今后的学习和工作中，我将更进一步地严格要求自己，虚心向先进党员学习，克服自己的缺点和不足，争取早日在各个方面取得更大的进步。

学习刻苦，成绩优异

在学习上，我相信"一分耕耘，一分收获"，作为学生，我明确自己的身份和首要任务就是学习，不断进步。大学期间，我勤奋刻苦，从不敢懈怠，我上课认真听讲，课下经常利用网络资源查阅学习资料，钻研如何在实际中应用知识。在校期间我共参评优秀学生奖学金7次，其中特等奖学金1次、一等奖学金5次、二等奖学金1次，平均学分绩点4.1，多科成绩90分以上，并且获得了英语四级、六级证书，还考取了普通话水平测试等级二等甲级证书和计算机技术与软件专业技术资格中级网络工程师证书，在校期间获得"优秀学生""优秀学生标兵"等荣誉称号。

积极参与课余活动，丰富生活

在课余活动中，我积极参与运动会、摄影比赛、数学建模等比赛和各种讲座以及校园招聘会。在校期间获得计算机学院运动会女子组4×100米第二、三名，2017年全国大学生数学建模竞赛广东省分赛优胜奖，校报通讯社校园摄影大赛优秀奖，第三届中国"互联网+"大学生创新创业大赛北京理工大学珠海学院赛区优胜奖等。公益活动，是每一个人都应该积极参与的，因为在实践中它能让你深刻感受到自己的价值，能感化一个人的心灵、锻炼一个人的道德品质。有人说："人生中总是不能避免沧桑，但爱心总能给荒芜的沙漠播下新的希望；生活中总是不能一帆风顺,但爱心总能给人以坚强的力量。"大一的时候我加入了自强社计算机学院分社,多次参与组织、策划公益活动。大三的时候加入了移动联盟协会,负责进行官网后台的开发与维护,以及参与培训新成员课程。

社会实践丰富

在实践中,我明白只学好文化知识是远远不够的,想要成为一位优秀的毕业生,必须具备丰富的实践经验。社会实践锻炼了我的意志与坚持不懈的精神,给了我关于人生与生活的磨炼,让我有了很强的自学能力和做人能力,而且可以在实践中检验知识,不断发现自身弱点,并能及时地改正。大二暑假期间我进入佛山市普云达信息科技有限公司实习,作为实习生,学习 Java 并制作简单应用。大三暑假期间我进入中国人民银行佛山市中心支行实习,担任科技部实习生,学习科室主要职能与重点工作,协助处理日常综合事物与行政事务。大三寒假期间进入深圳点猫科技有限公司实习,担任冬令营助教,负责指导 4 组共 12 名学生编程并完成结课作品以及最后的展示演讲。这些经历不但提高了我的沟通协作能力,还使我积累了宝贵的经验。

四年的大学生活是我人生中抹不去的回忆,毕业后有了责任感,更有了自己生活的目标,我迈步向前的同时不会忘记回首遥望曾经的岁月,感谢我的大学铸就了成长的自己。

知行风向标之生涯导师说一说

她相信"一分耕耘,一分收获",大学期间,勤奋刻苦,从不敢懈怠,利用网络资源查阅学习资料,钻研如何在实际中应用知识。她的平均学分绩点 4.1,多科成绩 90 分以上,并且获得了英语四级、六级证书,考取了普通话水平测试等级二等甲级证书和计算机技术与软件专业技术资格中级网络工程师证书。

她通过实践实习去探索专业学习,从大二暑假开始进入佛山市普云达信息科技有限公司实习,学习 Java 并制作简单应用;大三暑假进入中国人民银行佛山市中心支行实习,担任科技部实习生,协助处理日常综合事物与行政事务;大三寒假进入深圳点猫科技有限公司实习,担任冬令营助教,负责指导 4 组共 12 名学生编程并完成结课作品以及最后的展示演讲。

094　莫艺红：认清自己比什么都重要

　　我，女生，很平凡，毕业后一切靠自己。没有家庭经济做后盾，没有父母的关系。2015年6月毕业后的3个月里，我换了4份工作，4份工作都是不同的职业，只为找到一份适合自己的工作，我唯一明确的是我不从事本专业的工作。2015年10月28日，我加入百分教育培训中心，当一名普通的初中数学补习老师。不管以后我在培训中心还是在学校，我认为教育行业是适合我的。

　　我是计算机学院数字媒体技术专业的学生。大二的时候，人云亦云地考了英语四级证书；大三的时候，看到身边的同学备考公务员，或者考研，他们好像都有了自己的工作方向，只有我一直懵懂地不知道自己要做什么。那时候我也随大流选择备考公务员，一边跟着大家备考一边了解公务员到底是一个怎样的职业，为什么那么多人要考。备考了3个月，发现自己的性格完全不适合这类工作，也就放弃了。

　　很快，2015年1月，大四的我就面临着找实习工作的问题。这个时候，"工作"问题让我进行了很长时间的思考，思考着我到底要找什么行业的工作，我要到哪个地方发展，我要不要做回本行，如果不做本行工作，感觉白白浪费4年的大学时间。就在这思绪交集中，为了对得起这4年的大学，投了第一份简历到三维广告公司，配上自己和同学都认为不错的作品，很快公司就给了答复："你的作品太普通了，不符合公司的要求！"从这一刻起，我才知道大学做的作业只是入门，完全达不到社会的要求。

在大三大四做作品的煎熬下，我决定转行。大学有好多招聘会，我也参加了招聘会。悲哀的是，我想转的行业都有专业要求、证书要求，而我什么都没有。毕业之后我除了专业本科毕业证、学士学位证，还有英语四级证和几张奖学金证书，但它们对我的转行并没有起到实际的作用。

2015年2月，我在朋友的介绍下，帮助一个"90后"的老板创业，灯饰公司，跟着一个师傅做灯饰的拍摄和平面制作的工作，领着900元一个月的工资。本来感觉是不错的，虽然钱少，但是可以学到很多东西，还跟自己的专业有一点擦边的关系；就这样工作到6月份毕业，毕业后，本以为继续帮着老板创业，可是突然间多了一个股东加进来，把已经准备了4个月的灯饰公司变成茶业公司，而我的工作不仅要拍摄和平面制作，还要做网站运营，搞公司的卫生和店里的卫生等，但我的工资还是900元，没有午餐补贴，没有社保等。在这样的情况下，同年7月，我辞职离开了公司，第一份工作结束。

我开始不知道自己要做什么，唯一知道的是自己要在江门发展的，因为我不认为只有广州、深圳、上海等这些一线城市才有发展的前景，如果真的只有大城市才有发展前景，那么三线城市的人都饿死了吗？所以我选择留在自己的家乡——江门。

2015年7月，刚离职后的那个星期，我很快找到了一份新工作——在儿童摄影馆专门给孩子们拍照。本想着对着孩子们工作是一件很开心的事情，又可以做自己喜欢的摄影工作。但事实并不是如此，工作之后发现，每天早上7点多就要骑大半个小时摩托车到摄影馆上班，风雨不改，每天中午不定时吃饭，拍外景的时候摄影馆不配小汽车，是自己开摩托车，拿着拍摄工具去拍。父母知道这个情况后，让我马上辞掉工作。就这样，第二份工作7天就结束了。

这个时候的我，再次迷茫，不知道自己适合做什么样的工作，做什么样的工作家里人才放心。母亲一直安慰我说："女儿，没关系，慢慢找，爸妈还有能力养你，最重要的是工作要让自己开心！"虽然爸妈这样讲，但我花了十几万读完大学，毕业后还要伸手向家里要生活费，真是一件非常揪心的事情！之后的每一天，我每天起来第一时间就是上网找工作，投简历。此时的自己只想转行，不管在什么单位，能让我学到东西、有保障就行，最好能稳定下来。那么在三线城市，到什么单位才能有保障呢？在各方面了解之后：国企、外资公司的待遇是相对来讲最好的，也是最有保障的。但好的企业对专业的要求也高，对能力要求也高。对于刚毕业要转行的我来说，我完全是空白的，没有对应的专业证书，没有能力从事其他的工作。怎么办？只能找其他岗位要求相对较低的工作。

2015年8月，我找到博大教育培训中心。博大是连锁机构，待遇方面比较有保障。我应聘学习管理员，主要跟踪学生的学习情况，最后也很顺利进入培训机构。刚开始我很兴奋，以为找到了适合自己的工作，从事教育行业，感觉这个工作很有意义。一个星期之后发现，学习管理员的工作除了跟踪学习情况，最主要的职责是说服家长学生继续报读，每个星期每个月都有续费任务。我觉得我职位的性质变了，这不是我想要的，也觉得教育性质变了。我开始很羡慕老师，工资理想，而且不用谈钱，只要做好自己的教学工作就可以了。这个时候我开始在想，如果我也能做老师该有多好，最起码在教育行业的性质没有改变。但是我没有教师资格证，怎么办？在博大工作的3个月内，我了解清楚了培训机构招聘老师的要求，发现我的学历和初中数学能力是满足培训机构招聘老师的要求的，不需要教师资格证，证书可以以后考。于是，在这3个月内，我复习了初中数学知识。10月中旬，我辞去了学习管理员的工作。

辞职之后我马上到百分教育应聘初中数学老师的职位，没想到笔试满分通过，两次试讲也让面试老师很满意。我再次觉得我找到了适合自己的工作。10月28日我就加入百分教育，成为初中数学老师。

转眼间，工作了快半年。我慢慢地回想自己大学到现在，为什么我以前没发现自己适合做老师？为什么以前我不考师范学校？为什么我大学的时候不考教师资格证？如果有了教师资格证，或许有机会到学校，那么我就不用找工作找得那么累，也能稳定下来，做适合自己的工作。人生并没有那么多如果，之前的路已经走了，现在只能好好走好现在的路、未来的路。

3个月，换4份工作，很多人觉得我的选择是冲动的，但是我觉得我没有错：如果觉得这条路不是自己要走的，就马上停止，抓紧时间去找适合自己的路。不进入那个行业永远不知道那个行业的性质和运营。大学四年，我最大的错误是没有认清自己适合什么职业，没有对自己的未来做一个完整的职业规划。我庆幸我能那么快找到适合自己的职业，未来，我就是要考教师资格证，再考进学校。不是你没能力，是你的能力还没找到归宿，认清自己比什么都重要。

知行风向标之生涯导师说一说

"你是谁？你从哪里来？要到哪里去？如何去？"所有的开始需要认清自我，回答"你是谁？"也是大学生职业生涯规划课程中的第一步，探索自我：兴趣、性格、能力、价值观。一个人最大的幸福，就是能以自己选择的方式生活。择其所爱，爱其所择的结果，会使一个人以己为荣，并呈现出圆融、丰足、喜悦、智慧和充满创造力的气质。

在生涯发展过程中，很多学生对追求理想的工作或人生目标充满疑虑，还有的学生甚至不敢去设立目标，觉得不大可能实现。阻碍我们插上理想的翅膀、迈出勇敢脚步的原因通常来自内部和外部障碍。内部障碍通常是由一个人对自己的不了解、低评价、不自信或者无安全感造成的。例如，有的学生很难看到自己的长处，总是用自己的短处和别人的优势相比，内心从未觉得自己有可用或特别之处。外部障碍主要来自自己所处的环境，通常与就业政策不足、市场的难以预测、经济衰退和社会环境混乱等相关。

095　张豆豆：我已亭亭

张豆豆，2015级计算机科学与技术1班学生，2019届优秀毕业生。在校期间曾获得优秀学生奖学金6次，国家励志奖学金，沙具设计大赛三等奖，毅恒策划书大赛二等奖，现就职于远光软件股份有限公司。

如果要以一个时间去度量我的成长，我想应该是四年，因为大学是四年。

史亦尝考，文亦尝校，答辩近了，犹思几度改论稿。当论文定稿的那一刻，我才真真切切感受到毕业。

计算机学院计算机科学与技术专业1班，这个标签伴随了我四年。在这四年里，我先后担任过计算机团学会宣传部干事、计算机学院传媒中心摄影部部长、"暖心行动"成员。大学期间，曾先后获得"优秀助理""优秀部长""优秀学生标兵"等荣誉称号。我始终坚信"腹有诗书气自华"，因此，在学习上我不曾怠慢。在2015—2017学年里，通过自己的不断努力，共参评优秀学生奖学金7次，获得一等奖学金2次、二等奖学金3次、三等奖学金2次；"优秀学生标兵"两次；获得国家励志奖学金、光大奖学金……现就职于远光软件股份有限公司。

"山不过来，我就过去。"成功需要一种用心的心态。刚刚进入大学我就向党支部递交了入党申请。我始终坚持认真学习国家政策,掌握时事动态,拥护中国共产党的领导;用心参加校系组织的各项活动,在思想上、政治上、行动上用心向党组织靠拢,思想品德端正,崇尚科学,自觉遵守各种法律法规,遵守学院、系部的各项规章制度,处处为同学着想,在各方面起到了模范带头作用,具有强烈的社会职责感和事业心。通过参加党校培训,我认真地学习了各种政治理论知识,在思想上有了质的飞跃,并成为一名光荣的共产党员。

"宝剑锋从磨砺出,梅花香自苦寒来。"用心的心态和坚定的意志能够激发一个人内在的潜力和才华。生活中,因为出于对单反摄影的热爱,在机缘巧合下,我进入了计算机学院传媒中心,跟着社团的里面的师兄开始学习单反摄影,从一个刚开始连快门键都不会使用的人,到后来扛着摄像机为学院奔波。这一成长,我整整用了一年。后来,由于表现突出,我接任了传媒中心摄影部部长一职。在职那一年,学院大大小小的会议我都亲自上阵,拍摄会议三十余场,尽职做好本职工作。

"天行健,君子以自强不息。"在当今这个科技发展迅猛、竞争激烈的时代,我清楚地明白,只有把自我打造成为具有创新思想的新一代大学生,才能在今后竞争日趋激烈的社会中立于不败之地,因此我广泛涉猎和学习各种新的文化思想和专业知识。在大三前期,我担任了学校创业学院的实习生,在创业学院协助学校师生的创业工作,获得了"优秀助理"的荣誉称号。在职期间,我协助创业学院举办了"创客中国·珠海站"、三创杯、互联网+一系列的大型比赛,从中收获颇多。

古人云:"纸上得来终觉浅,绝知此事要躬行。"而"知之",就是在不倦的实践中、勇敢的探索中获得真知,从而更好地"行"。除了以上的校园生活,大学三年的实习经历也让我受益匪浅。我从大一就开始实习,为了锻炼自己的社交能力,我兼职过促销员,工作中,我深刻体会了职位无高低、工作无贵贱的道理。大二,已具备基础专业知识的我,接手了我们学校外国语学院官网的维护工作,外国语学院的王辅导员对我的工作给予了高度肯定,一直全程交给我维护至今。大三,我进入珠海光合农业有限公司管理他们的公众号,维护他们的网站,也是从那时候开始对企业有了一定认知。现如今,凭着自己的专业技术和实习经历，我通过面试进入了一家上市互联网公司，正式成为一名程序员实习生。

在生活中，"行而知之"不仅是一种方法，更是一种态度、一种气派。深谙此道理的我，即便在刚入学的时候没有目标，但仍旧对学习、对生活、对实习百分百地用心。因为我知道，只有当自己走过了学习的阶段，才会真正明白自己想要的是什么。大学四年时光，我已走过三年，如今的我，无论是在学习上、生活中还是在实习上，都不曾后悔自己选择了这一专业。正因为凭着对代码的热爱，对成为程序员的无限向往，成就了如今的我。无论未来如何，既然是自己选择的路，那么我都会勇往直前地走下去。

大学这一路，既有春风迎面，也有雨雪相随，而我已亭亭，不忧亦不惧。

知行风向标之生涯导师说一说

张豆豆，纸上得来终觉浅，绝知此事要躬行。她在学院社团坚持，在创业学院实习，在暖心团队实践，最终到公司实习。她所在宿舍是一个相亲相爱的优秀宿舍集体，她们共同成长。

在这里谈一谈大学宿舍，对于刚刚步入大学的你，迎来了新的阶段、新的环境、新的同学，还有被称为第二个家的"大学宿舍"。宿舍是我们一天中停留时间最长的地方，如果宿舍关系融洽，就会喜气洋洋，温情满满，能够相互帮扶，共同成长；如果宿舍关系紧张，那就秒变戏精学院、后宫甄嬛传。给大家三个锦囊：共识、共享、共建。共识：认识到宿舍是个小集体，每个人心中都装有他人，能够换位思考，达成宿舍共识，建立宿舍规章制度；共享：有规则，不乏友情，共同享受宿舍成员的情谊，共同享有宿舍使用的权利，共同承担维护宿舍的义务；共建：宿舍是我家，建设靠大家，好的宿舍环境需要每一位舍友的共同参与。这里有齐头并进的学霸宿舍，这里有文化陶冶的文艺青年宿舍，这里有温馨甜美的仙女宿舍……

如果宿舍里发生冲突，如何有效化解呢？三个关键字：稳、换、通。稳：平复自己的情绪。因为，在生活中，冲突一旦发生，人们会习惯用责问的语气质问对方，这样只会让冲突变得更加激烈。因此，如果发生冲突，首先平复自己的情绪，等平静下来再表达，尽量用陈述、协商的语气来表达自己的观点。

换：换位去思考。当发生冲突时，双方容易从自身角度考虑问题，如果能换位思考，体验到对方的感受或难处，矛盾就容易被化解。通：积极沟通出现的问题。首先确定冲突的问题是什么，然后了解背后的原因，经过双方交流意见后，达成一致性的问题解决办法。冲突不会自行消失，如果置之不理，只会让冲突在互相猜疑中逐步升级。及时有效地解决冲突，有利于良好的人际关系和宿舍氛围。大学生们，你希望建设怎么样的宿舍氛围呢？用四年的时间提交满意的答卷吧！

096　姜春雨：随风入夜，润物无声；始于春分，延于谷雨

我叫姜春雨，来自 2016 级计算机学院网络工程 1 班。标题的一句话是我二十多年来的写照。因为家庭贫困的原因，我从小便失去了父母的陪伴，好在有爷爷奶奶的陪伴，也让我的童年温馨许多。在我的印象中，爷爷奶奶一直是那种乐于助人的形象。而且，奶奶也一直教育我，要我像我的名字一样，坚强独立，润物无声。就这样，"春雨"的意义在我的心中愈发坚固。三年前，我失去了我最亲近的家人们。因为家庭的事情，19 岁的我便要承担起家中一切事务，最后导致考场发挥失常，与我理想的大学失之交臂。

初踏进北理珠的时候，心中无比纠结与不甘。本应平淡无奇地混几年，却因为认识了我的第一位部长，改变了我四年的大学轨迹。部长的身体力行一直在默默地激励我，每一次竞赛的教导，每一次我陷入颓唐时的鼓励，都成为我大学不可磨灭的一笔。我再一次打开自己的心扉，重新认识自己的人生。

不甘现状，勇攀高峰——校园

大一时，我加入了 14 个社团。在夜以继日的工作与学习之间，我逐渐开始找到平衡。与此同时，在一名师兄的引导下，我

也正式开启了我的比赛生涯。幸运的是，在竞赛实践的过程中，我得到了我的第一份实习工作。在工作、学习、社团、比赛四点之间我放弃了日常娱乐，繁忙地度过了我的大一生活。

大二，我担负起更大的责任。因为师兄师姐们的信任，大二期间，我先后任职北京理工大学大学生调研中心副会长、计算机学院心灵驿站创始人兼会长、计算机学院遇见生涯团队创始人兼会长、麦心支教实践队创始人兼负责人、海宝工作室创始人兼法人、云南省鲁甸泉心公益机构暨华南地区总负责人。高压的工作，让我逐渐失衡。但是，我仍然咬紧牙关，坚持下来了。

大三，我成为2018级数字媒体技术3班的班主任助理。虽然，仅仅一年时光，但其过程美妙动人。

四年的坚持，让我有了不菲的成绩。在校期间，共获得奖项106项，其中院、校级奖项49项，市级奖项22项，省级奖项11项，省级大创项目3项，市级扶贫项目1项，省级公益项目1项，国家级公益项目1项，国家、国际级奖项12项；发表论文1篇。

思维宽广，无畏挑战——社会

因为不甘于校内生活，大一到大三期间，先后在三个单位进行实习，总实习时长达2年4个月。同时，在实习工程中，我找到了值得我追寻和努力的方向——电子商务。

就职期间，运营电商平台2家，运营微信公众号4个，共发推文322篇，总阅读量达40万。

随风入夜，润物无声

一个不经意我接触了国家级重点贫困县——云南省昭通市鲁甸县。因为一次支教，让我与当地结下了不解的情缘。落日余晖，夕阳下，我和孩子们感受黑夜前夕的光芒；山林之间，我和孩子们采花，向他们请教如何编制手环；课堂之中，我们彼此互动、配合，下课铃响彼此依依不舍，每天都加课几堂。湖池边、小径中、悬崖前，每天送家远的孩子已经成为我的日常；做鬼脸、讲笑话，也成为每天必须要做的事情。天虽黑，我曾想成为太阳点亮他们漆黑的夜晚，无奈我的能力不够，不能成为太阳；但是，我成为萤火虫，黑夜的精灵，闪烁的微光，为他们带来亮光。

一腔热血，让我开始有了扶贫的念头。四年里，结合自身所学，创立麦心公益，以定制支教、科学支教为当地带去新兴希望。同期，于 2017 年年末联合知名校友共同赶赴海南，并采用公司+合作社+农户+基地的模式，组织广大村民广泛参与旅游特色商品的生产和原材料供应，带动贫困群众加快脱贫致富步伐。四年坚持，四年守望，四年里我走过山河大川，看过人生百态，唯一不变的是，我向往公益的理念与追求。

四年，我教会了孩子们正确面对离别；四年，我让孩子们懂得希望的力量；四年，种子的力量日渐强大，现在我的名声已经在当地响亮。我成为孩子眼中的"春雨姐"，成为他们的精神支柱，只要我在，他们就一定有坚持下去的力量。辍学初中生因为我的引导，重回校园，考上高中继续求学；当年幼稚的小女孩，如今也以超一本线的高分成功考上大学。他们欢欣的背后，我无比骄傲，每一个为他们准备的夜晚，每一个为了成为他们朋友的思想都得到了正面的回报。五年坚守，四年守望。整个大学，我让支教有了另一个定义，让中期支教的价值得到全面的释放，因为我领悟了种子的力量。

躬行实践，永不停息，光需要照亮世界的每一个黑暗的角落，有黑就有白，有暗就有光，尽管力量微弱，但是却足以支撑那一点点石壁指缝。启程，向着更美好的未来出发。

    爱心永不断，真情留人间
    待到麦熟时，心意传四野

个人语录："待到麦熟时，心意传四野，将收获的成果，洒遍祖国每个需要我，需要麦心的地方。"

知行风向标之生涯导师说一说

    始于春分，终于谷雨；
    随风入夜，润物无声。
       ——春雨

姜春雨，孩子眼中的"春雨姐"，北京理工大学珠海学院一名 2016 级学生。在校获奖达 106 项，包括校级 49 项，市级 23 项，省级 15 项，国家、国际级 13 项。 2017、2018 年连续两年组织学生深入国家级重点贫困县云南省昭通市鲁甸县进行社会实践及支教工作，2018 年 7 月 20 日组建麦心团队深入鲁甸开展为期 24 天（日均 12 小时）的社会实践调研及支教活动，带领团队荣获校暑期社会实践团队、广东省重点社会实践团队。利用专业所学为鲁甸泉心公益机构搭建"互联网+大学生村官+公益组织+学校"的多维度、立体化的关爱平台——依托公众号等网络平台宣传，共享村委、公益组织、高校等各方资源，旨在帮助当地儿童改善自闭、自卑现状，抚平灾后儿童心理创伤，引导孩子存有理想，健康快乐成长。

097　李永上：年轻人就要"折腾"

我是一名即将毕业的大四学生，我叫李永上。我的创业想法可以说是"根深蒂固"。我不记得是谁给我灌输了这种思想，只记得当初大一的职业规划课上，我们要给自己的大学生活定下几个目标，我的目标分别是：①拿一次奖学金；②去北京看一次女朋友；③好好学习专业知识，为自主创业做准备。可以说这几个目标，我都完成了。

2015 年的暑假，我在一家传媒公司做实习生。我每天的工作就是剪辑一些大学教师的上课视频，我们的技术主管没有教我什么，我也没有遇到什么技术问题可以问他，剪片子的工作可以说老师教的知识就可以完成了。第二周的部门会议，我们的老板说，片子要剪得认真，思路清晰，有节奏，毕竟你们手里这一部片子要 8000 多呢。我没听清楚后面的话，我就记住了我老板说一部片子 8000 元，而我当时的工资一个月 2000 元加 100 元的本科补贴，转正 2500 元再加 100 元本科补贴，当时我一天就可以剪辑一部 90 分钟的课程视频。第二天，我就辞职了，宣布创业开始。

起初，我想立足于大学生的角度，去开发大学生的市场，去创造一个属于大学内部的大型资源平台，譬如找工作、旅游、课程辅导。我没拿着自己的 6000 字的策划书去跑什么投资，而是去跑市场，现在想想，真的挺笨的。我一家家公司进去，"你们老板在吗？"一般，运气好点能见到老板客套几句，运气一般的话遇到经理也能闲聊几句，然而很多时候会被人家公司的前台或是行政吧，直接挡下来，一张名片就打发走了。一周以后，我忽悠到了团队的第一批合伙人，也是我身边的两位朋友，组成现在团队的雏形。大学生平台的事前后忙了一个月，我们先后拿着策划书找了很多人去探讨，也包括517的创始人杰瑞，大家一致反映策划书有些地方一直思路不明朗。到8月中，我们拿着自己的策划书去深圳见了一位前辈，本想去让他帮忙解决我们的一些疑惑。回来之后，可以说是问题全部解决，因为这个平台根本不赚钱。我在这个事情上反复挣扎了许久，一天到晚都是在百度，然后算账，然后惆怅。后来我接受了这个事实，也宣布这个创业计划失败。

本来，放弃了自己的创业想法，按理来说应该先停下来好好想想，反思一下。但是我比较好面子，我能承认自己的第一个策划失败，但是不愿意向别人说我创业失败。我爸说我这是虚荣心作怪，我也不确定是不是。但是说起我爸，他对我的创业影响还是极其大的。他在我小时候就告诉我，男人要有雄心，有抱负，不能昏昏度日。但是在教育上，又很直接，我总觉得他没把我当一个正常孩子来教育，总是和我讲一些很有预见的话语。很多时候我会刻意而为之，我觉得这些有时候是鼓励，有时候却是打击。我也曾经写过一篇文字给他，来与他对抗，其实这篇文字也是我创业的初衷之一。

舞象自命不凡，不幸已过弱冠。昨夜之词，今朝之念。仰嫉公瑾有当年，回顾总角无波澜。不嗟叹，笔下墨未干。

家父当日之言，小子今日有辩。时常有谈三岁看大，七岁看老。我知此乃亘古名言，着实打击区区许多年。我之万幸生得一张脸，从不为此垂自怜。望您记起子明之言，"权，是否三日不见？"

吾姓太白话我材，无奈，无奈，真无奈。无奈二十载，我未显我之何才。无奈二十载，您未见我之何才。无奈二十载，您只知我无何才。谈话中直面相告。统帅之能，运筹之利，我，毫无关系。对门之座，非我之座，旁边直立，尚且还可。这是我？心无雄心，胸无壮志，妄谈魄力，眼高手低。不明何谓眼高，何谓手低，词义贬性太重，我有意改之，不愿收敛眺望，唯有挥手致意。

毕竟母亲将我作傲谈之词汇，投机之言语，我实在不想平平，还望兹以鼓励，鲜泄天机。若说教话不理他人之目光，我可以做到他人二字，但生养父母之评价，小儿还是望之慎重。狂口小儿今日之书，不知您之见解，暂且不求您之见解。今夜这一笔，不得荣，便为辱。至此绝不删除。

扯远了，还是说说创业。而后我开始将目光放在自己现有的资源上。我是数字媒体专业的，每次和别人介绍我是学3D建模的，大家都觉得是做电影特效，或者是游戏动漫这种不太接地气的行业。我想着把3D行业更加实际地应用在大家的日常生活中，所以走向了做3D产品展示的路。而我又从小生活在汽配城附近，所以把市场放在了汽配上。一次机会，一个做外贸的朋友和我说，明年国门要全面开放了，贸易保护期要到了。我第一时间没有去想什么市场，我赶紧打开股票，哈哈，然后发现原来这些海运类股早已全线停盘。然后我结合我所做的市场做了个市场分析，也写了一篇文字给我的客户。

"最近在努力了解汽配市场，感觉家家户户都有巨额的存货。我不知道这是实力的象征还是营销的压力。但是我在食品学了解过一个词，叫过期。客户们都觉得近几年营销遭遇瓶颈，同行竞争激烈，又有电商破坏市场透明度。产盛于求，只能打价格战，因为没人会主动减产，销毁存货。大家利用各种电商平台，扩大销售路径，降低价格，最后打得大家都没利润。听说，明年要大开国门，我相信我们的工业化水平暂时不及外企。也就是说，生产成本没人家低，质量没人家高。 保护期一过，这波市场冲击，能活下来的，绝对是有实力的。现在的汽配市场的各位老板，应该已是"60后""70后"居多的前辈。奋斗了几十年，也享受了几年，不知还能否去乘风破浪捍卫自己的心血。后生初来乍到，不知深浅，小有拙见。要在万千汽配行中活下来，营销途径已经被堵得水泄不通。 打造品牌，提升质量显得格外重要。在这波残酷的冲洗中，企业的首要任务不是说发展多快，要做多大，不是赚钱多少，而是活着，活下去就好办。想不被影响得太大，就要树立起自己的品牌形象。潜游者科技，愿与各位前辈风雨同舟，共同抵抗这波外部冲击。生产线展示，产品展示，宣传介绍，宣传途径，营销策略，一条龙服务，设计体验贵公司的品牌形象。我们以最新颖、独特的视角冲击，创意设计，狙击大众的海马体。我们既然有自己的民族，就要有自己的品牌。"

很庆幸，我拿到了一个去上海法兰克福汽配展会的机会，让客户把我们的产品带去了展会。实际来说，我们的客户挺满意，因为同行都没见过这种展示套路。我们客户的客户也挺满意，因为找到了个愿意为客户花钱做服务的商家。我相信我们的产品在市场上出现的频率会越来越频繁，也会有更大的市场来迎接我们。我的辅导员看到这里，希望我介绍下怎么跑到业务的。大家可能也更好奇我怎么去谈业务。其实，这个我还真没总结过经验，就在一直换着方法去跑市场。在最初的时候，我拿着一个技术团队制作的一套简单的软件模板去跑市场，这个软件内容少，功能也不全，界面更是土得没话说。这期间，我是屡屡碰壁。很多客户都不知道这个东西能帮助他们做什么，完全不理解这个的概念。许多人不容我把话说完，就"不需要，不需要"地挥手赶我走。偶尔遇到有些好奇的会请我坐下喝喝茶，聊聊什么"前端技术""有书读真好"之类的话题，但是离谈业务还是差了十万八千里。后来我换了个销售套路，在后面的谈话中，就和客户提出"先体验，效果不好不收钱"。这个销售模式就和卖西瓜一样，但这句话够狠也有效。只有创造了合作的可能性，才有机会让客户了解自己。至于能不能赚钱，就看自己的产品了。

说了这么久都在吹自己，接下来介绍一下我的团队。我觉得自己特别幸运，在一开始就能找到几个特别优秀的同龄人，而且大家都志同道合，能为着大家共同的目标去奋斗。我时常会鼓励自己团队做技术的伙伴们，大胆去试，不用怕做出来效果不好，无论多糟，我都有办法卖出去。我和别人说起时，他们都反映，这话听上去说得很满，不应该这样，但我觉得这话没错，卖什么都能卖，关键值多少而已。我可能算是一个比较玩世不恭的人，这种态度做市场可能会好一点。但是在工作要求上，我的小伙伴们会严格控制。我们都抱着小合作放下自我、大合作放下利益的态度，经得起折腾，受得起打击，丢得起面子，担得起责任。不是因为我们实力有多强，是因为我们年轻！

要求上说要我给师弟师妹一些建议，但是我是真不好意思。我上大学第一个月就拿了处分，后面也是补考不断，从学习上说，我不是一个好学生。但是现在说其他，我也没有成绩，不具说服力。所以我还是不写了，就希望学弟学妹好好学习，天天向上吧。

学院的评比后，我们的辅导员让我再补充一些近期的情况和愿景。说实话，近期情况不太乐观。年底和年初的业务都不太好跑，年底的时候我索性让我的业务和技术的小伙伴们早早放假回家了，因为出不了单子，让大家干等，会让团队显得很焦愁，再一个就是人工费用还是比较大的支出。

现在的情况就是，技术人员在学习提升一些前端技术，销售人员每天疯狂地拨打潜在客户的电话，扫荡新的市场地区。最简单的一句话，过完年没开锅呢。看到这些，朋友们可能会感觉比较着急，其实我个人觉得还好。过年间，和一些做生意的长辈们坐在一起聊天，我就听到了一个好消息，就是大家都不好。我觉得像年头年尾这些单子成交率低的时候，硬着头皮往前顶，不如停下来修修自己家的房子，重新装修下。

之前我一直在汽配市场探索，但是作为一个软件开发设计的公司，这些业务确实不太够。家里有个做地产的长辈，说这段时间地产市场回暖，回头我就去看相关的一些信息，然后我就决定要尽快推出一个地产漫游的业务。

在亲戚的介绍下，最近接触了几个做开发的老板，似乎对我们提出的方案有些兴趣。就是在营销中心设立一个大屏幕，配备一些电脑，或者平板，用3D模拟替代沙盘看房。现在还在进一步接触中，成了的话我下次再把这段详细补上。

要说愿景，我和我们团队的小伙伴们都是学三维设计的，对这方面都特别有兴趣，也有信心。我们就是想把3D的东西融入各行各业，什么工业制造、地产漫游、水利工程、桥梁工程、交通运输，等等。因为，许多的东西在完成前后，都需要一个场景模拟，来给别人预览，也可以通过模拟来演习解决一些问题。

所以在后面的日子，我们的计划是接触更多的行业，开展更多的业务，汲取经验。但这绝对是一个漫长的道路，每接触一个行业，就要去深刻地了解认识它。很庆幸能有身边的小伙伴这么踏实地去和我一起闯。

知行风向标之生涯导师说一说

大学生创业的时机之一在校创业，是指边读书边创业的活动。有的学生想出好的创业点子，有的学生申请了专利，想把专利技术转化成实实在在的产品，但他们又都不愿意放弃学业，于是出现了在校创业的现象，这是大学生将自己的兴趣爱好转化为创业行为，从而获得经济收入的创业模式。这种创业模式要求将兴趣和市场需求相结合，大学生在创业过程中不但能获得经济收益，还能满足自身的精神追求。

098　林智杰：青春驿站

2015 年 9 月，我开启了大学之旅。由于来自偏远的小城镇，所以对很多事物都是新鲜感十足，但我不会因为别人早已接触过、早已司空见惯而感到自卑，而是大胆地去介入每一件事情。

我在大一参加了校级社团海贝 TV 和创行，并且成为校级大学生事务中心的助理。在大学生事务中心每天都要去解答全校同学的问题，这也让我快速了解了整个学校，而且提升了我的沟通能力。在创行时，我感受到了一个团队如何高效地干活，项目应该怎么去做。而在海贝 TV 呢，我是在研发部，自然是对我技术的提升非常有帮助。

大一下学期，因为有大一上学期在海贝 TV 研发部的技术积累，我开始去参加比赛。第一个比赛也是误打误撞，因为偶然看到一张 3D 打印的海报，有兴趣而去报名了解了一下，却没想到是一个 3D 打印和硬件结合的比赛，全场只有我一个是读软件工程的，其他来比赛的都是涉及硬件相关专业的同学，最终只能硬着头皮往前走了。去买了些硬件，第一次了解硬件，感觉很神奇，在比赛前一晚看了一晚视频，第二天就去参加比赛。比赛是 48 小时现场通过硬件和 3D 打印结合创造作品，可能我是读软件工程的，写代码没有问题，所以顺其自然地对嵌入式上手很快，再通过学习一些基础的电子知识，很快就做出了一个简单的四轴机械臂，而且还可以支持遥控器操作。最终作品拿到了三等奖，并且还拿到了最佳创意奖，最最重要的是，认识了一群非常优秀的小伙伴。

一次比赛后我就一发不可收拾地开始参加各种比赛。在上次比赛中，认识了很多小伙伴，我们重新组队去参加校外比赛。第一个比赛是中美青年创客大赛的深圳赛区，我们做了一个解决校园丢卡的刷卡机。面对着很多资深的研究生、博士生，甚至是创业团队，压力很大，但是经过我们一个多月的努力，突破重重困难，获得三等奖，并且获得去北京参加决赛的机会。刚好到了暑假，我们都集结在深圳开发我们的下一代产品。我觉得深圳是让我学到最多东西的地方。因为比赛的关系，可以很容易接触到很多资深的工程师、设计师、创客，从他们身上能学到非常多东西，而且他们也非常开放，非常愿意分享。在深圳期间还被深圳市工业设计行业协会邀请参加2016全球微观装配实验室年会，活动时长为七天，参与者是来自世界各地的2000名创客，外籍人士高达90%，这非常考验我的外语，也打击到我，让我下定决心去学好英语。通过这场年会，真的让我感受到跨文化交流的魅力。后来去北京，面对美国过来的小伙伴，第一感觉是产品风格不同，他们可能偏玩的比较多，而我们是偏落地商业的比较多，但是这也是非常有趣的过程。最终我们在80支队伍中挤进24强，获得优胜奖。比赛过后，我们还带着美国的小伙伴出去体验中国文化，交流中美两国的文化差异。后来，我们受到英特尔公司的邀请，留在北京参加2016年北京Maker Faire，去展示自己的作品。从北京回来后，又疯狂地比赛了半年，拿了大大小小的各种奖，但由于感觉到了瓶颈期，就跳出学校去社会开始工作了。

在大二期间，我在校内前三的校级社团海贝TV担任研发部部长，靠一己之力组建了一支20人的研发团队，去深度解决校园信息化的问题，并且将校园服务集成于微信公众号中，推动校园信息化的发展。且在2016年新生入学之际，将校园网功能集成于微信公众号中，实现缴费后即可自助上网，无须像往常那样等待网管上门协助才能上网。2017年，由于曾在校级大学生事务中心当过助理，观察到在校学生对思政讲座通过次数查询流程的繁杂而感到困扰，我马上利用自己的专业知识，收集思政信息，通过信息化处理，从而使得学生只需输入学号即可获得自己的讲座信息,一度获得广大同学的好评。

大二下学期,我外出实习,从事物联网开发。刚进入社会,感觉一切都从零开始。虽然自己一直在做小作品,没有做过商业级的产品,但经过自己的努力,一度从实习生做到了项目的核心人员,并且靠一己之力,研究出一套单片机在2G网络下远程升级固件的解决方案,大大降低了公司的售后成本,获得同事的高度评价。到了大三暑假,凭借自己的技术积累和行业积累,做出一套新的物联网系统,并且在大四来到了深圳,成为云端团队负责人,统筹整个公司的云端技术。

在工作期间,也多次与谷歌、阿里等世界500强的公司一同维护开源项目。目前我是阿里巴巴EGG.JS开源框架模块开发的维护者之一,且在2018年,自己的一个项目被世界前三的前端框架VUE收录为AWSOME-VUE项目,在此期间也为谷歌开源容器编排工具Kubernetes做部分开源贡献。

大学四年很短,回首仿佛在昨日,却又感觉在这短短的四年经历了这么多事,不禁感慨,或许这就是最充实的校园生活吧,感谢学校提供的平台与机会。

知行风向标之生涯导师说一说

以赛促学,高校为进一步提高学生的创新能力、实践能力和综合素质,大力推动学生申报大创项目、"挑战杯"、计算机设计大赛等各类学生科技项目。北京理工大学珠海学院计算机学院实行全程导学制度,新生入校时分配导学老师,指导学生积极完成项目开发,鼓励学生积极参加相关的项目设计和学科竞赛。通过全程导学团队建设和以赛促学,调动了学生学习积极性,增强了学生自信心,提高了学生专业竞争能力!大学生们应该学会借助所学专业比赛机会,提升自我,检验专业学习情况。

099　黎锦权：立足脚下，放眼未来

2011年的9月，我们的创业团队正式成立，名为乐丰网络设计工作室；11月由于新成员的加入，团队的壮大，我们更名为源续网络设计工作室。2012年7月，工作室正式注册成为珠海源续科技有限公司。团队办公从学校、南方软件园、海怡湾畔、创业孵化基地，直到现在的御海湾花园已经三年多了。公司不断壮大，技术不断提升，现在已经慢慢走上正轨，持续发展中，从最少时的3人团队发展到现在的15人团队。珠海源续科技有限公司成立于2012年7月19日，公司专业从事软件开发及销售、网络运维、网站制作，对于整个的市场运作、推广都具有非常专业的知识。在不断发展的过程中逐渐建立起一套完善的营销网络及售后服务，客户在这里可以得到售前技术咨询、售中合理化方案及售后标准化服务等一套完善的服务支持，从而最大限度地满足客户的需求。自成立以来，珠海源续一直依托于珠海市本地高校北理工构建团队与高校技术联盟体系，实行人才不断培养，技术不断增长，使得公司具备强大的人才战略储备，并能随时为公司提供实时、有效的技术补充。

绝大多数创业者有着非常强烈的创业目标、看准时机就立刻下手的勇气和决心，有着百折不挠的抗挫折能力，但自己缺乏对宏观经济的把握和对微观经济的洞察，认为时机稍纵即

逝。商者无域，因此，不存在"现在有机会以后就没有机会"这一说，或许以后的机会会更大。"不打无准备之仗"也是一个"兵家常识"，否则创业者就是一个有勇无谋的莽撞之人。成功的模式，创业者不但要用"勇气"实施，而且要有"谋略"，一份详尽的商业计划书，不是走向成功的标尺，却是避开无序的一把扶手。所有方案仅"讨论稿"，因为没有人去实施，然后发现问题越来越多，障碍越来越多，时间拖长后，方案"流产"。创业，非儿戏，必须要有一个主心骨坚持下去，一直引导整个团队向着好的方向前进，并且不轻易放弃。

集思广益的团队比单独作战好许多。优势互补，这样才能最大化地使得创业成功。把各自的职责责任分清楚，将合作以后要涉及的资金、分配、分红等一系列的问题，白纸黑字认可并按协议执行，那么，就算出现无可避免的问题，也可依据处理。一个健康的企业有着一定的人才储备非常必要，因为人才本身就是一个不稳定因素，他们面临多样选择，把所有人的思想统一到企业愿景是一个非常难的问题。

方案前期得到参与人的积极响应，团队热情高涨，但在遭遇挫折中，有人不断质疑，创始人也在不断的质疑中陷入左右摇摆的状态，现实的情况远远与原定的计划不相符，同时组织架构出现漏洞，人员开始流动，团队的稳定性一旦遭到动摇，企业补血不足，造成恶性循环，最后，因为预备金不足等原因开始走向倒闭。时间是金钱，时间也是生命，在最短的时间内启动一个项目并使之走向正轨是避免企业出现各种问题最好的途径，进攻就是最好的防御。

企业在开发市场阶段，过于谨慎，往往投入的每一分钱都要得到现实快速的回报。做事不果断，不能快速认清形势是做领导者一大忌，企业发展需要遵循"循序渐进"的规律，做企业的目的如果是快速圈钱，注定只能是"昙花一现"。

"我是谁？"这个千古疑问，一直是困扰人类的难题。做一个企业也是如此，知彼知己方能百战不殆，在洞察机遇的同时，理性地认知自己能做哪些事情，能做到哪种地步，会促成一个什么局面，非常重要。总之，创业如同守业，需要理性而科学地运营，任何成功都非偶然。

创业的过程中我们遇到了各种各样意想不到的事情，对我们的成长有很大的帮助。当我们走上了这一条路，给我的感觉是生活在一个不同的群体里面，每天见面聊天的都是经理、老总，他们都走过一段起起跌跌的人生道路，我在他们的身上学习了很多。他们没有我们想象中的高高在上，反而是很乐意跟我们分享他们的成功经验。感悟最深的还是"坚持"，在创业过程中，我们出过很多的状况，最艰难的时候我们试过三个月没有一点收入，但我们熬过来了，我们明白过去的都是累积，没有过去的苦难就没有现在的甚至是未来的成就。

创业的路不是一条直线的，它是迂回曲折的，有上坡有下滑，还有很多意想不到的陷阱。但不要紧，我们既然是创业，就要有面对所有想得到和想不到会发生的事情的心理准备，不要被困难击倒。失败的人只有一种，就是在成功之前放弃的人。我们要有不畏惧失败的勇气，把每一件事情都做好，正如我们公司的宗旨一样："坚持不懈，精益求精"。简单的几个字，但你却要花三年、五年，甚至是十年的时间去做到那个境界。

展望未来，我们将走在信息时代的前沿，推动科技的发展。

知行风向标之生涯导师说一说

他们在大学期间成立工作室，团队办公从学校、南方软件园、海怡湾畔、创业孵化基地，到御海湾花园；业务从学校到珠海到全国到国外。还记得，他们入住珠海大学生创业孵化基地，我们去看望他们的时候，黎锦权说："最难的时候是毕业后的那一年，我们终于熬过来了。"

他们也是学生创业典型模型之知识型创业，利用所学的专业知识，把知识作为资本，从而获得一定经济收入。这种模式要求创业者的专业知识比较扎实，在大学生创业中占有相当大的比重。

100　廖浩琛：他山之石，可以攻玉

廖浩琛，2010级软件工程专业学生，现任珠海芒果科技网络有限公司总经理。

大学前三年如何度过？大学前的12年，叛逆一直伴随着我，性格鲜明，个性倔强，喜欢爬山露营，喜欢刺激和极限。其实选择软件工程这个专业，初衷只是喜欢打电脑游戏，以为这样子就可以光明正大地抱着电脑了。直到我遇到我的启蒙老师，也就是计算机学院的代俊雅老师后，我被编程深深吸引住了。谁也没有想到我这么一个好动激动的人，居然可以整天坐在电脑旁写代码。大学的前3年里，我要不就静静思考钻研计算机，感觉沉迷，要不就起身爬山、露营、旅行，看看世界。

什么原因萌生了创业的想法

一开始纯粹是因为兴趣驱动，希望自己专注做点事情能应用于我们的生活中。说实话，当初是没有想过要创业的，后来在大学前3年中做的事情确实得到一部分人的认可。而真正实践创业的决心只是来自心中那一丝自负和快感而已，创业是会"上瘾"的。

如何组建芒果团队

组建团队这个问题确实很艰难,也是创业的前提。由于自身缺乏阅历和经验,能信赖自己成为队友的人很难寻找,包括现在,依然不断寻觅和充实芒果的技术团队。我觉得这种信赖是需要积累的,大学期间我只想专注地把一件事给做好,而这些信赖却在冥冥中建立,最终我提出要创业,几个要好的伙伴就走到了一起。

创业遇到了什么困难,如何解决

创业是从0做到1的过程,一开始大家都不是因为短期的金钱利益,最困难的,相对组建团队来说是稳定团队。创业初期,管理问题慢慢凸显,包括内部项目风险评估能力的缺乏和外界的不看好,有些项目一开始可能满怀期待,却越做越迷茫,激情会慢慢消退。比如说我们创业的第一个项目是做智能家居的,感觉大体技术和使用场景我们都考虑到了,于是开始实践,但是后来却发现推广成本和运营成本高得离谱,这也是由于我们缺乏经验导致的。所以创业过程中需要不断地学习,不只是本专业范围的,包括整个公司的结构、方向、管理、运营、财务等。总的来说,我们是看重高执行力的团队,即使项目多么荒唐,在企业不盈利的情况下,我们要重内部管理,以项目驱动迅速实践的方式打造稳定的团队。

有哪些值得自豪的经验

艰苦创业,值得自豪的只能说感谢在芒果现在艰难时期还能有一群同伴不离不弃。至于经验,我最想分享的是:开头从0做到1的时候,信仰很重要,健康沉实的团队不应该有歪门邪道想一夜成名的念头,一步一个脚印永远都是对的;选择很重要,导致企业支撑不下去的往往不是项目本身的价值,是人,很多时候项目是好的,但由于团队缺乏执行力而导致流产。

公司处于什么阶段,未来哪些展望

相比上一年,今年人员相对稳定,通过一些外包和实体经济逐渐实现收支平衡，还处于艰苦发展阶段。未来芒果还是专注于移动物联网方向，传统行业与互联网相结合，希望能做出真正为人民服务的好产品。

最后对师弟师妹们有哪些创业建议

创业需要很大的勇气和魄力，要有失败的觉悟，当然心存善念，好运总会不期而遇。芒果还说不上成功的创业公司，但是我还是鼓励勇敢去尝试，毕业生毕竟各方面负担相对较小，创业初期很难有什么好项目或者成熟的方案，但尽管去实践，青春是不会亏待我们的！

知行风向标之生涯导师说一说

专注，是廖浩琛身上的标签，不管是静静思考钻研计算机，沉迷专注，还是起身爬山、露营、旅行，看看世界。创业对于他来说也是符合他个性的追求，性格鲜明，个性倔强，喜欢刺激和极限。学生创业典型模型之创意型创业，是大学生根据自己的新颖构想、创意，在一些新兴领域开展的创业活动，主要集中在互联网+、消费升级等相关领域。这种模式要求创业者必须具有活跃的创新思维，标新立异的设想，敏锐的市场洞察力。

101　刘军成：追逐梦想的路上必定艰辛

刘军成，北京理工大学珠海学院2010级计算机专业学生，现任珠海手创电子科技有限公司总经理。毕业前实习期曾任某公司项目经理，毕业后自主创业。2014年创办珠海手创电子科技有限公司，主营教育领域、工业领域和社会大众领域电子产品。该项目2014年12月获得由国家教育部举办的"2014全国大学生创业资金评审"全国前30强，2015年2月创办的珠海手创电子科技公司成功挂牌广州股权交易中心。2017年5月成立深圳极创机器人科技有限公司，并任公司总经理。

创业想法与准备

怀揣着一颗不甘愿平凡的心，我一直都有创业的想法，刚好读的是计算机嵌入式，对电子硬件比较感兴趣，而且电子行业需要懂技术，门槛相对来说较高，竞争相对而言比较小，就想着从事电子行业方面的创业，希望从教育领域的电子产品开始，做到工业领域以及大众领域的电子产品，打造一个庞大的电子企业。有了这个想法，在历遍曲折之后，找到了自己的团队，做出自己的产品，然后找场地。那时刚好有政策免费给大学生创业提供场地，就申请并成功入驻了珠海大学生创业孵化园，在这里开始了自己的创业历程。

激发创业的原因

我心中始终怀揣着远大的理想和目标，始终不甘愿平凡地度过一生，觉得人生要过得有价值、有意义，同时也觉得一个人一生最重要的是要活得开心，同时让身边的每一个人活得开心。为了让更多的人活得开心，为了实现这个梦想，我选择了创业。希望通过创业，给社会创造更大价值，希望世界会因为我的存在而变得更美好。带着这个梦想，开始了我的创业之旅。

创业的历程及心得体会

很多人只看到别人光鲜亮丽的一面，可是，你可曾看到，他们手捧奖杯的背后，历尽了多少辛酸与汗水？

一路艰辛，有血有泪，也有病倒过，但是，从来没有放弃过。

你可以把我打倒，但是只要我还活着，总有一天会重新站起来！

我毕业于 2014 年 6 月，我的梦想是做一名企业家，希望世界会因为我的存在而变得更美好。下面我给大家分享一下我的经历，希望对大家有帮助。

2013 年 10 月 11 日，就在这张焊接台上开始，我，一个连电阻电容是什么都不懂的大四学生，来到了一个创业企业做兼职，从 8 块钱一个小时开始。由于什么都不懂，我从焊接开始做起，日复一日地焊接，和我一起来的同学们都觉得没意思纷纷离开了，就剩下我一个。我从来不出声，总是埋头学习焊接，每天来得最早的是我，走得最晚的也是我。在我的眼里，这不是在焊接，这是在做事，在学会把一件事情做好。很多人焊接都学不好，就觉得这里没东西可学，走了，而我想说的是，你连焊接都学不好，你还能学得了什么。

一个月下来，我终于学好了焊接，可以把我接触到的所有东西焊得最完美。于是，公司让我学习其他东西。因为我做事执着认真，很快的，3 个月，我把公司所有岗位都学好了。渐渐地，渐渐地，不知不觉中，我的能力已经可以和创始人一样了，甚至有些想法，可以超越公司所有人。为了公司利益最大化，当时公司把主要项目的全部东西交给我管，我也为公司创造了比往年翻一番的业绩，同时也几乎拥有公司所有资源。这时候我随时都可以另起炉灶，也有同行业的人邀请我加入他们，但是我没有这么做。因为这不是我的作风，我是一个有血有肉的人，我懂得感恩，我相信，如果自己有能力，在这里，一样可以实现自己的梦想。有人说："你已经有了能力，何不找一个大的公司？"我说："如果你有能力，你就将公司做成一个大公司，如果没有能力，请你不要抱怨公司不好。"就这样，我每天工作到凌晨两三点，一心想把公司发展好。

在后来的半年里，发生了很多事情，也受了很多委屈，但是，我还是坚持改变这些事情，坚信一切会好起来。可是，后来，我尽力了，我发现有些事情是改变不了的，在这里不能实现我的梦想。在一次一次失望中，最后我绝望了，痛哭一场后，我决定离开这里，重新开始。这半年发生的事情，我不想多说，过去了就过去了，对得起自己，对得起任何人，就足够了。离开，依然彼此祝福，毕竟曾经生死与共，并肩作战过。

2014年9月30日，我在绝望中痛哭一场后，毅然决定离开了这里，重新开始。

我的梦想，是做一名有社会责任感的企业家，希望世界会因为我的存在而变得更美好。带着这个梦想，我重新开始创业。

2014年12月7日，在李克强总理亲访的京津互联网创业咖啡屋，我们拿到了2014年全国大学创业资金总评审，全国30强。

2014年12月13日，在大学生创业国际研讨会上，我们代表中国优秀创业大学生上台领奖，同时，也获得10万元的创业资助。

2015年3月12日，被珠海电视台采访及报道。2015年1月15日，被新华社采访及报道。也曾被羊城晚报采访及报纸报道。

2015年3月18日，被母校评选为"校园十榜人物之创业榜样"。

2015年3月19日，我们已经成功在广州股权交易中心挂牌，股权代码890851，意味着企业进一步跨进了资本市场。

经验分享

创业短短的5个月时间里，能够做到这样，令我感触最深的是，人首先要有梦想，没有梦想是不可能成功的；第二就是要计划，要有长远的计划，也要有短暂的计划；第三就是行动，100%地去执行你的计划，这个过程可能会遇到很多困难，其实真正最重要的是提高自己解决困难的能力！

不管学习、生活、事业，都会遇到种种困难，如果我们提高了自己解决困难的能力，也许就能无所不能地充分发挥自己的潜能。思想决定人生，思维决定成败，很多人还没开始就说"我出身贫困没有钱，我又年轻，没有经验，我的能力又不够，我怎么追逐理想？人家谁谁谁是因为家庭背景好，才走向了成功，人家谁谁谁，虽然穷，但是人家的时代不同，现在叫我们再像他一样还能再做起来吗"？这种人性格偏激，他们心态不平衡，他们总在否定身边事物的同时，否定了自己的人生。于是，他们连失败的机会都没有，注定一生平平庸庸碌碌无为。而我觉得，如果想做一件事，缺什么条件，我会一个一个把它列出来，写在计划书上，然后，再列出一切我能想到的解决这些问题的方法和途径，写好了，再100%地去执行写好的计划。如果尽力了，所有我能想到的解决问题的办法都失败了，还是没有做到，那么我会重新调整，想出新的解决办法。如果我想不出，我会寻求身边的人帮助，或者想办法拓宽自己的思维视野，想办法提高自己解决问题的能力，直到把困难解决为止。所以要学会调节方法，但不能放弃。就像做一件小事失败了，我会调整和探索其他途径把这件事做好，如果理想做不到，那么我会调整我达到理想的路径，也许换一个项目，换一个行业，但是目标永远不会变。如果做不好就怀疑自己的潜能，就降低目标或者放弃，那么你永远达不到目标。追逐梦想的路上必定艰辛，如果轻易就能做到，那么每个人都可以做到，你就不会比别人优秀。所以希望你，既然选择了远方，便只顾风雨兼程。相信雨后，定会见到彩虹！

由于时间关系，只能简单地分享到这里，后续只要有时间，我会把我的这些所想所做，如何克服困难的细节，我的故事、经验，编辑成文档，分享给大家！希望这些对大家有所帮助！

知行风向标之生涯导师说一说

"追逐梦想的路上必定艰辛"，刘军成打点滴那张照片让人心疼。一路走来，没有那么容易，但他从没有放弃。大四进入专业相关公司实习，他从最初的焊接开始做起，日复一日地焊接，和他一起实习的同学都认为没有技术含量离开了，但他坚持到最后，埋头学习焊接，每天来得最早的是他，走得最晚的也是他。经过三个月的时间,不仅完成了公司安排的工作,也将公司的情况了解清楚,为以后的创业做充分的准备。

大学生创业的时机之一是就业后创业。有着创业理想的大学生,在条件还不成熟时,如没有合适的项目,没有足够的资金,没有一定的社会阅历和社会经验,难以应对社会复杂的人际关系,没有必要急着创业;而可以先到一些公司去工作,获得实践经验,积累一定资金,并策划一些好的创业项目之后,再图发展。不管大学生选择什么形式创业,都应该相信年轻就是资本。许多创业成功的都是年轻人,不要迷信权威,不要过于迷信经验。

他告诉大学生们:"首先要有梦想,没有梦想是不可能成功的;第二就是要计划,要有长远的计划,也要有短暂的计划;第三就是行动,100%地去执行你的计划,这个过程可能会遇到很多困难,其实真正最重要的是提高自己解决困难的能力!"

102　许悦兴：珠海 21 度传媒有限公司

许悦兴，北京理工大学珠海学院 2010 级计算机学院数字媒体专业的学生，在校期间为北纬二十度工作室的创办人和负责人，2014 年成立 21 度传媒有限公司并获得珠海市第一届大学生创业大赛银奖、珠海市优秀项目。2016 年成立天呐文化传媒有限公司，旗下天呐照相馆已经有两家门店。

北纬 21 度工作室于 2012 年 2 月 10 日由计算机学院 2010 级数字媒体专业学生许悦兴、何华琦、林文众等人创立。他在校期间，在学习之外，积极在校外做项目，为之后的创业积累了一定的社会资源。2014 年 6 月，许悦兴在毕业之后做出了一个重要的决定，在珠海市注册成立 21 度传媒有限公司。

目前，珠海市 21 度传媒有限公司是一间集媒体广告与发展创新科技为一体的新型数字媒体公司，总部位于珠海繁华路段香洲总站附近的珠海市创业孵化园，并于 2014 年 10 月在母校北理工设立分部，2015 年 3 月在惠州成立分公司。珠海市 21 度传媒有限公司作为珠海市创业互助会理事单位，主要核心创业团队 8 人，拥有专业的影视团队和开发团队。

其实一开始在许悦兴看来，他创办北纬 21 度工作室的初衷只是希望提供一个平台可以让志同道合的人互相交流学习，并没有什么创业的性质在里面。那为什么最后许悦兴会走上创业之路，创办属于自己的传媒公司呢？这和他在运营北纬21度工作室的经历和体会不无关系！

与所有初来大学的人一样，许悦兴对自己未来四年的大学生活充满了好奇。在周围的人对自己将来未知生活迷茫、彷徨的时候，在周围的人都在质疑自己的选择是否正确的时候，许悦兴用了一年的时间去沉淀自己和思考自己的未来。所以，在大二的时候，他和一群有共同梦想的伙伴创办了北纬21度工作室。

但是现实跟梦想总是会有一段很明显的差距，许悦兴及其工作室团队在成立之初就面临拍摄器材单一、专业技术力量薄弱、知名度和关注度不高等问题。现实一次次的挫败曾经屡屡让这群大学生感觉梦想碎了、梦要醒了，所幸他们遇见了一群好老师。计算机学院的毕秀丽、郑海滨、辅导员何孟良等老师不仅时时刻刻关心他们的学习生活，而且经常从他们的专业角度给许悦兴及其团队技能上的指导，帮助许悦兴他们面对一次又一次的挑战和挫折。

那段时间，许悦兴不仅负责工作室的影视拍摄工作，更是包揽了影片的后期制作工作。每天晚上，往往一段影片剪辑完成，外面的天已经亮了，他只有趴在电脑面前休息十几分钟，又带上书包去上课。许悦兴曾经对师弟说过一句很有意思的话："我们也是人，我们也会有疲惫、迷茫、彷徨、什么都不想做的时候，但也只能是想而已，我们不能停，尽快调整心态，我们只能选择往前冲。"

大学期间，北纬21度工作室出品大量优秀的作品，包括独立创作拍摄短片《北理 style》和以《慢慢》《千纸鹤》《昨天》《Better Me》等为代表的影视作品。其中最具有代表性的是2014年5月向所有毕业生献礼的同名音乐微电影《放风筝的人》，同名音乐微电影首映仪式受到校内各位同学的欢迎，同名音乐微电影优酷、腾讯视频首发，单日点击率破万，以"毕业季"为拍摄主题，细腻的描述方式和娓娓动听的音乐引起毕业生及更多已经离开校园的人关于逝去青春的共鸣，受到社会各界的认可和热烈的反响。

2014年10月，珠海市21度传媒有限公司作为优秀大学生创业企业入驻珠海市创业孵化园。许悦兴更是作为珠海市创业孵化园孵化项目优秀代表接受羊城晚报和南方都市报的采访。"低调做人，高调做事，对人对事要谦虚，保持一颗感恩的心，朝着一个目标走"，这也是他一直给师弟师妹们的建议。

目前，珠海市 21 度传媒有限公司一直在创新研发 720 度全景技术项目，这个项目荣获珠海市优秀项目、2014 年珠海市创业大赛创业实践组银奖。在影视方面，珠海市 21 度传媒有限公司与澳门傲丰娱乐公司首度合作，拍摄都市情感微电影《情人劫》，在 2015 年 2 月 13 日强势登陆情人档，在珠海市国都艺会影厅首映，并在 2 月 14 日陆续在珠海、深圳、江门、广州等地的网络媒体平台进行线上首映。

创业，是一条别人只会关注你成功和失败两个结果的道路，却不是一条别人会关注你付出多少的道路。所以，也就注定创业这条路比其他路会走得更艰辛一点。对于许悦兴来说，他和他的创业团队在大学花了三年的时间将工作室从行内默默无闻做到小有名气，在累积大量商业资源以后，在现阶段，还是会面临很多困难，公司彻底发展起来还需要一段很漫长的路要走。创业者在创业其中的艰辛和付出，外人又如何知道那么多呢？

创业需要的是什么？从个人来看，需要一个可以为之奋斗的梦想、一个明确发展和前进的方向、一个可以在遇见困难挫折坚持下去的信念；从资源准备来看，需要创业品牌文化的不断沉淀、商业资源的不断积累、人才资源的储备。

如果你还未创业，请做好创业的准备吧。如果你正在创业，就请记住一句话：不忘初心，脚踏实地，方得始终。

知行风向标之生涯导师说一说

大学生创业，离不开良师益友的指导和帮助。许悦兴他们面对一次又一次的挑战和挫折，离不开学院的毕秀丽、郑海滨、辅导员何孟良等老师。这些老师不仅时时刻刻关心他们的学习生活，而且经常从自己的专业角度给许悦兴及其团队技能上的指导和帮助。大学生创业在遇到迷茫困惑时，可以多与学校里的老师和校友进行交流，同样也可以借助创业比赛的平台，珍惜比赛嘉宾的意见和指导。

后 记

高校辅导员队伍的专业化、职业化发展，应结合自身，以职业生涯发展理念为主线，以培养意识为目标，以明确大学阶段使命为中心，以启发个人理想为关键，以专业教育为切入，以体验引导为保障，积极推进学生生涯规划教育，促进就业工作。编著者推行"精准化服务"理念，构建多形式多渠道生涯规划教育格局，依托辅导员工作室平台，通过线上简历指导、面试技巧指导、就业讲座等方式进行就业指导，开展线上简历指导、生涯咨询工作，通过"一对一"服务校内外学生1000余人。

本书是珠海市重点资助优秀辅导员工作室（刘丽工作室ZH2018FDY-3）成果之一，是学校学生工作"精英明志"育人体系系列成果之一。本书在编著过程中得到了北京理工大学珠海学院各位领导的支持和帮助，在此表示衷心的感谢。同样，感谢工作室成员吴桂芬、任艳、容秋雯、何孟良、吴少敏的大力支持，感谢学生们提供优秀案例。编著小组进行案例筛选、规范格式、文字修改、查漏补缺、案例点评，几经来回，终于完稿。由于编著者水平所限，本书尚有许多不周之处，敬请大家批评指正。

编著者

2020年12月